O SEGREDO DE LUÍSA

"*O segredo de Luísa* dissemina ideias fundamentais para o desenvolvimento do espírito empreendedor no Brasil. Neste livro, Fernando Dolabela analisa os novos padrões das relações de trabalho, criticando escolas que continuam preparando os jovens para uma realidade que não existe mais."

— Emerson de Almeida, cofundador da Fundação Dom Cabral

"O sucesso deste livro demonstra claramente quanto as pessoas em nosso país estão buscando novos caminhos para reforçar sua autoconfiança, autoestima, autonomia e capacidade de assumir riscos e gerar mudanças. A Luísa do Dolabela provou que veio para nos conduzir, de forma competente e apaixonada, rumo à concretização dos nossos sonhos."

— Gina Paladino, economista

"Além de constituir um gênero novo, este best-seller se situa entre os grandes clássicos que contribuem para a edificação do gênero humano."

— Louis Jacques Filion, coautor de *Boa Ideia! E agora?*

FERNANDO DOLABELA

O SEGREDO DE LUÍSA

**UMA IDEIA E UMA PAIXÃO:
COMO NASCE O EMPREENDEDOR
E SE CRIA UMA EMPRESA**

SEXTANTE

Copyright © 1999, 2008 e 2023 por Fernando Dolabela

preparo de originais: Maria Luiza X. Souto e Sheila Louzada
revisão: Ana Grillo, Gil Pinheiro, Luis Américo Costa, Sérgio Bellinello Soares, Shahira Mahmud, Sonia Peçanha e Tereza da Rocha
projeto gráfico e diagramação: Ana Paula Daudt Brandão
capa: Filipa Pinto
impressão e acabamento: Cromosete Gráfica e Editora Ltda.

CIP-BRASIL. CATALOGAÇÃO NA PUBLICAÇÃO
SINDICATO NACIONAL DOS EDITORES DE LIVROS, RJ

D682s

Dolabela, Fernando
 O segredo de Luísa / Fernando Dolabela. - 2. ed. - Rio de Janeiro : Sextante, 2023.
 256 p. ; 23 cm.

 ISBN 978-65-5564-563-7

 1. Empreendedorismo. 2. Empreendedores. 3. Sucesso nos negócios. I. Título.

22-81067
CDD: 658.421
CDU: 005.342

Meri Gleice Rodrigues de Souza - Bibliotecária - CRB-7/6439

Todos os direitos reservados por
GMT Editores Ltda.
Rua Voluntários da Pátria, 45 – Gr. 1.404 – Botafogo
22270-000 – Rio de Janeiro – RJ
Tel.: (21) 2538-4100 – Fax: (21) 2286-9244
E-mail: atendimento@sextante.com.br
www.sextante.com.br

Dedico este livro à minha família e a dois grandes mestres:

Eduardo Costa,
que criou as avenidas por onde se expandiu o empreendedorismo no Brasil. Como gestor público, a sua contribuição ao empreendedorismo é a maior e a mais importante que o Brasil já teve.

Louis Jacques Filion,
que me deu a bagagem para explorar as avenidas abertas. Com ele, um dos mais importantes pesquisadores do tema, aprendi o que é ser empreendedor.

Sumário

APRESENTAÇÃO: No caminho das parábolas — 9

Prefácio — 11
   Uma palavra ao novo empreendedor — 12
   Sobre a metodologia — 14
   Para ler este livro — 16

1. A motivação e o perfil do empreendedor — 19

2. A validação de uma ideia — 49
   A construção de uma visão — 86
   Projetando a organização da empresa — 112
   Os impactos da empresa na vida do empreendedor — 136

3. O empreendedor busca ajuda — 145
   O mentor e os sistemas de suporte — 145

4. Modelo de Negócios — 157
   Modelo de Negócios Canvas — 158
   A metodologia Canvas — 159
   Plano de Marketing — 164
   Como abordar o planejamento financeiro — 220

5. A busca de recursos   223
Pôr em marcha   223

6. A consolidação   231

ANEXO 1: O Modelo de Negócios da GMA   241

ANEXO 2: Pitch   243
Curiosidade: como surgiu a ideia do Pitch   244

Bibliografia   247
Agradecimentos   253
Sobre o autor   255

APRESENTAÇÃO
No caminho das parábolas

Há conhecimentos e informações de que necessitamos para uso imediato. Por exemplo, se estamos no meio de uma cidade e buscamos uma rua, a motivação para prestar atenção nas explicações é óbvia e forte. Não é preciso uma pedagogia revolucionária para nos motivar ou grandes modelos didáticos.

Na escola, recebemos informações e adquirimos conhecimentos que podem ser úteis no futuro. Ou seja, na teoria, estamos motivados para aprender, mas na prática, como o volume de matérias é muito grande, o desafio de dominá-las pode ser enorme e o momento do uso está distante e nebuloso, por isso é preciso que os conteúdos sejam apresentados de forma atraente e persuasiva. Para isso, dispomos de um arsenal de recursos didáticos e muitas teorias de como ensinar. Mesmo assim, a tarefa é árdua.

Quando o objetivo do estudo não é o conhecimento, mas a mudança de atitudes e comportamentos, o desafio é muitas vezes maior. Costuma-se dizer que é relativamente fácil levar o aluno ao domínio de muitos conteúdos. Porém fazer com que sinta o mundo de forma diferente e reaja a ele com atos e postura diferentes é a tarefa mais difícil da educação – de fato, parece haver consenso entre os entendidos de que está quase sempre acima das forças da escola. A mudança de comportamento costuma ser uma batalha perdida.

Não faz muito tempo, ser funcionário público era o ideal atávico de quase todos os brasileiros. Neste país, convencer o jovem cidadão a tomar a iniciativa e enfrentar os riscos de ser seu próprio chefe não é tarefa simples. Mas é vital para a nossa prosperidade.

Daí o uso de estratégias diferentes quando nosso objetivo é mudar comportamentos e atitudes. Robert Cole, em seu livro *The Moral Life of Children* (A vida moral das crianças), demonstra que o aprendizado dos princípios morais é mais eficaz quando o aluno é confrontado com narrativas reais ou literárias, em que dilemas práticos são apresentados. As pregações se revelam ineficazes. Cole mostra que, fazendo ler os clássicos da literatura de ficção, chega-se mais longe na tentativa de sensibilizar os alunos para as questões de moral e ética.

Dois mil anos antes dele, um pregador muito eficaz contava casos em vez de dizer como as pessoas deveriam proceder nas suas vidas. Os casos de Jesus Cristo são chamados de parábolas e mostraram o seu vigor ao longo do tempo.

Portanto, quando o meu amigo Dolabela escreve uma novela de ficção para ensinar empreendedorismo, está em boa companhia. Em vez de considerar *O segredo de Luísa* uma curiosidade didática ou uma brincadeira, devemos entender que é um dos poucos que parecem estar no caminho certo. Os outros é que estão errados. Talvez discordem os puristas. Mas, como 350 mil exemplares já foram vendidos, parece que os leitores também gostam da receita. Portanto, nada mais posso fazer senão comemorar o sucesso da empreitada, já que o empreendedorismo é tão vital para este nosso país.

Claudio de Moura Castro

Prefácio

Todo o meu trabalho tem cunho prático. Considero o empreendedorismo um instrumento de desenvolvimento social (não só de crescimento econômico) e o dissemino por meio da educação com o objetivo de gerar mudança cultural. Este e outros 14 livros foram escritos para servir de suporte às minhas propostas educacionais.

Em 1992, criei o curso de empreendedorismo da Universidade Federal de Minas Gerais (UFMG). Testada lá, a metodologia Oficina do Empreendedor bateu asas, estando hoje presente em centenas de instituições de ensino superior do Brasil e da América do Sul. Para disseminá-la, ofereci pessoalmente seminários a milhares de professores universitários.

Em 2000, com a ajuda de um grupo de professores, finquei uma modesta cunha naquilo que considero o coração de um país que deseja buscar o desenvolvimento: a educação empreendedora nos ensinos fundamental e médio (crianças de 4 anos a adolescentes de 17). Mas é importante advertir que não desejo transformar crianças em agentes de criação de empresas. A atividade empresarial é apenas uma das infindáveis formas de empreender. A minha visão de empreendedorismo contempla toda e qualquer atividade humana e, portanto, inclui a atuação em pesquisa, no governo, no terceiro setor, nas artes, em qualquer lugar. O empreendedor é definido por sua forma de ser, por seu modelo mental, e não pela maneira de se relacionar com o trabalho nem pela natureza do que faz. O ideal é que todos se preparem para empreender na vida. E empreender significa, em essência, buscar a realização do próprio sonho, inovando e oferecendo valor positivo para a coletividade.

Em 2003, depois de testes extensos e cuidadosos e sempre com a ajuda de uma equipe de educadores, comecei a implementar a Pedagogia Empreendedora (nome da metodologia e do livro para crianças) em escolas que oferecem educação infantil, ensino fundamental e ensino médio. O alcance desse trabalho superou as previsões mais otimistas: redes públicas municipais de mais de 140 cidades, envolvendo cerca de 2 mil escolas e milhares de alunos e professores, abraçaram a Pedagogia Empreendedora.

Uma palavra ao novo empreendedor

Em minha vivência no ensino de empreendedorismo, uma coisa me chama a atenção: o fascínio despertado nos alunos (e também em mim) pelos empreendedores que convido à sala de aula para narrar suas experiências. É sempre sobre sua vida que falam, tendo a empresa apenas como pano de fundo. Contam sobre família, infância, juventude, estudos e casamento. Como desenvolveram uma ideia, como foram afetados pela empresa – as novas amizades, a nova maneira de ver o mundo, as emoções que acompanham cada movimento, cada decisão. Falam com entusiasmo e paixão sobre a aventura de sua vida.

Por intermédio deles, consegui entender algo que sempre li nos livros: a empresa é um sonho que se fez realidade. Já tive a oportunidade de ouvir empreendedores narrando alguns dos seus fracassos. É como se falassem de um ser amado que perderam. Nessas ocasiões, a emoção domina a sala de aula e alguns de nós acompanhamos o narrador em suas lágrimas.

A história de Luísa é um pouco de tudo que tenho vivenciado. A maneira simples de contá-la foi inspirada nos relatos ouvidos em anos de trabalho. É uma pequena novela sobre a criação de uma empresa, baseada na crença de que prazer e emoção constituem temperos imprescindíveis ao ato de aprender. Sempre com a emoção em primeiro lugar, tentei construir uma nova forma de apresentar às pessoas o que há de mais avançado no mundo na área de empreendedorismo.

Este livro destina-se ao leitor de qualquer formação e qualquer idade que, ainda que não tenha nenhum conhecimento sobre empresas, tem uma ideia na cabeça e deseja transformá-la num negócio. Ou a qualquer pessoa que deseje se informar, através de uma narrativa envolvente e em linguagem amigável, sobre o que faz um empreendedor.

Por trazer diversas novidades conceituais e técnicas, este texto interessa também a quem já tem experiência mas quer conhecer a última palavra em empreendedorismo – por exemplo, um aluno ou professor em busca de uma ferramenta útil para apoiá-lo em suas pesquisas e aulas nessa área.

De forma clara e minuciosa, procuro explicar os processos básicos para a criação de uma empresa: a identificação de um problema, a criação de um produto ou serviço (solução) e o caminho para buscar e gerenciar os recursos necessários à implementação da empresa. Este livro usa o instrumento Modelo de Negócios, que é simples, visual e de rápida assimilação (no texto ficam claras as diferenças entre o Modelo de Negócios e o Plano de Negócios).

É verdade que muitos empreendedores de sucesso abriram suas empresas sem utilizar um ferramental de planejamento, mas também é certo que milhares de outros colheram insucessos por causa de ações equivocadas que poderiam ter sido evitadas. Sem dúvida, um grande número de negócios de alto potencial torna-se inviável em virtude do despreparo dos empreendedores. Contudo, milhares de pessoas abrem e continuarão a abrir empresas, estando ou não preparadas. Meu objetivo é diminuir a alta taxa de mortalidade infantil dessas iniciativas.

As estatísticas do Sebrae (Serviço Brasileiro de Apoio às Micro e Pequenas Empresas) indicam que mais de 60% das microempresas que são abertas todos os anos no Brasil fecham as portas antes de completar 5 anos.

É comum um aluno de Administração de Empresas receber o diploma sem ter nenhuma noção do processo de criação desses empreendimentos. Num país como o Brasil, isso é lastimável, uma vez que a mentalidade empreendedora ainda esbarra em tabus que levam pequenas e médias empresas a resistir a novas tecnologias – como IA (inteligência artificial), robótica, IoT (Internet das Coisas) – e as mantêm, como consequência, longe do mercado global.

Chega a ser um paradoxo. Principalmente porque, no mundo de hoje, as pequenas empresas constituem a principal fonte de empregos e são responsáveis, em muitos países, por mais de 50% do produto interno bruto (PIB) e pelo maior volume de exportações, além de serem – particularmente nos

Estados Unidos – as grandes geradoras de inovações tecnológicas desde a Segunda Guerra Mundial. O nível de exportação das pequenas empresas brasileiras está aquém do que se poderia esperar.

Com uma narrativa no estilo *romance de não ficção*, este livro conta a história de Luísa, desde as forças que a motivaram a ser empreendedora até o caminho que percorreu da concepção da ideia até a elaboração do Modelo de Negócios. Sua aventura na Goiabadas Maria Amália Ltda. é típica do empreendedor emergente: sem recursos para contratar pesquisa de mercado, sem condições de buscar financiamentos nem o apoio do capital de risco – figura ainda rara no Brasil – e tendo ainda que prover o seu próprio sustento, Luísa conta somente com o *love money*, isto é, o dinheiro dos pais, da família. Ela mesma faz sua pesquisa, apesar de ter poucas horas livres no dia. Teimosa e persistente, vai atrás, briga. E vence.

Sua história é algo que vejo acontecer com meus alunos ano após ano. Mesmo assim, fica a advertência aos leitores: não há como garantir o sucesso de um empreendimento. O que se busca são elementos que promovam a diminuição do risco, e não a sua eliminação.

Sobre a metodologia

Este livro, inspirando-se na realidade, dramatiza o processo de criação de uma empresa. O tema é abordado contextualmente, ou seja, é o problema que constitui a motivação para o aprendizado, porque é assim que o empreendedor aprende: primeiro, estabelecendo aonde quer chegar; depois, buscando os conhecimentos e os meios necessários para alcançar os objetivos traçados. Nesse caminhar, ele erra porque inova, mas transforma os erros em fonte de sabedoria.

A metodologia também é diferente do tradicional "estudo de casos", largamente utilizado no ensino de administração de empresas. Aqui, o assunto é tratado por meio de uma história muito próxima da realidade vivenciada por centenas de alunos dos meus cursos de empreendedorismo. O centro das preocupações é a pessoa, e não a técnica ou a ferramenta. Na administração de empresas, o alvo é a criatura, enquanto no empreendedorismo o alvo é o criador. Na atividade empreendedora, o conhecimento é portanto volátil, mutante, nervoso, emocional. O ser é mais importante do que o saber, razão pela qual o empreendedor precisa ser alguém preparado para aprender com a própria experiência. O saber que lhe interessa não está nos livros; só ele poderá criá-lo.

Para alguns, a primazia do ser sobre o saber pode soar óbvia, principalmente neste início de século. Mas em muitas áreas ainda não o é. A administração, por exemplo, continua dominada pela busca de uma verdade definitiva, de uma única maneira de fazer as coisas, de um método de gestão perfeito. É por termos essa cultura que, ao atuar nesse campo, aceitamos as panaceias que nos chegam de tempos em tempos e que geralmente não passam de novos nomes para conceitos antigos. Procuramos um instrumento que resolva todos os problemas, esquecendo de investir na formação do ser criativo, capaz de definir a partir do indefinido, de conceber e produzir sistemas, não somente de operá-los.

A ideia deste livro nasceu da minha vivência no ensino de criação de empresas, o que faço desde os anos 1990. A maravilhosa experiência de formular e lecionar a disciplina O Empreendedor em Informática, no Departamento de Ciência da Computação da UFMG, me permitiu partir em busca de projetos mais ambiciosos. O principal era ver o ensino de empreendedorismo ser disseminado em universidades país afora. Esse objetivo está sendo alcançado, graças principalmente ao CNPq (Conselho Nacional de Desenvolvimento Científico e Tecnológico), cuja atuação tem sido um divisor de águas na educação empreendedora do país. Assim, por meio de programas promovidos por organismos como CNI (Confederação Nacional da Indústria), IEL (Instituto Euvaldo Lodi), Sebrae, Softex e centenas de instituições de ensino superior de todo o Brasil, minha metodologia Oficina do Empreendedor, como já foi dito, começa a romper as fronteiras do país.

Isso representa uma importante alternativa à tendência centenária das nossas universidades de formar empregados.

Essa nova prática, aliada a ensinamentos obtidos por meio da leitura, do convívio com pesquisadores de todo o mundo e da constante participação em congressos internacionais, me mostrou que havia uma lacuna nas metodologias para o ensino de criação de empresas. Os candidatos a empreendedor, de qualquer área, idade ou formação, têm algo em comum: a falta de conhecimento técnico, de uma terminologia que lhes permita conhecer e selecionar as ferramentas necessárias à criação e à gerência de um negócio. Essa carência muitas vezes os deixa amedrontados ou desmotivados.

A proposta deste livro é mostrar ao leitor – de forma inovadora – como usar seus próprios recursos para adquirir esse instrumental.

A primeira grande inovação diz respeito à metodologia utilizada, que associa o prazer e a emoção ao ato de aprender. Ao longo da história, o leitor vai conhecendo o perfil do empreendedor e as condições necessárias para o sucesso. Ferramentas como marketing, finanças e gestão são apresentadas de forma simples e clara, de modo a diferenciar o que é delegável daquilo que é função exclusiva do empreendedor iniciante.

Neste livro é adotado um recurso antigo: utilizar a pergunta como forma de indução ao conhecimento. No ensino do empreendedorismo, os papéis se invertem, uma vez que quem busca as respostas – assim como faz o empreendedor na vida real – é o aluno. Cabe a nós, que lidamos com o ensino, fazer as perguntas pertinentes.

Mas a maior novidade deste livro é sua estrutura flexível, que permite diferentes leituras. Quando mergulhar nos boxes – no alto de cada um haverá um trecho da história que funcionará como um hiperlink analógico –, terá acesso a conteúdos técnicos sobre autoconhecimento, identificação de oportunidades e, claro, sobre ferramentas de gestão, domínio do administrador de empresas. Mais do que isso, o texto faz a ligação entre as ações de Luísa e os conteúdos instrumentais, como se ao lado do leitor estivesse um mestre a interpretar as ações do empreendedor e a vincular prática a teoria.

Para ler este livro

Apesar de ser uma obra didática, o estilo aqui usado é o do romance. Nos cursos que frequentei na área de administração, sempre estranhei que os conhecimentos fossem oferecidos sob forma exclusivamente conceitual, sem emoção, como se esta fosse nociva aos temas acadêmicos.

Além de aprender como gerir uma empresa, eu queria mostrar algo que não estava nos livros: por que a empresa foi criada. E quando se pergunta o porquê, é inevitável que a resposta seja carregada de emoção.

O empreendedorismo se interessa pelo criador, o ser humano empreendedor, enquanto o papel da administração é fornecer ferramentas. Todos nós adoramos histórias porque falam de emoções. Talvez a nossa mente possua duas memórias. Uma delas arquiva informações puramente racionais e, para funcionar bem, precisa ser treinada. Na outra, as emoções se eternizam espontaneamente, sem pedir licença.

Neste livro, mostro as emoções que guiam Luísa, a personagem central. É com elas que o leitor vai aprender, ao ser chamado a participar de sua aventura existencial. Os instrumentos utilizados na criação da empresa surgem à medida que a história evolui. O fato, o problema, a emoção antecedem sempre a necessidade do saber, que chega ao leitor dentro de um contexto que lhe é familiar.

Vinculadas a diversas passagens da história estão caixas de texto com comentários, interpretações e informações que ampliam o alcance do texto. Você decidirá que volume de informações dessas caixas deseja absorver, de modo que várias leituras podem ser feitas: um romance que trata do empreendedor, se assim você quiser; um estudo detalhado de mercado, se for esse o seu interesse; ou a montagem do Modelo de Negócios, para aqueles que desejam projetar sua empresa.

Além disso, é dada grande importância às atitudes do empreendedor que o conduzem ao sucesso. O que se pretende é indicar ao leitor quais habilidades deve desenvolver. Sabemos que nessa área não lidamos somente com conhecimentos como finanças, marketing, gestão. Ainda que uma pessoa domine todas as técnicas e ferramentas para administrar uma empresa, isso não garante que será um empreendedor de sucesso. Poderá, sim, ser um bom gerente. Para ser empreendedor, é preciso algo mais. É preciso sonhar e buscar a realização do sonho. Ao agir em busca da concretização do sonho, o indivíduo é dominado por forte emoção que liberta o empreendedor que existe dentro dele, tornando dinâmicos alguns potenciais presentes em todos nós: protagonismo, perseverança, criatividade, liderança, etc. As capacidades de identificar e agarrar oportunidades, bem como de encontrar e gerenciar os recursos necessários para transformá-las em um negócio lucrativo, se desenvolvem durante a busca por transformar o sonho em realidade.

O conhecimento que interessa ao empreendedor é aquele que pode ser aplicado à sua empresa. Ele não está nos livros, mas à sua volta, nas pessoas, no mercado, no mundo. A leitura e a interpretação que o empreendedor faz do ambiente é que vão conduzi-lo (ou não) ao sucesso. Tudo começa quando ele identifica um problema. O que habitualmente chamamos de ideia é a solução desse problema mediante um produto ou serviço. Como Luísa, o leitor aprenderá com os erros, uma fonte inesgotável de ensinamentos.

Portanto, convido você a analisar todas as atitudes da protagonista desta história e a interpretar suas ações, seu modo de ser, seu comportamento como filha, aluna, noiva, estudante, cidadã. É assim: aprende-se a ser empreendedor com outros empreendedores.

Boa aventura!

FERNANDO DOLABELA

OBSERVAÇÃO IMPORTANTE:
Todos os personagens deste livro, bem como a empresa Goiabadas Maria Amália Ltda. (e seus números), são totalmente fictícios. Quanto a Ponte Nova (MG), mãe de incontáveis empreendedores de sucesso, as semelhanças não são mera coincidência.

1
A motivação e o perfil do empreendedor

Salão nobre da FIEMG (Federação das Indústrias do Estado de Minas Gerais) lotado. Sentada na segunda fila, dona Maria Helena, desconfortável em seus sapatos novos, salto alto e vestido longo, sente as mãos frias e o coração acelerado. Busca apoio em Geraldo, seu marido, apertando-lhe o braço com ambas as mãos. **Daqui a alguns instantes será entregue o prêmio de Melhor Empreendedor do Estado de Minas Gerais.** Dada a lágrimas, ela se previne com um lenço amassado na mão esquerda, pronta para a emoção do anúncio do vencedor. O coração lhe garante que sua filha Luísa, proprietária da GMA – Goiabadas Maria Amália Ltda. –, será a escolhida entre os 10 empresários pré-selecionados.

Dona Maria Helena se vira para o lado, procurando os olhos do marido, no mesmo momento em que o presidente da FIEMG chama o governador do estado para anunciar o nome do empreendedor vitorioso. Poucas vezes na vida lágrimas tão intensas desceram-lhe pelo rosto. Uma delas foi quando Luísa nasceu. Agora, o peito palpitando de orgulho e ansiedade, dona Maria Helena olha para trás e percebe que Ponte Nova está ali em peso. Será que Luísa ganhará o prêmio? As gotas que escorrem do seu queixo para a gravata do marido libertam a torrente que lhe brota da alma. Seu Geraldo começa a temer pelo que pode acontecer caso Luísa ganhe o prêmio.

Seis anos antes, aos 20 anos, Luísa estava noiva e cursava o quinto ano de Odontologia. Nascida em Ponte Nova, tinha deixado os pais e ido para Belo Horizonte com a única irmã, Tina, com o intuito de fazer o curso superior.

> DAQUI A ALGUNS INSTANTES SERÁ ENTREGUE O PRÊMIO DE MELHOR EMPREENDEDOR DO ESTADO DE MINAS GERAIS

Quem é o empreendedor?

Utilizo neste livro um conceito que criei, fácil de ser entendido e voltado para a ação. "O empreendedor é alguém que sonha e busca transformar seu sonho em realidade." O sonho aqui significa concepção de futuro, o sonho que se sonha acordado. O empreendedor é alguém que inova transformando e oferecendo valor positivo (coisas boas) para a coletividade. Esse conceito foi criado para tornar viável a educação empreendedora para crianças, porque considera que os empreendedores, apesar de terem origem na criação de empresas, existem também em todos os setores da ação humana.

Para atender os meus propósitos educacionais, desenvolvi um conceito que abarca o transbordamento do tema para todas as práticas e profissões. Mesmo porque a educação não pode induzir alunos – de qualquer idade, muito menos crianças – a abrir empresas. Esta será uma decisão de cada indivíduo. Ao acompanharmos Luísa em sua trajetória, veremos por que o sonho é a origem de tudo.

O empreendedorismo não é uma ciência, mas a prática leva os estudiosos a concordar em pontos substanciais:

- Todos nascemos com o potencial empreendedor. Como qualquer outro potencial – como falar, escrever, imaginar –, este também precisa ser desenvolvido.
- O empreendedorismo é um fenômeno cultural, acontecendo em cidades onde as redes de relações são mais intensas. Se uma pessoa vive em uma comunidade em que ser empreendedor é visto como algo positivo, terá motivação para criar seu próprio negócio. Aprende-se a ser empreendedor pelo contágio social.
- O grau do potencial empreendedor varia de pessoa para pessoa.
- O empreendedorismo não é um modismo; existe desde sempre. Nasceu quando o ser humano inovou com o objetivo de melhorar as suas relações com os outros e com a natureza.
- O empreendedorismo é uma das manifestações da liberdade humana.
- Não é um fenômeno individual, é cultural. É coletivo, comunitário. A

- comunidade tem o empreendedor que merece porque cabe a ela criar o ambiente propício.
- A tese de que o empreendedor é fruto de herança genética não mais encontra seguidores.
- O empreendedor prospera onde há livre mercado e cooperação entre as empresas.
- Ao contrário do que acontece, por exemplo, em uma aula de geografia, não é possível ensinar alguém a se tornar empreendedor. O empreendedorismo é uma forma de ser, não é um conteúdo a ser absorvido. Mas é possível aprender a ser empreendedor, desde que por meio de um sistema bastante diferente do ensino tradicional.
- É um tema universal. Deve ser oferecido a todos os alunos desde a educação básica até a universidade.
- Não é possível determinar com certeza se uma pessoa será ou não bem-sucedida como empreendedora. Por isso não é possível oferecer um diploma.

PRÊMIO DE MELHOR EMPREENDEDOR DO ESTADO DE MINAS GERAIS

Qual é a importância do empreendedor para a sociedade?

- O empreendedor é o responsável pelo crescimento econômico. Por meio da inovação, ele dinamiza a economia.
- O empreendedor é o agente da sustentabilidade. Ele gera transformações de valor positivo para a sociedade.
- O empreendedorismo é a única arma contra o desemprego. Neste século, em todo o mundo, empreendedores, sem abrir mão do lucro, tiraram da pobreza centenas de milhões de pessoas.
- Segundo Timmons (1994), "o empreendedorismo é uma revolução silenciosa, que será para o século XXI mais do que a Revolução Industrial foi para o século XX".

Ao acompanharmos a trajetória de Luísa neste livro, vamos conhecer os conceitos mais modernos sobre a teoria e a prática do empreendedorismo.

Na família, o avô Serafim fez carreira no Banco do Brasil; o tio Saint-Clair aposentou-se pela Rede Ferroviária Federal; a tia Rita, pelos Correios e Telégrafos. Tia Lourdes, apelidada de Vovó Mestra apesar de solteira, construiu sua reputação perante duas gerações da cidade como excelente professora primária do estado. Dois outros tios, Carlos e Toniquinho, seguiram a profissão do avô paterno de Luísa, mantendo ainda uma alfaiataria e, paralelamente, atividades comerciais um tanto desconexas, como indefinia o "tudo em geral, etc." primorosamente colocado na placa da rua: LOJA ELEGÂNCIA MINEIRA – CAMISAS, CALÇADOS, CONSERTOS DE APARELHOS ELÉTRICOS, SECOS E MOLHADOS, **TUDO EM GERAL, ETC.**

> **TUDO EM GERAL, ETC.**
>
> Na época em que foi aberta, a Elegância Mineira era uma loja típica do interior, que vende de tudo. E todos certamente diriam que, se estivesse em um grande centro, seria condenada ao fracasso, pois lhe faltava foco. No entanto, esse tipo de loja pode representar, neste início de século, o que há de mais moderno: o comércio global pela internet. De fato, pelo comércio eletrônico, pequenos estabelecimentos podem comprar e vender de tudo, para todo mundo, com grande rapidez, mesmo estando localizados em cidades como Ponte Nova, com seus quase 60 mil habitantes, a 187 quilômetros de Belo Horizonte. Algumas das maiores empresas da atualidade, como a Amazon e o Magazine Luiza, funcionam assim, compondo um marketplace virtual onde se vendem produtos de todos os tipos e dos mais variados fornecedores. Além disso, o comércio eletrônico ampliou a aplicabilidade da estratégia chamada cauda longa, em que é possível vender vários itens de baixa procura, e não somente poucos produtos com alta demanda. Também viabilizou a tendência a se usar os ativos fixos de terceiros de várias formas: área para estoques, veículos particulares como táxis (como faz o Uber) e residências como hotéis (como faz o Airbnb).

Nessa família em que todos conseguiram alcançar um padrão de vida muito bom, **Fernanda**, tia e madrinha de Luísa, **era a mais bem-sucedida**.

> **FERNANDA (...) ERA A MAIS BEM-SUCEDIDA**
>
> Empreendedores nascem por influência do meio em que vivem. No mundo inteiro as mulheres empreendedoras, injustificadamente, sofrem discriminações, apesar de sua participação nos negócios ser imprescindível para o crescimento econômico. Não é por acaso que a protagonista deste livro é uma mulher. Pesquisas mostram que os empreendedores têm sempre um modelo, alguém que os influencia. Luísa, não à toa, escolheu como modelo a única mulher empreendedora da família.

Empreendedora, Fernanda **construíra considerável patrimônio e ganhara notoriedade na cidade** reunindo em uma só loja – a Sereia Azul – serviços e comércio de variadas naturezas: salão de beleza e barbearia, loteria, pequena mercearia com petiscos de surpreender o mais habituado cliente, armarinho e corretagem de imóveis. Organizava e animava festas para crianças. Para o seleto clube do fim de tarde – que incluía figuras de destaque da cidade, além de alguns tipos populares, e excluía os chatos de qualquer espécie, rejeitados com respostas monossilábicas – havia sempre uma pinga das boas, servida pela própria Fernanda. A goiabada cascão, oferecida àqueles que, como o vigário, não bebiam cachaça em público, era a única coisa de graça que se poderia conseguir naquela loja. Mas Fernanda recuperava o custo no preço do queijo de minas curado, que servia no palito.

> **CONSTRUÍRA CONSIDERÁVEL PATRIMÔNIO E NOTORIEDADE NA CIDADE**
>
> Qual a importância do empreendedorismo para o indivíduo?
> - Desenvolvimento da criatividade e da capacidade de inovar, indispensável a qualquer tipo de atividade profissional.
> - Maior autonomia profissional, liberdade para transformar sonhos em realidade e ser autor da própria vida.

Localizada no coração de Ponte Nova, na praça Getúlio Vargas, que hospeda a Igreja Matriz e onde hoje duas frondosas figueiras embalam a modorra de pobres e ricos, privilegiados por poderem repousar ali, a loja de Fernanda era, das quatro às seis da tarde, de segunda a sexta-feira, o ponto mais importante da cidade. Para ali acorriam os influentes e poderosos em busca de informações e oportunidades de negócios. Ali se tecia a crônica de costumes e a resenha de notícias. O presidente da Câmara Municipal e o vigário, desafetos, revezavam-se em turnos, poupando-se mutuamente do encontro face a face. O prefeito marcava ponto antes da missa das seis.

Tida por alguns como mero antro de fofocas, para os seus frequentadores a Sereia Azul seria o reduto vanguardista da cidade, título conquistado mediante incidentes históricos. Diziam estes que dali brotara, por exemplo, a consciência de proteção ambiental dos ponte-novenses quando, anos antes, em memorável campanha, seus convivas se opuseram à **derrubada de duas figueiras da praça**. O caso, posteriormente incorporado ao folclore da casa, se deu quando o vigário, após passar décadas em busca de verbas para restaurar o portal da igreja, decidiu que duas das quatro figueiras de então deveriam ser derrubadas, pois dificultavam a visão de sua obra enfim concluída.

DERRUBADA DE DUAS FIGUEIRAS DA PRAÇA

E como entra a ética no empreendedorismo?

- Só pode ser chamado de empreendedor aquele que gera valor positivo para todos os seres vivos. Não são empreendedores aqueles que subtraem valor, como os que fabricam produtos que poluem, que causam doenças ou que são feitos para exterminar vidas.
- O empreendedor deve ter um compromisso social. Não basta ter bom faturamento, bom lucro. É preciso contribuir para o bem-estar coletivo. O empreendedorismo não pode servir exclusivamente ao enriquecimento pessoal.

Liderado heroicamente pelo coletor Hildebrando, orador inspirado depois da terceira dose de pinga, Ponte Nova faria surgir, ainda segundo os frequentadores da Sereia Azul, o primeiro movimento de preservação da natureza de que se teve notícia na Zona da Mata de Minas Gerais – mesmo que sua repercussão jamais tenha ultrapassado o balcão da loja e seu único resultado tenha sido acirrar a disputa do vigário com o presidente da Câmara Municipal em virtude de interpretações divergentes quanto à probidade da aplicação da verba arrecadada. Data daí o **rompimento do vigário com o Legislativo**, no início restrito aos dois contendores, mas logo ganhando abrangência, contaminando as instituições e, por causa da Sereia, perpetuando-se através do tempo.

> **ROMPIMENTO DO VIGÁRIO COM O LEGISLATIVO**
>
> A união das forças políticas, sociais, religiosas e econômicas da comunidade é essencial para o desenvolvimento econômico. Todo projeto que visa ao bem-estar coletivo deve ter a cooperação das três esferas: governo, iniciativa privada e sociedade. Qualquer ruptura nessa tríade acarreta necessariamente diminuição do poder da comunidade.

Se em outras rodas comenta-se que as árvores foram sacrificadas sem reação ou lamúrias, a verdade, perdida nos desvãos da memória coletiva, nos mitos da cidade, nas inúmeras versões do fato, mostra, entretanto, uma de suas faces irrefutáveis a quem hoje visita a praça Getúlio Vargas e vê no chão as sepulturas cimentadas das duas figueiras seculares. Sempre que por ali passava, Luísa, que só veio a adquirir consciência ecológica depois de mudar-se para Belo Horizonte, sentia uma dor no peito e duvidava que as pessoas soubessem dar o real valor à natureza onde ela ainda era abundante.

Na Sereia Azul, a regra tácita era a convivência pacífica, na maior sabedoria mineira: inimigos que chegavam às vias de fato em outros horários e pontos ali trocavam olhares educados e matreiramente ouviam o que tinha a dizer o opositor. Tal regra, jamais dita ou escrita, mas sagrada naquela loja, fora promulgada por Fernanda, que a defendia com intransigência. Era permitida e até festejada a provocação inteligente, bem-humorada, assim como a réplica sutil, ainda que contundente e aniquiladora, excluídas as ofensas óbvias e de baixo calão ou de mau gosto.

A loja era o campo de prova da essência do jeito mineiro de conviver, aprendido ancestralmente e ensaiado no cotidiano, ali submetido ao julgamento dos pares, todos doutores na arte, formados no mesmo ambiente, apesar de distanciados por diferenças em outras áreas. Pois ali tinha assento inclusive o Moacyr, o semianalfabeto sapateiro de várias gerações, cujos palpites eram respeitados, enquanto outros haviam fracassado no intento de penetrar naquela roda, a despeito de terem dinheiro e poder. A regra era ouvir mais do que falar, dissimular e negar a própria força ou sabedoria até o momento estratégico, fatal. Manter o outro relaxado, tranquilo, dominante e superior, induzindo-o a baixar a guarda até se tornar vulnerável e esperar que se destruísse por si próprio, pelo verbo solto ou pela prepotência, reduzido a presa frágil das dissimulações do interlocutor. A Sereia Azul, a loja multifuncional de Fernanda, transformava-se toda tarde em um palco da mineirice em seu mais genuíno esplendor.

    A presença esporádica de Luísa atrás do balcão era uma atração à parte. Nem os mais idosos estavam imunes aos encantos da moça, cuja figura emprestava um quê de excitação ao lugar. Nos últimos quatro anos, todos ansiavam pelos meses de férias da faculdade de Odontologia, quando a loja se iluminava com aquela beleza sedutora. Fernanda, esperta e atenta a tudo, chegava a sonhar para Luísa casamento melhor do que com o atual noivo, "gente sem eira nem beira, apesar de honesto". Mas, protetora, opunha obstáculos a quem tentasse se aproximar da afilhada. Com uma desenvoltura incomum às mulheres da região, Fernanda mantinha ainda uma fazenda de café e criava porcos. Além, é claro, de praticar o mais famoso hobby culinário da cidade: fazer a mais deliciosa e cobiçada goiabada do país, com a qual presenteava amigos e forasteiros, orgulhosa de saber que oferecia uma joia. De fato, a verdadeira goiabada cascão de Ponte Nova, "a melhor do mundo", não é comercializada: é preciso conhecer algum morador para entrar na galeria dos felizardos agraciados com uma goiabada caseira.

    Solteira aos 48 anos – não se casara, apesar de ser bonita e a mais cortejada da sua geração –, <u>Fernanda</u>, tanto pela dedicação de mãe substituta como por seu temperamento livre e criativo, **<u>despertara desde cedo em Luísa</u>**, única afilhada, não só o sentimento de amor, mas **<u>uma profunda admiração</u>**. O que mais encantava Luísa era a independência da madrinha, o fato de ser ouvida pelos homens em assuntos que não eram meramente caseiros e sua capacidade de influenciar pessoas e fazer as coisas acontecerem.

FERNANDA (...) DESPERTARA DESDE CEDO EM LUÍSA (...) UMA PROFUNDA ADMIRAÇÃO

A importância das relações

O que se passa aqui? Qual a importância da admiração de Luísa pela madrinha? Tal admiração nos remete a algumas perguntas, as mesmas que os estudiosos desta área se fazem:

- Como alguém se torna empreendedor?
- O empreendedor nasce pronto? Ou seja, é fruto de herança genética?
- É possível ensinar alguém a se tornar empreendedor?

O empreendedorismo não é uma ciência. Isso quer dizer que não existem padrões que possam nos garantir que, a partir de certas circunstâncias, um empreendedor terá sucesso. Mas muita coisa pode ser dita sobre o empreendedor.

Muitos estudiosos acreditam que é possível aprender a se tornar empreendedor. Mas para isso a metodologia de ensino deve ser diferente da tradicional.

Sabe-se que o empreendedorismo é um fenômeno cultural, ou seja, é fruto de hábitos, práticas e valores das pessoas. Existem famílias (assim como cidades, regiões, países) mais empreendedoras do que outras. A pessoa aprende a ser empreendedora no convívio com outros empreendedores, num ambiente em que ser dono do próprio nariz, ter uma empresa, é considerado algo muito positivo. Estudos indicam que as famílias de empreendedores têm maior chance de gerar novos empreendedores e que os empreendedores de sucesso quase sempre têm um modelo, alguém que admiram e imitam (Filion, 1991).

Vejam Luísa. Apesar de não ser de família de empreendedores, escolheu como modelo justamente a madrinha Fernanda, uma empreendedora, cujos valores a influenciaram. Dos três níveis de relações – primário: familiares e conhecidos, com ligações em torno de mais de uma atividade; secundário: ligações em torno de determinada atividade; e terciário: cursos, livros, viagens, feiras, congressos, etc. –, o nível primário é a principal fonte de formação de empreendedores, mas os outros também podem ser importantes.

> As pessoas influenciadas pelo nível primário de relações revelam seus talentos empreendedores mais cedo. Isso faz parecer que a genética as favoreceu, mas não é verdade. Há poucas décadas, dizia-se o mesmo em relação a gerentes: fulano tem o dom de administrar, beltrano nasceu assim, sicrano jamais saberá gerenciar. Hoje, ninguém pensa assim. O empreendedorismo existe como tema acadêmico há poucas décadas, mas os cursos nessa área têm se multiplicado a uma velocidade incrível. Em nossa história, o vírus do empreendedorismo foi inoculado em Luísa por sua madrinha, pertencente ao nível primário de suas relações.

Para Luísa, a carreira de dentista representava mais o sonho do pai do que o seu próprio. Seu Geraldo desejava ver nas filhas o doutor que não pudera ser, por ter ficado órfão cedo e, sendo primogênito, ter assumido as responsabilidades da família. Homem de muita leitura, conseguira alcançar postos importantes no serviço público municipal, apesar de ter apenas o ensino médio incompleto. Em um mandato de certo prefeito do partido ao qual era afiliado, chegou a ser titular da Secretaria Municipal de Educação, quando já estava prestes a se aposentar. Costumava dizer, orgulhoso: "Me sobressaí entre gente de elite. Imagine se tivesse estudado..."

Bela, criativa e indomável, querida por todos, apesar de um tanto autoritária e teimosa, Luísa foi uma aluna desinteressada no fundamental e no ensino médio. Seus repentes de brilhantismo faziam com que fosse aprovada, mas também lhe valiam a reputação de pedante e suscitavam desconsolados suspiros em Vovó Mestra, que lançava sempre o bordão em reuniões de família: "Essa menina não aproveita a inteligência que Deus lhe deu. Não sei o que Ele pode achar do desperdício de sua bênção..."

O fato é que o estudo nunca atraíra Luísa. Suas motivações para ir à escola eram a possibilidade de encontrar amigos, ver coisas diferentes, **aprender com os colegas**.

Os conteúdos transmitidos em aula repercutiam pouco em sua vivacidade. Quase nunca aquilo que o professor ensinava coincidia com o que ela queria ou precisava aprender naquele momento de sua vida. A imensa curiosidade não satisfeita nos bancos de escola a lançava na busca ansiosa de conhecimento em outros lugares, com outras pessoas ou em fontes que garimpava. Adorava aprender por meio de conversas com aqueles por quem nutria respeito e simpatia – sentimentos importantes para Luísa. Não sabia exatamente por quê, mas não conseguia assimilar o que diziam aquelas pessoas com as quais não tinha nenhum vínculo afetivo, por mais brilhantes que fossem. Era assim mesmo com amigos e colegas. Tentava combater esse critério de seleção, pois achava que poderia estar perdendo coisas importantes, mas não conseguia. Apaixonava-se quando o conhecimento vinha temperado pela emoção do interlocutor.

> **APRENDER COM OS COLEGAS**
>
> O empreendedor procura aprender com outras pessoas. Por exemplo, conheço o proprietário de um hipermercado que visita hortifrútis em busca de aprendizado. Ao contrário de profissionais de áreas especializadas, o empreendedor não se prende somente a fontes "autorizadas", tais como literatura técnica, relatórios de pesquisas, cursos, etc., principalmente porque ele aprende fazendo, errando, refazendo.

Conseguia, assim, assimilar a essência do que ouvia, que não raro alimentava nela reflexões. Era-lhe natural e especialmente forte a capacidade de se colocar no lugar do outro, buscando reproduzir as situações como se fosse a personagem central.

Luísa era atraída pelo novo, pelo inusitado. Observadora perspicaz, via coisas onde os demais nada notavam, sempre por um ângulo otimista. **Tinha prazer em se diferenciar dos outros, como se fosse pecado ser igual.** Sua forma de se vestir, seu vocabulário, a vontade de desvendar novos caminhos a colocavam fora dos padrões de comportamento no seu meio. Mas nem sempre era compreendida ou aceita num ambiente cultural em que o diferente é encarado, quase sempre, como algo carregado de ameaça.

De casamento marcado, Delcídio, o noivo de Luísa, ficara em Ponte Nova, preso ao seu emprego na prefeitura. Sem maiores pretensões intelectuais, temia que o estudo superior de Luísa ofuscasse o seu supletivo de ensino médio, obtido de forma duvidosa em Montes Claros, portanto era contra os estudos da noiva em Belo Horizonte e, dissimuladamente, empre-

TINHA PRAZER EM SE DIFERENCIAR DOS OUTROS, COMO SE FOSSE PECADO SER IGUAL

Perfil do empreendedor de sucesso

O que nos diz essa passagem do texto? Vários momentos do livro tratam do jeito de ser de Luísa. Enfatizamos as atitudes dela por serem importantes na sua vida como empreendedora. Sendo "criativa e indomável", ela procurava aprender também a partir de conversas. O empreendedor aprende em momentos com alguma emoção e é capaz de assimilar a experiência de terceiros. O hábito de Luísa tentar se colocar no lugar do outro é um exercício importante para vivenciar histórias de outras pessoas.

Mesmo nos países avançados, até a segunda metade do século passado a academia não dava grande importância ao empreendedorismo. Somente percebeu a necessidade de se disseminar o tema quando pesquisas indicaram que as micro e pequenas empresas (MPE) geravam mais empregos do que as grandes.

No início, a academia investiu tempo e recursos para identificar as características do empreendedor. No entanto, a professora Saras Sarasvathy afirma que "as pesquisas acadêmicas não conseguiram produzir evidências sobre as características dos empreendedores". Saras conclui que, mesmo que houvesse evidências, "não teriam utilidade prática".

Não é preciso pesquisas para se perceber que as características do empreendedor são da própria espécie humana. Todos nascemos com o potencial empreendedor. O objetivo da educação é fazer com que esse potencial venha à tona e seja utilizável.

Veja algumas habilidades contidas nesse potencial:
- Identificar problemas – caso a solução possa atingir uma quantidade de clientes que viabilize uma empresa, transforma-se em uma oportunidade.
- Fazer para aprender – e não aprender para fazer, como no ensino convencional.
- Aprender com os erros e o fracasso – o ensino tradicional pune os erros.
- Gerar inovação.

- Criar o futuro. O empreendedor define o que quer e depois busca o conhecimento que lhe permitirá atingir seu objetivo.
- Tecer redes de relações para nelas se apoiar e alcançar seus objetivos.
- Criar o seu próprio método de aprendizagem.
- Usar a emoção para definir aonde deseja chegar e a razão para preparar o caminho.
- Acreditar que pode mudar algo no mundo.
- Saber que os riscos são inevitáveis, mas devem ser minimizados. Ninguém gosta de riscos.

É importante ressaltar que os conhecimentos e técnicas de que trata a administração de empresas são ferramentas usadas pelo empreendedor, mas as funções de gerentes e empreendedores não se confundem. Ambos são essenciais.

gava muita energia em dissuadi-la daquela empreitada. Suas argumentações camufladas, ardilosas, começavam a fazer efeito sobre ela, já sem grande entusiasmo para **realizar um sonho que era somente dos pais**.

Em um ponto Delcídio já tinha sido bem-sucedido: convencera Luísa a não prestar vestibular para a universidade pública, onde, segundo ele, havia muita liberalidade, drogas "e outras coisas" – que ela jamais soube o que seriam.

Indo contra a corrente, Luísa tentara o vestibular somente em uma universidade particular, que, além de cara, não tinha o nível da pública. Mas pelo menos seu pai não se recusou a pagar, como aconteceu no primeiro vestibular, quando foi aprovada no curso de Comunicação. "Pode fazer outro vestibular, essa profissão não dá futuro para ninguém", alegou ele.

Todavia, as aflições de Delcídio não se resumiam aos estudos da noiva; eram também fruto de insegurança frente às várias histórias que cercavam a figura dela. A pequena cidade, ávida por acontecimentos capazes de quebrar o tédio do cotidiano, deitara os olhos na criança linda e cheia de brilho, para depois focá-los com mais intensidade na jovem em que o tempo esculpira formas maravilhosas. A sabedoria popular antevia episódios incomuns relacionados à beleza de Luísa e ali fazia plantão, tal qual um repórter que pressente notícias. Algumas histórias, embora nascidas de fatos concretos, alimentavam o imaginário popular e contribuíam para a paciente construção do acervo mitológico daquele pequeno mundo.

REALIZAR UM SONHO QUE ERA SOMENTE DOS PAIS

É comum os pais "escolherem" os sonhos dos filhos. Os jovens são induzidos pelo meio em que vivem a desempenhar papéis que a sociedade julga relevantes, de modo que o futuro de todos é por ela definido em certa medida.

O sonho do empreendedor

Costumamos definir o empreendedor como "alguém que sonha e busca transformar o sonho em realidade". Nesta abordagem, a concepção de sonho é aquela que usamos na linguagem do dia a dia: "Meu sonho é ser médico... é casar... ter filhos... vencer na vida." É o sonho que se sonha acordado. Esse conceito é simples, mas, na prática, encontra dificuldades para sua realização, porque a nossa sociedade não nos estimula a sonhar. O sonho não faz parte da pedagogia das escolas nem do lar, tampouco da rua.

A escola não pergunta sobre sonhos porque lida com conteúdos para os quais sabe as respostas. Além do mais, tem a intenção de exercer controle. Como para o sonho não há respostas nem é possível o controle, a escola não o inclui como tema. A família, a exemplo da de Luísa, prefere convencer a filha a seguir uma profissão que a "dignifique". Em sociedades fortemente hierarquizadas, o sonho não é estimulado, porque sonhar é perigoso: pessoas e comunidades que sonham constroem o seu futuro e não se deixam dominar.

Então, como funciona tal conceito? O indivíduo sonha, mas somente sonhar não o define como empreendedor, caracterizado também por sua capacidade de fazer. Ao agir, o empreendedor é dominado por forte emoção, que libera a maior energia de que se tem notícia: a energia de quem busca transformar seu sonho em realidade. Empreender é, portanto, um ato de paixão. Ao se apaixonar, o indivíduo faz vir à tona o potencial empreendedor presente na espécie humana e libera as atitudes empreendedoras: a persistência, a criatividade, o protagonismo, a liderança, a autoestima, a crença de que seus atos podem gerar frutos. Sabendo que o conhecimento do meio é a chave para se encontrar oportunidades (problemas para os quais desenvolver a solução), ele busca as informações que precisa.

A perseverança é um atributo de quem gosta muito do que faz. A liderança nasce da capacidade de convencer pessoas a nos apoiar e seguir. Só um apaixonado consegue se dedicar tanto a um sonho a ponto de apreciá-lo em sua integridade e assim adquirir a capacidade de seduzir pessoas para participar de sua realização. A criatividade está presente em quem se dedica com abandono a um tema, algo alcançável somente pelos apaixonados. Apenas o sonhador que busca a realização do seu sonho é protagonista e autor da sua vida.

É no exato momento em que o sonhador busca transformar seu sonho em realidade que nasce a necessidade do saber. Em outras palavras: somente quem sonha e age para transformar seu sonho em realidade precisa aprender algo. Ou seja, o indivíduo que está motivado para realizar seu sonho saberá desenvolver, segundo seu estilo pessoal, métodos para aprender a realizá-lo. Assim o empreendedor gera dois conhecimentos essenciais: a definição do seu sonho e os métodos e caminhos para transformá-lo em realidade.

Sucesso e fracasso

Essa reflexão nos convida a redefinir sucesso e fracasso. Está em situação de sucesso quem busca, e não apenas quem realiza, um sonho. Conceitualmente, sonhos não são realizáveis, porque ao se concretizarem deixam de produzir a emoção que geravam no momento anterior. Por seu turno, fracasso não é não conseguir realizar os sonhos, mas desistir de realizá-los. A única situação de fracasso é a desistência. A empresa, o projeto, a ação fracassam. O empreendedor prossegue.

Intimidado, sem armas para enfrentar o passado da noiva, ele se deixava corroer pelos enredos que continham maior verossimilhança. Além de não saber lidar com o disse me disse, o que mais contribuía para a perturbação de Delcídio era o fato de que todas as histórias se baseavam em personagens reais, conhecidos de todos.

Duas delas, contadas e recontadas, afligiam o noivo de modo particular. Dizia-se que, aos 18 anos, Luísa despertara paixão alucinante em um médico de 29, Marcelo Veiras, de família de ricos usineiros. Por não ser correspondido, o rapaz se desesperou a ponto de ir para um mosteiro, não sem antes tentar pôr fim à própria vida. Sob a ameaça de suicidar-se, obrigou a família a destinar ao mosteiro a parte da herança que lhe cabia, mas com a seguinte cláusula: tudo seria revertido se Luísa, a qualquer tempo, mudasse de ideia e o fizesse merecedor de seu afeto. Diziam que Marcelo fez os primeiros votos e, usando batina preta e o nome de Irmão Lucas, trabalhava no Colégio Dom Bosco, justamente para ficar a meio caminho entre Ponte Nova e Belo Horizonte e poder sentar-se à beira da estrada nos fins de semana para vigiar cada carro, cada placa, na esperança de ver a amada, ainda que de passagem.

Embora corroído pelo ciúme que nutria do Irmão Lucas, pois levava a sério a ameaça que ele representava, Delcídio sentia-se ainda mais afligido por outra história. Esta lhe provocava tão profundo sofrimento que os constantes suspiros acabaram deixando no rapaz um estranho cacoete. Comentava-se que, aos 15 anos, Luísa se apaixonara por Paulo dos Martines, um belíssimo jovem de 17 anos, filho bastardo de uma das famílias tradicionais da cidade. A relação foi amaldiçoada por dona Maria Helena, que não mediu esforços para afastar o namorado e apagar do coração da filha o sentimento que, segundo ela, era um despropósito. Um deputado da região arranjou com inacreditável presteza uma colocação para Paulo na Assembleia Legislativa. Como a proposta de emprego era irrecusável, o problema fora aparentemente resolvido. Com a mudança repentina para Belo Horizonte, Paulo dos Martines produzia, segundo a mãe de Luísa, um dos ingredientes mais poderosos para a falência de um amor nascente: a distância. Tudo fora feito sem que uma só palavra fosse dita a Luísa, mas com todas as letras explicadas a Paulo. Por precaução, dona Maria Helena mantinha vigilante controle sobre o correio e o telefone, que, "graças ao bom Deus", jamais exigiram nenhuma intervenção sua. Naquele ano e no seguinte, Luísa estranhou o fato de a família ir a Belo Horizonte apenas raramente e sempre em viagens rápidas, de um só dia.

Delcídio poderia enterrar tudo isso como coisas do passado se aqui e ali sinais, conversas, fatos e mesmo evidências não apontassem para o contrário. Corria à boca pequena que Luísa se comunicava com Paulo por intermédio de uma amiga, cuja formidável memória era capaz de reproduzir tim-tim por tim-tim a linguagem de pura poesia com a qual se entretinham os amantes. Mais ainda: que tudo fora planejado cuidadosamente, inclusive a faculdade de Odontologia em Belo Horizonte, fato que excitava a imaginação dos ponte-novenses, trazendo-lhes à memória uma torrente de ditos populares: "A distância entre os corpos une mais ainda os corações"; "O fruto proibido é o mais cobiçado"; "A oposição da família dá casamento na certa"...

Dizia-se ainda na Sereia Azul que a paixão entre Luísa e Paulo se tornara descomunal, cinematográfica, shakespeariana, diabólica. Até o noivado dela com Delcídio faria parte do plano! Tudo para despistar a família!

Sabendo que Paulo cursava Odontologia na Federal, Delcídio se opusera de modo veemente a que Luísa prestasse vestibular nessa escola. Agora, não lhe restavam dúvidas de que a escolha do curso era para que ela estivesse mais perto de sua verdadeira paixão. Assim, julgava ter agido com acerto.

De quando em quando, Delcídio parecia acordar do pesadelo. Pois só poderia ser pesadelo a distorção de uma realidade tão clara: sua noiva, pura, sincera, jamais o submeteria a uma traição aviltante, oferecendo-o à zombaria em todos os cantos da cidade. Mas esses eram momentos raros. No dia a dia, exposto ao zum-zum-zum da praça Getúlio Vargas, às conversas na Sereia Azul, Delcídio não sabia como fugir ao que lhe parecia a mais dura realidade: o amor inconfesso entre Luísa e Paulo. Pensava em romper o noivado, mudar de cidade, de vida. Mas nesses momentos sua paixão acabava por induzi-lo à dúvida e ele se decidia por esperar. Esperar pelo casamento com ela, se a sorte lhe sorrisse, por que não? Mas nunca passivamente, já que tentava, o tempo todo, deslindar os mistérios que envolviam a vida da noiva.

Por força do hábito, Delcídio desenvolvera grande capacidade de analisar as vontades da noiva, perscrutar suas reações, seus olhares, rubores, suspiros. Estava sempre observando, esquadrinhando, decompondo, inferindo, deduzindo. Mente conturbada, alma sofrida, ele se esforçava profundamente para descobrir algo que no fundo preferia não saber.

Havia já algum tempo notara que, quando estava com Luísa em Belo Horizonte, ela se tornava inacessível por certos períodos. Durante algumas semanas, não era localizável nas tardes das quartas-feiras. Em outras épocas, ele não conseguia falar com ela nas noites de sexta. Em alguns sábados, ela lhe pedia que não fosse vê-la, porque tinha algo a fazer, sem explicar o que era ou dar indicação de onde estaria, um número de telefone, por exemplo. Chegara a desaparecer por vários domingos. Nos últimos tempos, os sumiços de Luísa eram imprevisíveis. Questionada, ela dava respostas evasivas, não raro caindo em contradição. Quando ele insistia, recebia, para seu desespero, uma resposta encolerizada, seguida de uma ameaça de briga, às vezes de rompimento. Luísa jamais admitia ser questionada.

Fora isso, que para ele não era pouco, o comportamento da noiva era impecável. Nada havia que pudesse levantar a menor suspeita. Contudo, Delcídio não se poupava, cismando, vez por outra, que a capacidade de dissimulação da noiva se confundia com um cinismo insolente.

Desde os 9 anos, quando chegavam as férias, Luísa passava para o outro lado do balcão na loja de Fernanda e ajudava a madrinha em seus afazeres. Isso perdurara até os seus 20 anos. Desenvolvera grande empatia com a clientela, atendendo a todos com encantadora jovialidade e tendo um gesto de simpatia para cada um em particular. Todos se sentiam gratos pela sincera atenção que ela lhes dispensava.

Quando não estava no balcão, fugia para os fundos da Sereia Azul para se dedicar à cozinha, seu maior hobby. Diferentemente das outras moças da sua geração, que faziam do desdém à cozinha uma bandeira de pretensa emancipação, dedicava-se livremente a desenvolver e aprimorar seu dom inato, para contentamento da freguesia. Sentia-se atraída também pelo tilintar das moedas caindo na caixa registradora, mesmo que nem uma sequer jamais fosse parar em seu bolso. A madrinha era famosa por seu apego ao dinheiro. Doava-se generosamente em tudo – amizade, dedicação, companhia em momentos difíceis –, mas, quanto a dinheiro, nem pensar. Sua sovinice era cantada em versos além-fronteiras: parentes de Rio Casca e Piranga encarregavam-se de exportar a fama. Tinha na cabeça o estoque e o caixa; a falta de uma guloseima ou de um centavo era motivo de cansativas recontagens. Fiado, nem para o primo Filipe, de 3 anos, paixão de Fernanda, ou para o prefeito, assíduo no ti-ti-ti político de fim de tarde que acontecia na Sereia Azul. **Mas a lida atrás do balcão trazia outras gratificações**, não muito claras ou discerníveis para Luísa, porém que poderiam ser explicadas por um substantivo de sentido genérico: prazer.

MAS A LIDA ATRÁS DO BALCÃO TRAZIA OUTRAS GRATIFICAÇÕES

A formação da ideia de produto

Neste trecho, tomamos conhecimento de que Luísa gosta de cozinhar e atender as pessoas; também gosta de ouvir o dinheiro entrando na caixa. Ou seja, sente-se feliz na atividade de vender, atender os clientes, saber que eles apreciam o que compraram. E mais do que isso: com o passar do tempo, Luísa começou a entender o que é um negócio, acumulando experiência nisso. Nascia assim um esboço do seu sonho. O passo seguinte seria conectar o seu sonho a um conjunto de clientes potenciais, pessoas que precisavam daquilo que a sua paixão lhe mandava fazer. Ou, dito de outra forma, transformar o seu sonho em nicho de mercado.

A área de atuação estava definida: alimentação. O passo seguinte seria desenvolver a ideia de um produto condizente com o seu sonho. Através de contatos pessoais com seus futuros clientes, a ideia do produto começou a se delinear: goiabada cascão.

Qual a relevância desses momentos na vida de Luísa? Ela tinha prazer em cozinhar, era criativa nessa área. Adquirira experiência comercial, que consistia em vender, atender clientes, entender o comportamento deles. Com base nessa vivência, nesse conhecimento de um negócio, começou a imaginar um produto que pudesse ter sucesso. Foi um desdobramento natural de seu contexto de vida, pois Luísa buscava algo que lhe permitisse ter independência fazendo algo de que gostava. Ela começa então a projetar mentalmente a sua futura empresa.

Além dos contatos com os clientes, Luísa procura pessoas que possam ajudá-la. Ela precisa criar a sua rede de relações, ler sobre o assunto, participar de feiras, eventos. A partir daí, Luísa vai aperfeiçoar a sua ideia inicial, agregando novas características, mudando alguma coisa, descobrindo ou inventando novos processos de produção, distribuição ou vendas. Enfim, desenhando um produto que atenda às suas peculiaridades enquanto pessoa. E, ao modificar o produto, irá atrás de novas pessoas, livros, revistas, feiras, etc. É um processo contínuo de conquista de novas relações e formação de redes. E esse processo é circular, na medida em que tais relações vão contribuir para melhorar o produto, alterando-o, e assim por diante, até encontrar a sua forma final.

> Mas isso é apenas o começo. Movida pela paixão, Luísa tem ânimo para enfrentar o trabalho árduo que a espera. Precisa de autoconfiança. Também deverá ser líder, convencendo as pessoas de que a sua ideia é ótima e capaz de beneficiar a todos: investidores, sócios, fornecedores, clientes. Isso é a liderança do empreendedor nascente.
>
> Por fim, Luísa deverá aprender a gerenciar a empresa, que é a única tarefa delegável.

Não teria sido necessário para Luísa decifrar esse sentimento, encoberto pela satisfação que lhe causava a proximidade da madrinha querida, se ela não estivesse em seu quinto ano de universidade, começando a se preocupar com seu futuro, tanto amoroso quanto profissional.

Somente depois de se mudar para Belo Horizonte, logo após ter sido aprovada no vestibular de Odontologia, Luísa percebera quão famosa era a goiabada cascão de Ponte Nova. Foi por acaso, quando, em seu apartamento em Belo Horizonte, ofereceu a um colega de faculdade um pouco do doce que restara da última remessa feita por Fernanda. Extasiado, o colega lhe pediu a pequena sobra, para que pudesse oferecê-la à mãe. Naquela noite, Luísa refletiu sobre os motivos que levariam um ser humano a mendigar restos mesmo sendo abastado e bem alimentado.

Por não ter distanciamento crítico, não lhe ocorrera antes que a goiabada de Ponte Nova fosse capaz de provocar desatinos, compulsões. Foi necessária uma noite insone para Luísa amanhecer com a noção exata de um produto poderoso, famoso, mas inexistente no comércio. Em sua vida de empreendedora ainda incipiente, começou a apostar na goiabada cascão como uma excelente oportunidade de negócios. A partir daí, era assaltada por excitações insólitas. Uma delas era o sonho recorrente do seu casamento com véu e grinalda, em que irrompia na igreja, esfuziante e feliz, e Delcídio era mero coadjuvante (chegara à conclusão, entre um sonho e outro, que o noivo poderia ser qualquer um). Outra era o também repetido pesadelo no qual, encharcada de suor, em sua primeira consulta como dentista, os dentes do cliente, antes perfeitos, caíam podres ao toque dos seus dedos, enquanto ela, aterrorizada, em vão tentava recolocá-los sem que ele percebesse. Ambos foram substituídos em seu sono por uma fantasia em que a goiabada cascão tinha a mesma trajetória do pão de queijo mineiro: coqueluche nacional, internacional – Paris, Nova York. Sua empresa teria lucros... grandes lucros.

Assim, a um ano da formatura, Luísa sentia que sua vida estava num momento de grandes decisões. Mal definidas, a vida amorosa e a profissional precisavam ser revistas. Sabia do dissabor que representaria para os pais o abandono da carreira de dentista. Além disso, estava certa de que, mesmo não mais sentindo amor por Delcídio, o rompimento de um longo convívio, somado aos sonhos conjugais desfeitos, ia ser doloroso para o noivo e para si. Também na sua vida amorosa, Luísa constatara que estava realizando **os sonhos dos pais, que, apesar de não serem de todo ruins, não eram os dela**. Mas estava disposta a assumir todas as consequências dos seus atos para percorrer o caminho que pudesse levar à sua autorrealização. Amadurecida pelas reflexões, buscava **aprender com os insucessos** e as frustrações a buscar o ser amado e a definir sua profissão.

OS SONHOS DOS PAIS, QUE, APESAR DE NÃO SEREM DE TODO RUINS, NÃO ERAM OS DELA

O empreendedor sempre deseja realizar seus próprios sonhos. É alguém que busca incansavelmente a autorrealização.

Sonho individual e sonho coletivo

Apesar de o senso comum tratar o empreendedorismo como um fenômeno individual (dizem que "o empreendedor tem um dom", afirmativa que considero um equívoco), estamos diante de algo que, para atingir a comunidade, gerar bem-estar social, tem que ser um fenômeno coletivo. A natureza do sonho individual é fortemente determinada pelos valores da cultura a que pertence o sonhador. Por que isso? Porque não se concebe um sonho individual não relacionado ao sistema social do indivíduo. Nesse sentido, dizemos que os sonhos individuais são influenciados pelos sonhos coletivos. O *sonho coletivo* pode ser definido como a imagem que uma comunidade constrói de si no futuro – imagem formada a partir da convergência das múltiplas imagens dos seus integrantes e associada a um projeto específico e viável de sua transformação em realidade por meio da dinamização dos potenciais humanos, sociais e naturais da própria comunidade. Dizemos que uma verdadeira comunidade não é apenas um conjunto de pessoas, mas um grupo unido por um sonho comum. Os sonhos coletivos podem ser positivos, mas também podem inspirar ações negativas.

Sonhos coletivos fundados na aceitação do outro, na liberdade, no consenso no que diz respeito a decisões relativas à construção do futuro provavelmente inspirarão o surgimento de empreendedores que terão como sonho a realização do bem comum. Em contrapartida, comunidades que não geram autoestima coletiva, que não elegem o coletivo como objeto central da sua construção humana, social e econômica, que perdem a capacidade de se indignar diante de desigualdades gritantes de condições de renda, conhecimento e poder provavelmente continuarão a produzir em seus integrantes a capacidade de construir sonhos voltados para a preservação de desigualdades, para a concentração de poderes e para a manutenção de divisórias sociais que garantam as conquistas individuais.

APRENDER COM OS INSUCESSOS

Uma habilidade essencial ao empreendedor é aprender com os erros e fracassos, diante dos quais não se abate.

Havia decidido: na sua aventura existencial, seus sonhos, sua visão de mundo, seu afeto, seus valores seriam sempre o ponto central. Gostava de si mesma e sentia-se **capaz de transformar o mundo**, mesmo que fosse um minúsculo pedaço dele.

CAPAZ DE TRANSFORMAR O MUNDO

O empreendedor acredita que pode convencer as pessoas a realizar o sonho dele. Ele tenta colocar o destino a seu favor; deseja fazer alguma diferença no mundo.

Consciente de si, assumira o que suas vozes internas apregoavam: queria sempre **o papel de atriz principal**.

> ### O PAPEL DE ATRIZ PRINCIPAL
> "É preferível ser cabeça de sardinha a rabo de tubarão."

Mesmo que, para isso, tivesse que construir ela mesma o pequeno mundo em que reinaria.

Alguns progressos Luísa havia feito desde os primeiros sonhos com goiabada cascão e dentes apodrecidos. Começara a pensar em si mesma, a considerar a carga familiar sobre seus ombros, ou seja, as expectativas nela depositadas pela família e pelas pessoas de suas relações. Como seu pai, ela também sentia orgulho em vir a ser dentista, mas isso não lhe provocava emoções tão intensas como, por exemplo, aquelas causadas pelo sonho de ter sua própria empresa. Além disso, a ideia da goiabada evoluíra em sua cabeça nos últimos dois anos. Conversara com muita gente, interessara-se em ler sobre o assunto, saber quem fabricava, quem vendia. Alimentava o sonho sem, no entanto, partilhá-lo com ninguém. O noivo e os pais não eram interlocutores para o tema. Sentia-se só, mas fortalecida, já que passara a ser dona dos próprios sonhos.

Achava estranho não poder compartilhá-los com as pessoas tão próximas. Por outro lado, sendo frágil seu desejo de permanência em Belo Horizonte, Luísa não chegara a construir muitas relações de amizade na capital. Os momentos fora da faculdade eram gastos em estudo ou namoro, uma vez que Delcídio ia para BH sempre que podia e ela ia para Ponte Nova quase todo fim de semana.

Confidenciava suas descobertas pessoais, seus planos de vida e a delicadeza das decisões que urdia em silêncio a uma colega de sala, a Leninha, que talvez fosse a única amizade construída nos anos de faculdade. As poucas amigas que tinham ficado em Ponte Nova certamente não compreenderiam suas atribulações, resultantes talvez de uma experiência que elas não tinham: a de viver em uma cidade grande, longe dos pais e de todos. Além disso, Luísa sentia-se pouco à vontade com a maioria das amigas de sua cidade natal, percebendo que, com raras exceções, também elas se comspraziam em alimentar as histórias a seu respeito. Notava que, muitas vezes, o silêncio com que ela respondia à curiosidade das amigas era traduzido como confirmação da veracidade das coisas ditas à boca pequena. Com um mundo interior extremamente rico e criativo, Luísa era dessas pessoas que construíam **seu próprio critério de sucesso**, não se deixando influenciar pelos indicadores vigentes na comunidade. Se esse modo de buscar a realização conferia-lhe alto grau de independência, aos olhos superficiais de alguns significava uma excentricidade condenável em moça daquela estirpe. Ou seja, para esses, nada que viesse dela seria bem-visto.

Após dois anos de conspiração íntima, Luísa sentia-se pronta para tornar públicos os seus intentos. A pessoa escolhida para primeiro ouvir o que tinha a dizer era Fernanda, por todos os motivos do mundo. Certamente ela seria capaz de entendê-la e tornar-se sua cúmplice. Mas não sem muito trabalho de convencimento.

SEU PRÓPRIO CRITÉRIO DE SUCESSO

Pode-se dizer que os empreendedores se dividem igualmente em dois times: aqueles para os quais o sucesso é definido pela sociedade e aqueles que têm uma noção interna de sucesso. Não há nenhum estudo que diga que uma ou outra categoria tenha maior sucesso. Mas aqueles que têm uma noção interna de sucesso têm mais facilidade em alcançar a autorrealização.

Eram dez horas da manhã de um sábado de dezembro quando, chegando de Belo Horizonte, Luísa entrou na Getúlio Vargas. Procurou com o olhar um de seus tios. Era um hábito antigo. Sempre que passava pela praça, a qualquer hora do dia, em qualquer dia da semana, podia ver pelo menos um deles aproveitando a dádiva da sombra das figueiras frondosas na placidez da cidade pequena. Teve a certeza de que a Terra continuava girando em torno do Sol quando viu tio Toniquinho, chinelo e cigarro de palha, sentado à sombra das sibipirunas, jogando conversa fora.

– Oi, tio! – gritou Luísa com a cabeça para fora do carro.

– Oi, filha – respondeu ele, no jeito simples e afável com que as pessoas, nas cidades menores do interior de Minas, se cumprimentam e se reconhecem como membros da mesma comunidade.

Foi direto para a Sereia Azul e, após ajeitar-se com a pequena bagagem atrás do balcão, submeteu de supetão, mas não sem temores, seu projeto a tia Fernanda:

– Nos últimos dois anos, tenho pensado muito em ter um negócio meu. A ideia é montar uma pequena fábrica de goiabada cascão para vender no Brasil todo e inclusive para exportar. Acho que vai ser um grande sucesso.

Fernanda não deu importância ao que dizia a sobrinha. Parecia não entender ou não querer entender.

– É o que todo mundo fala, que a goiabada é potencialmente um grande negócio. Pega a garrafa de café pra mim – solicitou Fernanda.

– Eu gostaria de ter um negócio meu – continuou Luísa –, que me desse liberdade, que me permitisse ficar rica, independente.

Fernanda, que tirava chocolates da caixa para expô-los na vitrine, largou o que tinha nas mãos sobre o balcão. Parecia ter levado um tapa. Disparou, sem tentar conter a irritação:

– Mas você vai conseguir isso como dentista!

Fernanda disse isso para não se contrapor à vontade da família. Sentia-se dividida, porque o seu coração estava em festa com o desejo da afilhada, mas seria uma explosão que atingiria toda a família. Não era uma responsabilidade que lhe cabia. Era uma decisão íntima de Luísa.

– Não tenho mais vontade de ser dentista. Perdi o entusiasmo. Como alguém pode ter sucesso fazendo o que não gosta?

– Ah, meu Deus do céu, mas que conversa, hein? – respondeu a atônita Fernanda. – Logo num sábado. O que aconteceu para você falar tanta besteira assim? Vamos mudar de assunto. Me ajuda a arrumar a loja e vamos parar com isso agora mesmo.

Mas Luísa não iria desistir. Não deixaria que Fernanda escapasse. Recomeçou, com voz grave, separando as sílabas. Queria encurralar a tia.

– Tia Fernanda, eu estou falando sério.

– Você não pode estar falando sério. Isso não pode ser mais do que uma crise passageira. Ainda mais quando você se der conta das dificuldades que terá com uma fábrica dessas. A começar pelo capital necessário. Onde pensa que vai arrumar o dinheiro? Outra coisa: o lugar ideal para a sua empresa seria Belo Horizonte, e aí como ficaria o casamento? Delcídio iria concordar? E mais: o que você entende de negócios? Que loucura, minha filha, você pirou? – explodiu de vez.

Até ali, a reação de Fernanda seguia aquela que Luísa previra em seus **ensaios diários** no trajeto entre a sua casa e a faculdade, tempo que usava para refletir. Reproduzira a cena várias vezes, os diálogos possíveis, a reação emocional da madrinha.

ENSAIOS DIÁRIOS

O empreendedor tenta antecipar situações e preparar-se para elas. É alguém com capacidade de observação e de planejamento.

Ela continuou:
– Como ninguém teve essa ideia antes? A nossa goiabada já é famosa, mas ninguém ganha dinheiro com ela. Poderia gerar empregos, renda. Lembra do que aconteceu com o pão de queijo mineiro? Demorou, mas começou a ser industrializado, vendido em todo o Brasil e até exportado. Muita gente ganha dinheiro com isso até hoje.

Luísa decidira se concentrar no ponto mais fácil: o negócio em si. Daria tempo para que o choque de Fernanda se dissipasse, mitigando suas influências sobre a reação da madrinha e permitindo que ambas tomassem fôlego para enfrentar um resto de sábado difícil, prenunciado pelo clima do diálogo que gelara o balcão da Sereia Azul naquele final de manhã. Sabia que não teria chances se começasse a conversa falando sobre estudos e noivado.

– Já andei pensando em vários detalhes, como formato, embalagem. Inclusive no nome da empresa: Goiabadas Maria Amália Ltda.

Maria Amália era o nome da mãe de Fernanda, avó de Luísa, Vovó Málía, falecida fazia dois anos, figura querida na família e na cidade. Na verdade, o nome de Maria Amália fora invocado também na esperança de abençoar a nova vida de Luísa e arrefecer as esperadas resistências a suas ideias e seus planos. Mas a primeira menção ao nome da avó provocou uma reação diferente. Fernanda foi mordaz:

– Mamãe sonhava em ter uma neta doutora. Era o assunto preferido dela logo que você passou no vestibular. Toda a cidade sabe e, aliás, todos esperam a futura dentista. Você já é vitoriosa antes de começar. Tem emprego garantido na clínica do Dr. Luís, a melhor da cidade. Imagine a reação de Vovó Mália neste momento! Deve estar se retorcendo toda no túmulo, coitada.

Luísa sentiu um calor na face. Apesar de já imaginar uma reação desse tipo, a intensidade da última frase fora inesperada. Uma nuvem sombria ofuscou seu raciocínio e sua capacidade de articulação verbal. Mesmo assim, a minuciosa preparação ainda lhe dava forças para continuar a batalha. Falou sem pensar, quase como se tivesse decorado um texto ou como se tivesse à frente não a madrinha, com aquela autoridade toda, apenas a própria imagem, inerte, no espelho da penteadeira:

– Tenho notado que o governo pretende aumentar as exportações por meio das pequenas empresas. A goiabada poderia ser vendida em inúmeros pontos no exterior, como em *drugstores* nos Estados Unidos, aeroportos na Europa, supermercados de qualquer lugar. Lembra daquele *mall* ao qual fomos em Tampa, na Flórida? Podemos ter um estande no corredor: *Goiabadas Maria Amália, made in Brazil*. Não terei concorrentes, a ideia é imbatível – concluiu, esboçando um pequeno entusiasmo.

– Meu Deus, Luísa. Você não entende nada de negócios. Você acha que sua ideia é a primeira, que somente você foi iluminada por Deus! Ora, várias pessoas em Ponte Nova já tentaram isso. O Zitinho, apesar de toda a experiência no comércio e da grana preta que investiu, não ganhou um tostão. Você acha que é tudo muito fácil. Para chegar aonde cheguei, o que não é muito, tem uma vida de trabalho por trás. Você ainda não tinha nascido quando comecei a vender abacate de porta em porta... Depois consegui, Deus sabe como, um lugar de caixa na mercearia do Pepê...

Luísa respirou aliviada. Fernanda tinha mordido a isca. Estava falando de si mesma, repetindo a ladainha mil vezes recitada, sempre com orgulho e vaidade: como começara, como sofrera, como nada fora de graça, mas fruto do seu trabalho e, é claro, das suas qualidades e da graça de Deus. Luísa deixou a madrinha falar, sem escutá-la, reunindo forças para o que viria depois. A primeira batalha estava ganha.

– Pois é, e hoje você tem mais grana do que o Dr. Luís, que é o melhor dentista de Ponte Nova. Mais influência também. Além disso, quanta gente importante frequenta a Sereia Azul? Muita coisa é decidida aqui!

Por alguma coincidência ou por ajuda da Vovó Málía, acabava de entrar na Sereia Azul o primo Flávio, engenheiro e empresário bem-sucedido, apesar de não ser seu hábito frequentar a loja aos sábados. Quando isso acontecia, Fernanda sabia o motivo: Flávio queria tingir o cabelo e preferia que ninguém visse. Então buscava o serviço, um dos muitos oferecidos na Sereia Azul, no fim de semana.

– Bons dias, ou boa tarde, já que passa do meio-dia. Ô Fernanda, estou precisando tingir meu cabelo, mas só se me for servida uma pinguinha. Quero comemorar o novo negócio que fechei ontem. Olhem, meninas, jamais ganhei tanto dinheiro como depois que pedi demissão da construtora. Apesar do bom salário que tinha, hoje vejo como era limitado e como minha vida era monótona. Ganho 10 vezes mais agora. Não dá mesmo para ser empregado hoje em dia.

Parecia combinado. Fernanda franziu o cenho, uma expressão interrogativa no rosto. Suspeitou injustamente de alguma trama. Pessoa querida, o Dr. Flávio era conhecido pela ingênua e inofensiva jactância, apesar de ser realmente bem-sucedido.

Aliviada e agradecida pela ajuda inesperada, Luísa desanuviou o semblante de pronto.

– Eu também acho que ser empregado é uma fria – disse.

– Fernanda, quero uma tintura diferente. A última deixou nos meus cabelos vários tons de laranja. Cadê a pinga?

Fernanda entrara no clima:

– Ora, Flávio, você não tem nem cabelo mais, fica ridículo tentando disfarçar os poucos fiapos que lhe restam. – E riu com uma estridência incomum em uma mulher da sociedade ponte-novense.

Luísa foi até a cozinha e buscou um pratinho de salgados e um refrigerante diet. Era a fonte de energia para a conversa que seria retomada depois que Flávio saísse e o caixa e as portas fossem fechados, às 13 horas.

Se não estivesse tão ensimesmado, Flávio teria percebido que havia muito falava sozinho, enquanto as duas, com o olhar perdido, murmuravam monossílabos em resposta ao que ele dizia.

Lulu-Boneca, o cabeleireiro, interrompeu o monólogo:

– Seu Flávio, vai querer fazer as mãos também?

O domingo e a alma de Luísa amanheceram cheios de sol. Eram já dez horas quando dona Maria Helena a acordou para atender Delcídio ao telefone. Ele parecia ansioso por não ter encontrado a noiva na noite de sábado. De fato, a conversa iniciada com Fernanda pela manhã estendera-se até as duas da madrugada, regada a muito refrigerante, macarrão e doces, ficando o regime de Fernanda suspenso até segunda ordem.

Como tema, outro doce: a goiabada cascão. Luísa sentia-se leve feito uma folha seca de goiaba ao vento. As confidências foram abrangentes – sua vida, seus sonhos, tudo fora passado a limpo. No final, vitória total: a madrinha se tornara sua cúmplice. Iria ajudar a recolher os cacos após o terremoto que rasgaria as entranhas dos pais e do noivo. E na zona de propagação do sismo estariam ainda o restante da família e os amigos.

2
A validação de uma ideia

Mesmo sendo dezembro e estando de férias, Luísa resolveu voltar para Belo Horizonte na segunda-feira, não sem causar estranheza a todos, com exceção de Fernanda.

Delcídio não conteve a ansiedade:

– Mas o que você vai fazer em Belo Horizonte em plenas férias?

Luísa achava que precisava começar a tratar de sua empresa imediatamente. Quando fosse enfrentar os pais e o noivo, batalha postergada para o começo de fevereiro, alguma coisa já teria sido feita para atestar sua seriedade e sua firmeza de propósito.

Mas não estava preparada para a pergunta à queima-roupa.

– Uai, eu tenho minhas coisas para cuidar...

– Mas numa segunda-feira? – insistiu Delcídio.

– Numa segunda-feira, sim! Desde quando tenho que lhe pedir autorização para fazer o que quero?

Ele sabia que era o momento de parar, amargando mais uma evidência de suas suspeitas.

A conversa com os pais seria mais fácil, pois Luísa decidira não abandonar o curso de Odontologia, por sugestão de Fernanda. O diploma ficaria como um presente para eles, mesmo que fosse alto o seu custo.

Mas o que fazer? Por onde começar? Se pelo lado afetivo, pessoal, a conversa com Fernanda tinha sido excelente, grandes dúvidas surgiram sobre a Goiabadas Maria Amália. A madrinha havia simplesmente bombardeado todas as suas ideias, não deixando pedra sobre pedra.

– Mas ela falou tudo por medo de eu me dar mal, por me amar – disse Luísa para o espelho da penteadeira enquanto ajeitava os cabelos. – Ela não entende nada de fábrica de goiabada – tentou se consolar. – Sabe fazer em casa 2 quilos de cada vez, no máximo. O processo industrial é diferente. Além do mais, conhece somente a venda de balcão. Nunca trabalhou com distribuição, venda por atacado.

No íntimo, Fernanda se surpreendera com os conhecimentos de Luísa. Não que fossem profundos ou mesmo suficientes, mas eram muito mais do que se poderia esperar de uma jovem que não tinha feito outra coisa na vida senão ficar atrás daquele balcão, estudar Odontologia e namorar; aliás, namorar muito.

Durante a conversa, Fernanda insistira em que Luísa procurasse pessoas com as quais pudesse conversar sobre o tema, aconselhar-se.

– Mas pessoas que entendam de negócios. Nem dentistas nem funcionários da prefeitura servem... – havia dito com ironia, referindo-se a Delcídio.

– **Uma colega da Odontologia me falou sobre um certo professor Pedro**, do curso de Ciência da Computação, que criou uma disciplina de empreendedorismo. Estou pensando em procurá-lo.

UMA COLEGA DA ODONTOLOGIA ME FALOU SOBRE UM CERTO PROFESSOR PEDRO

Por que ensinar empreendedorismo?

Razão 1: A alta taxa de mortalidade infantil das empresas no Brasil. No mundo dos negócios emergentes, a regra é falir, e não ter sucesso. De cada três empresas criadas, duas fecham as portas. Raras alcançam o sucesso sem contar com suporte; a maioria fracassa, mesmo muitas tendo bom potencial. A criação de empresas é indispensável ao crescimento econômico, gerando sustentabilidade.

Razão 2: Neste século XXI, as novas tecnologias (Inteligência Artificial, Internet das Coisas, robótica, impressão 3D e outras) estão mudando as formas de se fazer, distribuir, controlar. O emprego perde lugar para novas formas de participação. As empresas precisam de profissionais que tenham visão global do processo, que saibam identificar e satisfazer as necessidades do cliente e, principalmente, que estejam preparados para inovar. A tradição do nosso ensino, de formar exclusivamente empregados nos níveis universitário e profissionalizante, não é mais compatível com a organização da economia mundial.

Razão 3: Exige-se hoje, mesmo para aqueles que vão ser empregados, um alto grau de empreendedorismo. As empresas precisam de colaboradores que, além de dominar a tecnologia, conheçam também o negócio, possam identificar oportunidades, saibam auscultar os clientes e inovar para atender às necessidades deles.

Razão 4: A metodologia de ensino tradicional não é adequada à formação de empreendedores.

Razão 5: Nossas instituições de ensino estão distanciadas do mercado e dos "ecossistemas empreendedores", integrados por empresas, órgãos públicos, investidores, centros de pesquisa, mentores, associações de classe, entidades das quais os pequenos empreendedores dependem para sobreviver. As relações universidade/empresa ainda são incipientes no Brasil.

Razão 6: Cultura. Os valores do nosso ensino não sinalizam para o empreendedorismo.

Razão 7: A percepção da importância das MPE (micro e pequenas empresas) para o crescimento econômico ainda é insuficiente.

Razão 8: A cultura da "grande empresa" predomina. Nos cursos de *business*, as MPE não fazem parte do currículo.

Razão 9: Ética. Por sua grande influência na sociedade e na economia, é fundamental que os empreendedores – como qualquer cidadão – sejam guiados pela ética e por princípios e valores nobres.

Razão 10: Cidadania. O empreendedor deve ser dotado de forte consciência social que o leve a ter alto comprometimento com o meio ambiente e com a comunidade. A sala de aula é um excelente lugar para debater esses temas.

– Empreendedorismo? Eu ouvi algo parecido na Sereia Azul outro dia – disse Fernanda. – Foi o Mendonça. Ele se mostrou feliz ao ver que o filho, que estuda Ciência da Computação, estava aprendendo a ser empreendedor em vez de se preparar para ser empregado.

Fernanda se interessara pelo assunto, imaginando que, se na sua época houvesse alguém para lhe dar alguma orientação, talvez não tivesse cometido tantos erros elementares, sofrido sozinha por tantas noites sem dormir.

Naquela segunda-feira, já em Belo Horizonte, Luísa se sentia outra pessoa. Abastecida emocionalmente pelo poder de uma conversa com alguém que admirava, achava incrível que um fim de semana pudesse mudar tanto a sua vida. A excitação que assaltara sua mente era inédita. Diferentemente de todas as outras grandes emoções pelas quais passara, era também mais abrangente, pois dizia respeito à sua liberdade, à capacidade de decidir seu próprio destino. Sentia-se leve, pronta para conquistar o mundo.

Enquanto sua cabeça dava voltas, as pernas a conduziram à mercearia ao lado de sua casa, para a entediante tarefa das compras habituais. Mas flagrou-se olhando as prateleiras com olhos diferentes. Naquela manhã, teve a sensação de que aquele lugar estava ligado a ela de alguma forma.

– Você tem goiabada cascão? – ouviu alguém perguntar ao balconista.

– Tenho pacote de 1 quilo e a granel. Qual a senhora quer?

Pela primeira vez na vida, Luísa **comprou goiabada cascão**, 1 quilo a granel e outro embalado. Teve a curiosidade de ler as inscrições da embalagem – nome do fabricante, endereço –, observou o estilo da logomarca. Perguntou ao balconista de onde vinha a goiabada a granel, mas ele não soube dizer.

> **COMPROU GOIABADA CASCÃO**
>
> Luísa começa a ver com outros olhos o setor no qual pretendia atuar. Conhecer bem uma área de negócio é, de fato, fundamental para o sucesso e demanda contato próximo com os clientes.

De volta a casa, divertiu-se com a ideia de fazer um teste com a irmã, Tina, que morava com ela e se preparava para o vestibular de Administração. Imaginou qual seria a reação de Tina ao provar uma goiabada que não fosse de Ponte Nova. Teria que esconder os pacotes, pois a irmã sabia que o estoque de goiabada em casa devia estar alto, ainda mais numa segunda-feira, quando elas voltavam de sua cidade.

Sem que Tina percebesse, ofereceu-lhe como sobremesa dois pedaços, como se fossem a goiabada de Fernanda. Queria ver o que a irmã diria da qualidade dos concorrentes.

Ficou olhando-a interrogativamente enquanto Tina comia a goiabada e via televisão. Estava atenta quando, após a primeira dentada, ela abandonou o pedaço e pegou outro com o garfo, levando-o ao nariz para sentir o cheiro. Arrancou uma pequena lasca da goiabada e a pressionou entre a língua e os dentes da frente e, depois, contra o céu da boca e as bochechas, sem engolir. Em seguida, usou o pires do cafezinho para depositar aquela massa estranha.

– Acho que tia Fernanda usou goiaba estragada. Tá ruim – disse Tina, fazendo Luísa se sentir vitoriosa e disposta a contar seus planos para a irmã mais nova, sob juramento de sigilo total.

Tina, de 18 anos, sentiu-se lisonjeada pela confidência da irmã, cujas histórias chegavam também aos seus ouvidos. Na verdade, melindrava-se por Luísa não partilhar seus segredos e intimidades com ela, que sabia do seu amor por Paulo. Por que nunca explicava suas ausências de casa, às vezes às segundas-feiras, outras vezes aos sábados, outras às quartas-feiras? Será que a considerava imatura? Queria ajudar, dizer a ela que compreenderia tudo, que a apoiaria incondicionalmente, que o amor tudo justifica, mas não encontrava uma oportunidade, pois Luísa jamais permitira que tal assunto viesse à tona.

Noite maldormida, Luísa estava na antessala do professor Pedro alguns minutos antes do horário marcado. A vontade de dar corpo à ideia da empresa, de enriquecê-la aos olhos do professor, espantara seu sono. Supunha que quanto mais detalhes apresentasse, quanto mais perguntas fizesse, mais respostas obteria. Queria extrair o máximo que pudesse daquela que seria sua primeira sessão de consultoria.

De alguma forma, intrigava-a o fato de o professor recebê-la, de gastar seu tempo com ela. Ao telefone, fora suficiente apresentar-se como uma pessoa que queria abrir uma empresa para que a reunião fosse agendada.

Evidentemente, teria que lhe pedir total **sigilo**. O professor devia conhecer muita gente capaz de copiar a ideia. **Em alguns casos, as ideias devem ser protegidas**.

> **SIGILO**
>
> É comum empreendedores fazerem segredo da sua ideia por medo de que alguém a copie. Nada mais enganoso. É importante que ela seja discutida, criticada. Além do mais, ideias não são bens escassos: existem às pencas, nascem feito mato.
>
> As ideias são diferentes das oportunidades e nascem no interior das pessoas. A oportunidade é uma ideia (produto) que interessa a pessoas (clientes) dispostas a pagar por elas, em quantidade suficiente para viabilizar uma empresa.
>
> A mesma ideia pode levar a um negócio promissor para uma pessoa, enquanto para outra talvez permaneça como simples ideia. Ideias são indispensáveis mas só se transformam em empresas de sucesso em mãos hábeis.

> **EM ALGUNS CASOS, AS IDEIAS DEVEM SER PROTEGIDAS**
>
> Caso a ideia esteja apoiada em uma inovação tecnológica, o registro de marcas e patentes é fundamental para a proteção dos direitos do empreendedor. Se a ideia for tão simples e atraente que possa ser reproduzida por qualquer pessoa, o empreendedor deve se preparar, porque certamente vão copiá-la quando o produto ou serviço for lançado. Nessa hipótese, deve-se criar barreiras à concorrência, tornando seu produto único e/ou aproveitando o fato de ter entrado antes no mercado. O simples segredo não é barreira suficiente.

A conversa com o professor durara mais de duas horas. Já em casa, deitada no sofá com os olhos fixos no teto, Luísa tentava pôr as ideias e emoções em ordem. Não sabia por quê, mas tudo que envolvia seu projeto de negócio a emocionava.

O professor fizera inúmeras perguntas. Algumas lhe haviam causado embaraço. Aliás, o professor era bem diferente do que imaginara. Ela tinha esperado voltar com muitas respostas e, na verdade, não obtivera nenhuma que dissesse respeito à fábrica de goiabada; <u>conseguira, sim, um incrível volume de novas perguntas</u>.

CONSEGUIRA, SIM, UM INCRÍVEL VOLUME DE NOVAS PERGUNTAS

A importância das perguntas

É preciso entender o professor Pedro: seu papel é fazer perguntas. No ensino do empreendedorismo, não funciona a metodologia tradicional, em que alguém – o professor – tem um estoque de conhecimentos e o transmite a outros – os alunos. Na metodologia de ensino do empreendedorismo, os alunos é que geram o conhecimento, representado pela concepção (sonho) e pelo projeto (como torná-lo realidade) de sua empresa, algo que não existia antes.

Por outro lado, como foi dito, o ensino do empreendedorismo prioriza o ser em relação ao saber como um fim em si mesmo. O objetivo final não é instrumental, não é a transmissão de conhecimentos, mas a formação de uma pessoa capaz de aprender com os erros, identificar oportunidades (problemas e desejos não satisfeitos) e definir a partir do indefinido, inovar. O empreendedor nunca para de aprender e de criar. O ensino não visa à criação de empresas de sucesso, mas à formação de empreendedores de sucesso, para os quais o possível fracasso da empresa é um resultado com o qual saberão aprender. Aliás, pesquisas indicam que o fracasso é quase inevitável na vida de um empreendedor de sucesso. A atividade de empreender, representada sobretudo por identificação e aproveitamento constante de oportunidades, faz parte de sua rotina. Assim, a metodologia de ensino do empreendedorismo reproduz na sala de aula a forma como o empreendedor aprende na realidade, em sua empresa: solucionando problemas, trabalhando e criando sob pressão, interagindo com os pares e outras pessoas, promovendo trocas com o ambiente, aproveitando oportunidades, copiando outros empreendedores, aprendendo com os próprios erros. O empreendedorismo é uma das áreas em que mais se cometem erros, porque exige constante inovação.

> Caberá ao empreendedor aprender com eles e transformá-los em alimento para acertos e sucessos.
> Por isso, o professor Pedro só faz perguntas. Ele quer induzir Luísa a buscar sozinha o conhecimento de que necessita; quer que ela aprenda a aprender. Diferentemente do aprendizado nas áreas em que se busca a resposta certa, a grande virtude no empreendedorismo é a capacidade de formular as perguntas pertinentes, que geralmente não apontam para uma só verdade, para uma única "resposta certa", mas para vários caminhos e diferentes alternativas.

Luísa não sabia avaliar todos os efeitos das palavras do professor. Sentia que sua percepção sobre um negócio, sobre a própria Goiabadas Maria Amália, havia mudado radicalmente. Começou a analisar a conversa, desmembrando-a minuciosamente para não perder detalhes. Antes de tudo, o professor fizera-lhe várias perguntas sobre temas como atividades profissionais dela e dos membros da família, seus estudos, o noivado, as relações de amizade; quis saber detalhes sobre interesses profissionais e atividades de todos os seus amigos – quais pessoas de suas relações mais admirava, se acaso se deixava influenciar por pessoas de fora do seu círculo de relações. Perguntou sobre seu comportamento, suas atitudes e características, como **perseverança**, vontade e capacidade de persuasão, sua forma de ver o mundo, seus sonhos, o conceito que tinha de si mesma.

PERSEVERANÇA

> A perseverança é importante porque a vida do empreendedor é cheia de altos e baixos. Só persevera quem está em busca do sonho.

E justificara as perguntas:
– Para o empreendedor, o ser é mais importante do que o saber. A empresa é a materialização dos nossos sonhos. É a projeção da nossa imagem interior, do nosso íntimo, do nosso ser em sua forma total. O estudo do comportamento do empreendedor é considerado hoje fonte de novas for-

mas para a compreensão do ser humano em seu processo de criação de riquezas e de realização pessoal. Dessa perspectiva, o empreendedorismo é visto também como um campo intensamente relacionado com o processo de entendimento e construção da liberdade humana...

Era coisa sobre a qual Luísa jamais pensara. Sonho, liberdade, projeção do ego. Mas era algo que realmente sentia, mesmo que inconscientemente. Talvez fosse essa a causa da presença constante da emoção.

Enquanto ele fazia anotações, Luísa tentava absorver o inesperado clima da conversa, já que nunca havia pensado sobre as relações entre seu projeto de empresa e sua vida pessoal, suas emoções, seu comportamento, sua personalidade e suas opiniões sobre o mundo.

O professor Pedro perguntara sobre o conhecimento que Luísa tinha do mercado, do produto; sobre quem iria comprá-lo, quais necessidades do cliente o produto estaria satisfazendo, quais e quantos eram os concorrentes; quais recursos tecnológicos poderiam ser empregados nos processos de produção e de distribuição.

Uma das baterias de perguntas veio em tom de desafio:

– O que você costuma ler sobre o assunto? Cite o nome de três concorrentes. Quais seriam seus fornecedores de equipamentos e de matéria-prima? Qual é o lucro médio das empresas que atuam nesse setor em relação a seu faturamento?

Luísa jamais lera nada a respeito e não conhecia o mercado. Por sorte, lembrou-se da embalagem que tinha observado no dia anterior, quando "testara" a concorrência, o que lhe permitiu balbuciar:

– Conheço a empresa Doces Minas Gerais, que vende seu produto numa embalagem tradicional, e sei que outras empresas vendem a granel.

– Faço sempre essas perguntas – disse o professor, tentando tranquilizá-la. – Pouquíssimos sobrevivem a esse teste. Ele me indica se as pessoas têm um mínimo de conhecimento do mercado. No seu caso, me dá a certeza de que você ainda não está em condições, nem de longe, de pensar em abrir uma empresa. Será necessário muito estudo, pesquisa, análise, planejamento. Você vai ter que fazer um Modelo de Negócios.

– Mas eu sei como fazer uma excelente goiabada e acho que isso é muito. É o mais importante para um bom começo, não é? – defendeu-se Luísa.

– Realmente, é importante conhecer o processo tecnológico de um produto. Mas é um grande erro achar que isso basta. Na verdade, a pergunta é: quanto, na empresa, o conhecimento puramente tecnológico, voltado exclusivamente para o produto, representa para a solução global? Ou seja, qual o percentual de sucesso garantido pela qualidade intrínseca do produto? O que você acha, Luísa?

– Eu acho que é muito alto, 80%, 85%, sei lá. As pessoas querem qualidade e estão dispostas a pagar por ela.

– Pois eu vou lhe dizer uma coisa: esse percentual não deve chegar a 15%. Em alguns ramos, não passa de 5%. Quase nunca o produto de maior sucesso é o que apresenta a melhor qualidade. Na área de informática, por exemplo, isso é a regra. A Microsoft nunca teve o melhor software e não saiu na frente. A IBM nunca teve o hardware mais avançado, nem seus sistemas operacionais na área dos *mainframes*, computadores de grande porte, eram os melhores.

– Isso é surpreendente. E por quê? – perguntou Luísa, chocada.

– A época do melhor produto passou. Isso foi verdade na primeira metade do século XX. A demanda era muito forte; a concorrência, pequena. A ênfase se dava na produção. Saber produzir era o ponto-chave. Hoje, a situação é outra. Não basta ter o melhor produto. Vou lhe contar uma história, chamada "A falácia da ratoeira". Essa história influenciou gerações e atualmente é responsável pela falência de muitos negócios que poderiam ter sucesso. Segundo ela, se uma pessoa criasse a melhor ratoeira do mundo e a colocasse à venda em sua própria casa, situada em um lugar afastado e quase inacessível, no meio de uma floresta, aos poucos os consumidores interessados abririam uma picada para comprá-la. Com o tempo, a picada se transformaria em via expressa, fazendo com que tal pessoa ficasse milionária.

O professor balançou a cabeça e continuou:

– Pessoas abrem empresas geralmente porque dominam o processo de produção. E não há nada de mau nisso. Pelo contrário. O problema acontece quando os outros 85% a 95% do processo são esquecidos. Esse grande percentual que falta é justamente o que chamamos de empreendedorismo, isto é, tudo aquilo de que uma empresa necessita, além da tecnologia voltada para o produto: o conhecimento profundo do negócio, do mercado, dos clientes, dos fornecedores, da concorrência, das tendências e sinalizações sobre o futuro do produto. E também a capacidade de inovar, aprender com os erros e tecer uma rede de relações.

> **O PROFESSOR BALANÇOU A CABEÇA**
>
> **A falácia da ratoeira**
>
> É muito comum o empreendedor achar que o domínio de uma técnica ou uma habilidade incomparável é o fator mais importante para o sucesso de uma empresa. Isso vale tanto para o indivíduo que é um grande cozinheiro como para o grande engenheiro de software. Ambos acham que a sua expertise é suficiente para ter sucesso. É um engano se dedicar somente à tecnologia do produto. Sempre é possível contratar um bom chef e um excelente programador. Mas empreendedores não respondem a anúncios de empregos.
>
> Para Timmons (1994), a falácia presta grande desserviço a gerações de empreendedores potenciais. Um fator que contribui para a falácia da ratoeira é a tremenda sensação de propriedade e de orgulho ligada à ideia, que faz com que sejam esquecidos os outros aspectos do negócio.
>
> O foco deve ser o negócio como um todo, e não a ideia ou o produto. Ideias são inertes. Nas mãos erradas, nada valem.

O grau de empreendedorismo de uma empresa não aparece no balanço, não é palpável nem visível. Para alguém vê-lo, deverá tirar uma foto da mente (e das emoções) do empreendedor.

A empresa nascente é diferente da grande empresa. Ela é peculiar, em virtude dos poucos recursos de que dispõe, da penetração incipiente no mercado, da dependência quase total do empreendedor para todas as decisões.

> **A EMPRESA NASCENTE É DIFERENTE DA GRANDE EMPRESA**
>
> **Peculiaridades da empresa nascente**
>
> A pequena empresa é diferente da grande organização. No entanto, no Brasil, com raras exceções, os alunos de Administração aprendem apenas a ser gerentes de grandes firmas. Os cursos partem do pressuposto de que o aluno, aprendendo a lidar com as complexidades das grandes, terá

> facilidade em gerenciar a simplicidade das micro e pequenas empresas. Esquecem que elas são profundamente diferentes. Na pequena empresa:
> - Tudo depende do empreendedor-líder. O sistema social da empresa é criado à sua imagem.
> - O dirigente assume papéis multifuncionais e a capacidade de passar a outros uma responsabilidade ou função é mínima, ao passo que as grandes organizações funcionam à base de delegação e especialização.
> - A falta de recursos restringe a contratação de empregados de alto nível. Geralmente, a equipe de gerenciamento se resume aos sócios.
> - Os sistemas de controle são frágeis ou inexistentes. Não há recursos para eles. Como se costuma dizer, "tudo está na cabeça do dono".
> - O controle do ambiente é mínimo e são poucos os recursos para pesquisas. Já as grandes organizações exercem poderosa influência sobre o meio em que atuam, pois contratam consultores especializados em todas as áreas e têm acesso à grande mídia.
> - A capacidade de obtenção de capital em bancos é limitada. No Brasil, um dos grandes entraves ao empreendedorismo é que os bancos exigem garantias reais (imóveis) para a concessão de empréstimo. Normalmente, o empreendedor emergente não tem bens a oferecer.
> - Não é viável produzir em escala, o que lhes veda o acesso a vantagens como redução de custos.
> - Não há grande variedade de produtos. Aliás, o foco, a não dispersão, é uma das exigências para seu sucesso, mas, por outro lado, é difícil compensar oscilações de uma linha de produtos com outra.
> - O mercado é limitado.
>
> *Allan Gibb (1996)*

A conversa evoluíra marcada por temas diferentes. O professor Pedro falou sobre a energia que o empreendedor coloca em suas atividades, sobre sua capacidade de dedicação.

– O empreendedor é um trabalhador incansável. Como gosta do que faz, trabalha à noite, em fins de semana. Mas ele tem consciência da qualidade que deve impor às suas tarefas, ou seja, tem sempre em vista os resultados, e não o trabalho em si. A mente do empreendedor é proativa: ele define o que quer realizar, estabelece um ponto no futuro que deseja alcançar e busca os conhecimentos e recursos para chegar lá. Sempre com muita energia envolvida. O foco é vital para o empreendedor nascente. Ele tem que se concentrar na sua atividade, evitando dispersões.

É muito difícil alguém ter grande sucesso quando divide a empresa com outras atividades, como um emprego, por exemplo. O sucesso é proporcional à dedicação, à concentração na essência das atividades da empresa, o que permite tanto o conhecimento vertical, profundo, como também conduz à criatividade e à formação de uma mente intuitiva, uma vez que **a intuição é muito relacionada à experiência**.

A INTUIÇÃO É MUITO RELACIONADA À EXPERIÊNCIA

A intuição

O professor Pedro chama a atenção para a relação entre intuição e experiência. É muito comum atribuir o sucesso das pessoas à intuição, o que de fato pode ser pertinente. Também é comum identificar a intuição como um dom, algo que alguns têm e outros, não. A boa notícia é que a intuição pode ser adquirida.

Mas o que é a intuição? O vencedor do Prêmio Nobel Herbert Simon (1984) diz que a intuição não é um talento misterioso. É o subproduto direto do treinamento e da experiência que foram estocados como conhecimento. A criatividade surge durante o processo de solução de problemas, que, por sua vez, depende da intuição (uma espécie de conhecimento) que permite ao especialista compreender situações rápida e produtivamente. Em qualquer área, ninguém alcança nível mundial sem antes se dedicar por 10 anos ou mais a intensos esforços para adquirir conhecimentos e habilidades na sua especialidade e sem que tenha vivenciado 50 mil "pedaços" (*chunks*, em inglês) de experiência. Bobby Fisher, que se tornou grande mestre do xadrez apenas nove anos e alguns meses depois de aprender a jogar, é a única quase exceção. Crianças-prodígio não escapam a essa regra. Mozart compunha música aos 4 anos, mas não era música propriamente criativa. Suas primeiras composições de alta classe foram compostas quando ele estava perto dos 20 anos. Picasso, cujo pai era pintor profissional, pintou quando criança, mas suas obras não alcançaram nível mundial até ele se mudar para Paris, já adulto. Simmon sugere que trabalho e persistência representam uma grande parte dos ingredientes da criatividade.

Não nos devemos surpreender se muitas das pessoas criativas são *workaholics* (viciadas em trabalho). Qual a principal característica do especialista? É a habilidade de reconhecer um grande número de sinais ou indicações presentes em qualquer situação e, depois, recuperar da memória informações sobre o que fazer quando esses sinais são encontrados. Em virtude dessa capacidade de reconhecimento, os especialistas respondem rapidamente a situações novas, quase sempre com grande precisão. É claro que, após analisada, a reação inicial pode não ser a correta, mas é correta em um número considerável de vezes e raramente é irrelevante. Grandes mestres do xadrez, olhando para um tabuleiro, geralmente vão formar uma hipótese sobre o melhor movimento em menos de cinco segundos, e quatro vezes em cinco a hipótese inicial será o movimento que escolherão.

Às vezes usamos a palavra "intuição" no sentido de capacidade de julgar ou mesmo de habilidade criativa para explicar o dom dos especialistas de responder com relativa precisão e quase instantaneamente a situações no seu campo. O morador de uma comunidade com altos índices de violência tem boa intuição sobre como reagir a situações de perigo no seu bairro. Da mesma forma, o gerente deve saber como reagir a situações normalmente encontradas nas organizações. Assim, de posse de alguns dados contábeis, o gerente experiente pode, em poucos minutos, ter uma boa ideia sobre as forças e fraquezas de uma empresa. Diante de um problema de recursos humanos, imediatamente fará um diagnóstico da dificuldade e sugerirá possíveis linhas de ação. Isso não quer dizer que os gerentes agem de modo impulsivo, mas que aprenderam seus 50 mil *chunks* e podem responder "intuitivamente".

A partir dessas considerações, Simon critica as escolas de administração porque não produzem gerentes especialistas, tanto por não cumprirem os 10 anos como por não criarem o ambiente de situações organizacionais nas quais os sinais podem ser aprendidos e praticados. A abordagem que Simon faz da intuição fornece boas perspectivas de aplicação pedagógica e mostra que ela é essencial ao empreendedorismo.

Na verdade, o empreendedor aprende fazendo. Aprende com os erros que comete. Para ele, o **fracasso** é um resultado sempre possível, com o qual tem muito a aprender. Por isso, ele precisa se dedicar, repetindo o ciclo: fazer, analisar os resultados, aprender, fazer de forma melhor.

> **FRACASSO**
>
> **O fracasso (da empresa) é inevitável se o empreendedor:**
> - não muda suas ideias;
> - gasta pouco tempo na comunicação com sócios, colaboradores, clientes;
> - faz mais em vez de aprender mais.

O professor Pedro tinha sido enfático:

– A empresa é um grande laboratório para o empreendedor. Em nenhuma outra atividade se erra tanto. O empreendedor comete muitos erros. Isso é importante, porque a criatividade só viceja em ambiente de liberdade, no qual se pode errar. Na empresa tradicional, o erro normalmente é punido. Não raro, com demissão. Mas é claro que o empreendedor acerta. E, às vezes, um único acerto é capaz de conduzi-lo a um grande sucesso de vendas e lucros.

Luísa estava enfrentando o primeiro grande problema: como conciliar o último ano de Odontologia com a criação da empresa? Quanto à energia a ser devotada ao negócio, não tinha medo; sentia-se capaz, ainda que não soubesse por que um empreendedor precisava trabalhar tanto. Em contrapartida, a descrição das atividades do empreendedor feita pelo professor, principalmente a respeito de liberdade e criatividade, aumentara o interesse de Luísa pelo projeto. Não se abalava diante de certas características do empreendedor de sucesso: identificar problemas, aprender com os erros, buscar e gerenciar recursos, ser capaz de convencer as pessoas. Achava que tinha todas elas. Quanto à característica mais destacada – o conceito que o empreendedor tem de si mesmo –, sentia-se à vontade, já que sua autoconfiança era quase excessiva. Não achava difícil entender que alguém, para ter sucesso com uma empresa, tem que confiar em si mesmo, gostar de si.

– Será que algum pesquisador por acaso perguntou a empreendedores o que acham mais importante para o seu sucesso? – quis saber Luísa.

– Isso foi feito, sim. Existe uma pesquisa sobre conceitos, habilidades e conhecimentos que os empreendedores consideram mais importantes e mais críticos para se tocar um negócio.

O professor mal havia terminado de falar e a impaciente Luísa já perguntava:

– E pode-se saber o que foi que eles disseram, professor?

– As respostas foram reveladoras. **A maioria mencionou atitudes mentais e atributos do empreendedor**, em vez de habilidades técnicas ou conceitos organizacionais.

Por outro lado, apesar de ter descrito inúmeros casos de sucesso, o professor Pedro fizera questão de não dourar a pílula. Pelo contrário, ao descrever as dificuldades e a vida duríssima do empreendedor, era como se ele a estivesse submetendo a um teste, sentira Luísa.

Trechos do que ouvira – "trabalhar duro sem remuneração durante um bom tempo", "perseverança", "aprender sozinho", "altas taxas de mortalidade infantil de empresas" e outros tantos – fervilhavam em sua cabeça.

Mas não entendia por que não havia uma política oficial eficaz de apoio às empresas emergentes. Por que tantas estão na informalidade? Já que a pequena empresa é tão importante, por que o governo não cria proteções e incentivos para elas, como política tributária adequada, financiamentos? E por que aqui há tão pouco capital de risco, ao contrário do que ocorre nos Estados Unidos?

– É verdade, as políticas públicas deveriam estimular e fortalecer o empreendedorismo – continuou o professor. – O começo de qualquer empresa é muito difícil. É necessário renunciar a confortos e prazeres, ter coragem para dizer "não" a empregos com bons salários, confiança, otimismo. No seu caso, vai precisar também de força para ver alguns colegas ganharem dinheiro como dentistas enquanto você não vai conseguir fazer retiradas nem para uma pequena viagem. Uma empresa pode demorar a dar retorno.

– Professor, eu acho que o emprego assalariado tira a liberdade, o entusiasmo, acomoda as pessoas. Faz com que não sejam elas mesmas. Eu acho que não é a forma definitiva de relações no trabalho. Ainda temos muito a evoluir nesse sentido.

A MAIORIA MENCIONOU ATITUDES MENTAIS E ATRIBUTOS DO EMPREENDEDOR

Fatores de sucesso, segundo o próprio empreendedor:

- Faça o que lhe dá energia. Divirta-se.
- Imagine como fazer funcionar algo.
- Observe à sua volta e pense: "Posso fazer melhor."
- Diga "posso fazer" em lugar de "não posso" ou "talvez possa".
- Tenacidade e criatividade sempre triunfarão.
- Qualquer coisa é possível se você acredita que pode fazê-la.
- Se você não sabe que não pode ser feito, vá em frente e fará.
- Veja o copo meio cheio, e não meio vazio.
- Não se contente com o jeito como as coisas estão e procure melhorá-las.
- Faça as coisas de forma diferente.
- Não assuma riscos desnecessários, mas assuma um risco calculado se considerar que a oportunidade é certa para você.
- Negócios fracassam; empreendedores de sucesso aprendem. Mas tente manter baixo o custo do aprendizado.
- Faça da oportunidade e dos resultados a sua obsessão.
- Fazer dinheiro é mais divertido do que gastá-lo.
- Uma equipe constrói um negócio; um só indivíduo ganha a vida.
- Tenha orgulho das suas realizações; isso é contagiante!
- É melhor implorar perdão do que pedir permissão.

Timmons (1994)

– É por isso que o empreendedorismo está ganhando tanta força, e não somente pela crise do emprego. Ele está mais próximo da natureza humana. Antes da Revolução Industrial, a maior parte da população era composta por empreendedores.

Após um curto silêncio, o temperamento teimoso de Luísa impeliu-a a fazer a pergunta que, na verdade, a levara até ali:

– Mas o senhor acha que a fábrica de goiabada cascão vai ter sucesso? É uma grande ideia, não é?

O professor sorriu com simpatia.

– Eu estava esperando por essa pergunta. Sim, parece boa ideia. Mas temo que não passe de uma ideia. **Há uma grande diferença entre ideia e oportunidade**, entre ideia e produto rentável, capaz de viabilizar uma empresa. Ideias, podemos tê-las aos montes, o difícil é descobrir a oportunidade, habilidade que, aliás, é um atributo essencial do empreendedor. A oportunidade deve se adequar à pessoa, ou seja, a mesma oportunidade pode ser interessante para um e, para outro, não.

Luísa então se surpreendeu quando o professor lhe disse:

– A oportunidade é uma forma de olhar. Ela está na mente e no coração da pessoa. É importante que se tenha a capacidade de "ver o que os outros não veem". Para isso, é preciso se diferenciar. O sistema educacional tende a "formar" pessoas com o mesmo padrão mental, esforçando-se por equalizar percepções. Com isso, tudo que a escola consegue é inibir a capacidade empreendedora.

HÁ UMA GRANDE DIFERENÇA ENTRE IDEIA E OPORTUNIDADE

Ideia não é o primeiro passo. Quando alguém diz "Tive uma ideia", significa que encontrou a solução para um problema. Assim, o primeiro passo do empreendedor não é ter uma ideia, é encontrar um problema, um desejo não satisfeito. Identificar e agarrar uma oportunidade é, por excelência, a grande virtude do empreendedor.

No entanto, uma ideia nem sempre significa uma oportunidade.

Para ser uma oportunidade, a ideia (o produto ou serviço que solucionará o problema) tem que ser capaz de viabilizar uma empresa. Uma ideia, mesmo que seja atraente, pode ser inviável se exigir recursos que não estão ao alcance do empreendedor, como elevados investimentos, tecnologia inacessível, riscos insuportáveis. Por isso é necessário um estudo de viabilidade, uma análise que indique o potencial da ideia de se transformar em um bom negócio.

Como desenvolver uma ideia?

Existem vários caminhos para se desenvolver uma ideia (o produto). O fluxo geralmente segue os seguintes passos: formular o sonho, projetar o sonho no mercado para identificar o setor de atuação, conhecer o cliente e a concorrência, identificar um problema, criar um produto inovador, estudar a viabilidade, produzir um protótipo, testar o produto antes de lançá-lo. Ideias surgem quando alguém conhece profundamente o ambiente em que atua. A proximidade com o cliente é indispensável.

Outras fontes de ideias e empresas:
- Produtos existentes que não satisfazem os clientes.
- Redes de relações: advogados de patentes, contadores, bancos, associações de empreendedores, consultoria, etc.
- Aquisição de empresas: pode haver excelentes oportunidades em negócios em falência.
- Grandes empresas geralmente não transformam em produto todas as tecnologias que desenvolvem. Pode-se aproveitá-las através de uma parceria no estilo *spin-off*.
- Universidades e institutos de pesquisas geram avanços que podem ser transformados em produto.
- Compra de franquias e patentes.
- Feiras e exposições são locais com grandes e variadas oportunidades.
- Empregos anteriores: a experiência em empresas é fonte de geração de bons negócios. Ao atuar diretamente em determinado setor e entrar em contato com seu funcionamento, o empreendedor pode identificar oportunidades.
- Várias empresas são inspiradas pelas necessidades pessoais enfrentadas pelo próprio empreendedor, que pensa: "Muitas pessoas têm o mesmo problema que eu. A minha solução pode interessar a elas."
- A observação do que se passa em volta, nas ruas.
- Copiar ideias que deram certo em outros lugares.
- Mudanças econômicas, tecnológicas, demográficas, sociais ou nas circunstâncias de mercado – em tudo isso pode haver oportunidades.
- Caos econômico, crises, atrasos: quando há estabilidade, as oportunidades são mais raras.
- Uso de capacidades e habilidades pessoais.
- Melhorar, acrescentar uma inovação a um produto preexistente.

> **Sobre a oportunidade**
> - Ela deve se ajustar ao empreendedor. Algo que é uma oportunidade para uma pessoa pode não ser para outra, por vários motivos (sonho, know-how, perfil individual, dinheiro, motivação, relações, etc.).
> - É um alvo móvel. Se alguém a vê, ainda há tempo de aproveitá-la.
> - Um empreendedor habilidoso dá forma a uma oportunidade onde outros nada veem, ou veem muito cedo ou tarde demais.
> - A oportunidade é a fagulha que detona a explosão do empreendedorismo.
> - Reconhecer e agarrar oportunidades não é questão de usar técnicas, checklists e outros métodos. Não há receita de bolo. Tudo depende da capacidade do empreendedor de conhecer profundamente o seu cliente e o mercado.

E, como sempre, alimentado pelo próprio entusiasmo, continuou:

– Sabe por que o sistema educacional não está preparado para desenvolver o espírito empreendedor? Uma das causas é que prepara "mão de obra" para ser "empregada". O indivíduo é limitado a estabelecer uma só ligação com o mundo do trabalho: a sua especialidade, técnica ou know-how. Ora, o empreendedor é alguém que se conecta ao mundo por múltiplas interfaces. A inovação surge na interseção de diferentes áreas. Nasce principalmente por meio da aplicação de princípios de uma área em outro campo. Por exemplo, Howard Head, que era engenheiro aeronáutico, inovou ao utilizar materiais usados na construção de aviões em raquetes de tênis, criando uma grande empresa no ramo esportivo. **A educação empreendedora deveria ser oferecida do ensino básico até a universidade**.

Após uma pausa, o professor continuou:

– Vou lhe contar a história da minha sobrinha Duda. Quando tinha mais ou menos a sua idade, ela estudava Belas-Artes. Seus pendores artísticos surgiram cedo. Aos 2, 3 anos, antes mesmo de dominar inteiramente a fala, já era exímia com os traços. Os desenhos expressivos e a escolha das cores eram seu brinquedo preferido. Todos achavam que ela seria uma artista plástica de grande futuro. O tempo correu e a artista se confirmou. Fazia vasos de cerâmica numa oficina que o pai tinha montado nos fundos da casa.

A EDUCAÇÃO EMPREENDEDORA DEVERIA SER OFERECIDA DO ENSINO BÁSICO ATÉ A UNIVERSIDADE

Utilizo duas metáforas para explicar a finalidade da educação empreendedora.

O verbo em inglês *develop* (desenvolver), antes da era digital, era usado também para designar a revelação de uma foto. A imagem foi capturada, já existe, mas não está visível. O processo de revelação faz com que ela apareça. A educação empreendedora tem por objetivo desenvolver, tornar utilizável, o potencial empreendedor presente em cada ser humano.

A outra metáfora exige que imaginemos uma garrafa com uma tampa. A educação empreendedora para adultos significa destampar a garrafa para libertar o empreendedor ali aprisionado por um sem-número de obstáculos culturais. A educação empreendedora para crianças, por seu turno, deve impedir que a garrafa seja tampada, para que não aprisione o potencial empreendedor presente no ser humano.

Organismos internacionais alertam que:
- O crescimento econômico depende do grau de empreendedorismo de um país.
- O apoio ao empreendedorismo deve ser prioridade em qualquer política ou ação governamental.
- As habilidades e capacidades necessárias para se criar uma empresa deveriam integrar os programas de ensino em todos os níveis: fundamental, médio e superior.
- O aumento da participação das mulheres na dinâmica empreendedora é essencial.

Produzia dezenas de vasos por mês, somente por deleite, agraciando a família e os amigos com aqueles objetos maravilhosos. Um dia, ela chegou a mim dizendo: "Tio, preciso da sua ajuda. Gostaria de transformar minha atividade em algo que pudesse me dar algum dinheiro. Você sabe, eu dou muitas despesas para o papai, já estou me formando na universidade e, como estou pensando em me casar, preciso de dinheiro. Já que todos gostam dos meus vasos, por que não abrir uma empresa e vendê-los? O que você acha?" Veja, Luísa, o que eu poderia achar? É lógico que fiquei entusiasmado. Eu estava também iniciando meus trabalhos na área de empreendedorismo, ainda não tinha aprendido tanto com os alunos, empreendedores como você. Tinha uma bagagem extraída de livros, o que é muito bom, mas que hoje percebo não ser, nem de longe, suficiente nessa área de criação de empresas. "Que ótimo, Duda", falei, cheio de ideias.

Luísa o ouvia com atenção.

– Ela era uma artista apaixonada – prosseguiu ele –, com grande amor pelo que fazia, com uma capacidade incrível de criar, de desprezar padrões. Era incansável no seu ofício, trabalhava dia e noite e produzia alucinadamente. O sonho era um alimento. Uma grande volúpia misturava-se com a realidade. Mais do que tudo isso, Duda era alguém de bem com o mundo. **Percebi que estava diante de uma pessoa com alto potencial empreendedor.** Cheia de sonhos e ideias, tinha conhecimento profundo do produto, perseverança, disposição, capacidade de quebrar paradigmas, criatividade e motivação para ganhar dinheiro. Era o ser ideal para empreender. Estava em minhas mãos conduzi-la ao sucesso. E não seria difícil. Eu estava radiante.

– Não era para menos – concordou Luísa. – Uma pessoa com um perfil desses, com um produto nas mãos, já testado intensamente na família e entre os amigos...

– Mas faltava uma coisa para eu ter certeza de que ela realmente tinha nas mãos um produto, no sentido empresarial, ou somente belos vasos de cerâmica.

– Não entendi bem. Qual a diferença? – interrogou Luísa.

– O que poderíamos dizer até aquele momento era que Duda criava e produzia belíssimos objetos com os quais presenteava as pessoas das quais gostava. Conhecia também a reação que eles provocavam. Era muito, mas não tudo. O que faltava para aqueles objetos se transformarem em produto? Algumas coisas importantes, como, por exemplo, saber quais eram as pessoas que se interessavam por aquele tipo de objeto, onde estavam e como fazer para que os vasos chegassem até elas, ou seja, como oferecê-los em lugares adequados para serem comprados. Quantas eram essas pessoas e quanto elas estavam dispostas a pagar por aqueles vasos? Qual era o processo de produção e qual o seu custo? O que seria produzido atenderia à demanda? Quais eram os concorrentes? Eram objetos de arte, decoração ou utilitários? Isto é, as pessoas pagariam por seu valor artístico intrínseco ou pelo uso prático que fariam deles? Essas são algumas diferenças objetivas entre uma ideia e um produto. Quando se trata de produto, do outro lado tem que haver um cliente que se interesse por ele e esteja disposto a pagar um valor capaz de remunerar o empreendedor.

> **PERCEBI QUE ESTAVA DIANTE DE UMA PESSOA COM ALTO POTENCIAL EMPREENDEDOR**
>
> ### O fator mais importante na empresa
>
> O que é mais importante em uma empresa nascente? O que o investidor olha primeiro para avaliar o sucesso em potencial de uma empresa?
>
> Timmons (1994) cita uma pesquisa em que capitalistas de risco (investidores) dos Estados Unidos eram solicitados a enumerar os cinco fatores mais importantes para um novo negócio ser bem-sucedido. A resposta foi curiosa e reveladora:
>
> 1. O empreendedor-líder e a qualidade da sua equipe.
> 2. O empreendedor-líder e a qualidade da sua equipe.
> 3. O empreendedor-líder e a qualidade da sua equipe.
> 4. O empreendedor-líder e a qualidade da sua equipe.
> 5. O potencial de mercado.
>
> Essa é uma das causas pelas quais, no ensino de empreendedorismo, se fala no ser humano capaz de empreender, mas nem tanto nos conteúdos instrumentais.

– Mas era óbvio que Duda tinha um produto! – concluiu Luísa.

– Escute só o que aconteceu. O óbvio na área de criação de empresas é muito perigoso. Tudo tem que ser comprovado, testado. Eu queria testar o produto e disse para Duda que a única forma de ajudá-la seria fazendo perguntas e mostrando caminhos. O trabalho todo caberia a ela. Assim, dei a Duda um livro sobre marketing e outro sobre finanças, para que ela aprendesse a fazer uma pesquisa de mercado e testar o potencial de sua cerâmica. E também para que pudesse estabelecer um preço e fazer a análise financeira. Além disso, recomendei que fizesse um curso de criação de empresas. O tempo passou. Um mês, dois, três. Senti que Duda me evitava.

"Em uma festa de família", continuou ele, "abordei o assunto. 'Sabe, tio', ela me falou, meio constrangida, 'eu fiz o curso e tentei ler os livros. Mas desisti de abrir a empresa, porque não sei o que é taxa de retorno, ignoro tudo sobre investimentos, lucros e perdas, ponto de equilíbrio, segmentação de mercado, balanço, índice de liquidez seca. Não sei e não quero saber. Eu gosto é de fazer cerâmica.'

"Levei um grande susto. Entendi o equívoco que eu estava cometendo e tive uma das grandes lições da minha vida. Os cursos e a literatura disponíveis não falam a linguagem dos empreendedores nascentes. E estes são todos muito parecidos. Geralmente, são pessoas que dominam uma técnica, conhecem um produto, um mercado. Mas não sabem mais nada. Nesse aspecto, Bill Gates, estudante de Harvard, a maior universidade do mundo, quando começou, era muito parecido com o seu Zé da esquina, que sabia fazer pão, não tinha completado o ensino médio e queria abrir uma padaria. Ambos dominavam a tecnologia para fazer um produto, mas precisavam conhecer mais sobre mercado, finanças, organização, enfim, o que é necessário para uma empresa ter sucesso. Nenhum dos dois sabia o que era índice de liquidez seca. Hoje, seu Zé é dono de uma grande rede de padarias, e o Bill Gates, dono da Microsoft, um dos homens mais ricos do mundo; e sou capaz de apostar que ainda não sabem o que é índice de liquidez seca. Os dois tiveram êxito, ficaram ricos. São pontos fora da curva. A esmagadora maioria dos microempreendedores, apesar do talento, quebra por falta de apoio. Onde estão a literatura e os cursos voltados para eles? Como não percebi isso antes? Por que não desenvolvi um material fácil e acessível aos microempreendedores brasileiros, que levasse em conta a realidade da nossa educação?"

O professor respirou fundo e fechou os olhos, num esforço para voltar ao passado.

– "Nem mesmo os empreendedores de sucesso sabem o que é um índice de liquidez", disse eu naquela época a Duda. "Vamos trabalhar de outro jeito. Prometo que vou lhe apresentar um material que sirva de guia para você." E elaborei um roteiro, uma espécie de guia, para Duda. Depois de 15 dias, fui falar com ela novamente. "Vamos retomar o assunto. Vou lhe mostrar o que é essencial e tirar suas dúvidas; garanto que você não vai mais se preocupar com palavrões como 'índice de liquidez seca' ou 'taxa interna de retorno."' Para minha alegria, os olhos dela brilharam intensamente. Senti quanto ela queria a empresa. E começamos a trabalhar.

"De fato", continuou ele, "ela fez a análise de mercado, o estudo de viabilidade financeira, dimensionou o processo de produção. O negócio parecia perfeitamente viável."

– Que maravilha, hein, professor! Queria ter o senhor como meu consultor também.

– É, Luísa, mas não é bem assim. Como em toda empresa iniciante, Duda não poderia se dar ao luxo de ter muitos empregados. Seria obrigada a fazer um pouco de tudo. Como se diz por aí, "varrer o chão e falar com o gerente do banco". Além do mais, teria que atender a muita gente: contador, fornecedores, empregados, credores, devedores, clientes, etc., já que um pequeno empreendedor, embora dono do seu nariz, tem vários "patrões" aos quais responder. Para isso, deveria chegar cedo e sair tarde, trabalhar muito, como ela estava acostumada. Para encurtar uma história já longa: Duda abriu sua empresa e a fechou seis meses depois, com um bom lucro no bolso e uma tremenda frustração. Voltou para sua vida anterior, em que poderia se dedicar à sua atividade de criação.

– Mas por que ela fez isso? – indignou-se Luísa.

– Foi o que eu perguntei. "Mas por que você fez isso, Duda? Por que fechou a empresa que dava tanto lucro?" "Eu não estava feliz", respondeu ela. "Eu sofria por ter que levantar cedo em função dos outros. Detestava atender a madames sem sensibilidade artística. Me sentia constrangida em dar ordens, penalizar os empregados faltosos, ter que repreendê-los. E tantas outras coisas. Mas o que mais me desmotivou foi perceber que o valor da minha arte estava sendo reduzido a dinheiro e, como tal, barganhado, pechinchado, já que todos pediam desconto. Isso me violentava. É lógico que gosto e preciso de dinheiro, mas não quero ganhá-lo assim. Me sinto ofendida quando alguém diz que a minha obra é muito cara, que quer um abatimento."

"Veja, Luísa, como aprendi com Duda. Aprendi com ela duas lições fundamentais. Uma excelente ideia pode ser viável em tudo e se transformar em um grande produto que dará vida a uma empresa de sucesso. Mas, se não se adequar ao perfil do empreendedor, terá grandes chances de não ir para a frente. Ou seja, é importante que a empresa seja a exteriorização de uma vontade, em todos os seus sentidos. Outro ponto que Duda confirmou: o empreendedor é alguém que aceita o dinheiro como medida de avaliação. Se não for assim, pode desistir. Duda não desenvolveu o conceito de si. Não se conhecendo, não tinha como verificar se a empresa era ajustada ao seu eu."

E continuou:

– E sabe, Luísa, por que eu lhe disse isso tudo? A fim de advertir você de que, para ter sucesso, para sua ideia ser uma oportunidade de negócio desenhada para você, ela deve se adequar ao seu perfil, à sua pessoa. Para isso, é necessário que, além da viabilidade mercadológica e financeira, toda a atividade envolvida seja compatível com suas características pessoais: sua visão de mundo, seus valores, suas expectativas sobre o negócio, sobre quanto pretende ganhar e em quanto tempo, a qualidade e o ritmo de vida que pretende para si, as renúncias que está disposta a fazer, talvez se casar mais tarde ou passar menos tempo com os filhos por um período, por exemplo, e quantas horas de trabalho diário está disposta a dedicar à empresa.

Reunindo teimosia e ansiedade, Luísa insistiu:

– Mas o senhor acha que a Goiabadas Maria Amália vai dar certo, não acha?

– Ninguém pode lhe dar essa resposta. Muito menos eu, que nada entendo do mercado de goiabada. Ou melhor, só uma pessoa no mundo pode lhe dar essa resposta: você mesma. Não a Luísa que estou vendo agora, mas outra, pois você, sem dúvida, será outra pessoa após ter feito uma série de estudos, a começar pela análise de mercado. O juízo final, o veredicto irrefutável, será proferido pela reação do mercado. Mas até chegar a isso você terá investido muito tempo e dinheiro. Por essa razão, o Modelo de Negócios é essencial: para diminuir riscos e para que você tenha, mais do que qualquer pessoa no planeta, a capacidade de estimar se a sua empresa, projetada com base na sua visão de mundo, em seus valores, expectativas, conhecimento de mercado, terá sucesso ou não. Enquanto você for possuída por essa dúvida, por essa ansiedade de saber o que as outras pessoas pensam do seu projeto, não comece a empresa. Pelo contrário, você só estará preparada quando se sentir capaz de persuadir quantos descrentes aparecerem à sua frente, especialistas ou investidores, do grande potencial de sucesso do seu empreendimento e se transformar na pessoa que, no mundo inteiro, mais entende sobre seu negócio: determinado produto, em determinado mercado, submetido a determinadas condições econômicas e políticas.

Luísa ficou paralisada. Conseguira acompanhar o raciocínio do professor Pedro, mas se sentia desamparada, pois daquela reunião esperava algo parecido com o que tivera em toda a sua vida escolar e também fora dela, quando sempre havia alguém capaz de dar uma resposta, quando o mundo se traduzia em pessoas que sabem e que não sabem, entre certo e errado, verdadeiro e falso... Agora não. E se sentia só, muito só.

Luísa percebeu um brilho nos olhos do professor.

– Olhe, o empreendedor é alguém muito criativo, que consegue ver coisas, as oportunidades, onde os outros nada veem. O empreendedor é alguém capaz de definir algo a partir do nada, do indefinido. **Ele faz descobertas, coloca o acaso a seu favor**. Desse modo cria uma empresa, que é um novo sistema social, pois reúne pessoas que vão contribuir para a realização de

ELE FAZ DESCOBERTAS, COLOCA O ACASO A SEU FAVOR

O acaso e a criatividade

Ao se fazer um trabalho em que seja necessário gerar grande número de ideias, depara-se com a dificuldade de se prestar atenção em tudo que saia do planejado e dar o devido valor ou importância. Quando se trabalha com pesquisa, a tendência é seguir uma linha de conduta – o método científico de pesquisa –, não se dando importância aos "acidentes" que ocorrem no andamento das experiências. Isso normalmente acontece quando se está voltado para um objetivo determinado e a mente não está preparada para aceitar resultados diferentes ou casuais. Ou que pareçam não estar de acordo com os objetivos daquele trabalho.

Por essa razão, muitos estudiosos alertam para a importância de o pesquisador, além de dominar o assunto e ter experiência, manter-se sensível e de olhos abertos para ocorrências fora do planejado, pois o acaso proporciona a possibilidade de se defrontar com uma situação inusitada, e o ganho poderá ser valioso. A análise da sua real importância em relação aos objetivos pretendidos é que decidirá sobre a sua utilização ou não.

Para designar essa forma de descobrir fenômenos ou coisas inesperadamente, Horace Walpole, em 1754, criou a expressão "**serendipitidade**". Foi depois de ler um antigo conto de fadas oriental, "Três príncipes de Serendip", cujos personagens estavam sempre fazendo descobertas, por acidente e sagacidade, de coisas que não estavam procurando. O termo serendipitidade, originado da palavra *serendip* e tradução literal de *serendipity*, significa "propensão a descobrir coisas por acaso ou em lugares inesperados".

A história mostra que o acaso tem tido papel fundamental nas descobertas: Arquimedes descobriu como identificar a densidade do ouro (ao que gritou "Eureka!") ao fazer uma pausa para tomar um banho de banheira; Cristóvão Colombo descobriu o Novo Mundo quando procurava um caminho para o Oriente; Fleming descobriu a penicilina graças à distração que o levou a deixar no laboratório, ao sair de férias, algumas colônias de bactérias sem o acondicionamento correto; e por aí vai. Diversos cientistas enfatizam a importância de cultivar atitude receptiva à serendipitidade, pois as descobertas nas quais o acaso tem um papel significativo não são raras.

B. F. Skinner, em um de seus princípios informais da ciência, diz: "Quando encontrar alguma coisa interessante, deixe tudo mais para estudá-la." Segundo o Dr. Robert Good, imunologista do Instituto do Câncer Memorial Sloan Kettering, de Nova York, "se dermos atenção a coisas que não se encaixam, teremos muito mais chance de fazer descobertas do que se tentarmos descobrir coisas que se ajustam...". O professor Nikolaas Tinbergen comentou que "o observador bem-sucedido é aquele que não só observa de perto, mas também dá largas à imaginação enquanto observa".

Com relação à geração de ideias, deve-se ter clareza de que o pensamento solto, livre de quaisquer limites ou restrições, com certeza produzirá ideias mais criativas. A observação do ambiente de maneira ampla, o conhecimento do assunto tratado e a mente aberta para perceber o novo são fatores que contribuem para que um número maior de ideias flua. Estar atento aos indícios e fatos que surgem é possibilitar o enriquecimento das ideias; pode-se utilizá-los sozinhos, agrupados com outras ideias, aglutinados ou transformados. A partir de todas as citações encontradas na história e em particular na ciência, é possível afirmar que a liberdade de pensar sem críticas ou censuras e a disposição a alterar o curso do trabalho quando se descobre algo interessante conduzirão a uma maior qualidade na triagem das ideias e à escolha da melhor delas.

Bachrach (1969), Beveridge (1981)

objetivos. O resultado de sua criação é único, porque todos os envolvidos são únicos. Vão criar, liderados pelo empreendedor, uma nova cultura, uma nova maneira de levar as pessoas a se relacionar, de buscar sua realização ou uma contrapartida, tanto financeira como espiritual. Veja a importância de uma empresa: ela é feita de pessoas que vão realizar sonhos.

O professor Pedro, um pouco arrependido de seu arrebatamento, vítima que fora, mais uma vez, do seu irrefreável entusiasmo quando o assunto era empreendedorismo, respirou fundo e retomou a objetividade habitual, perguntando:

– Qual é o diferencial do seu produto? Ou seja, por que as pessoas vão procurá-lo em vez de continuar com o dos concorrentes? Qualquer produto deve ter um diferencial, uma característica única. Pode ser algo quanto ao produto em si, por exemplo, o gosto, a qualidade, ou algo quanto à forma de distribuição, ou ainda quanto ao processo de fabricação, promoção e propaganda, ou seja, como o cliente fica sabendo da existência do produto, de suas vantagens e da facilidade para comprá-lo.

Luísa não hesitou:

– A goiabada cascão de Ponte Nova é a melhor do mundo!

Ao ouvir as próprias palavras, temeu pelo exagero. Tinha ido uma vez a Miami, duas vezes ao Rio de Janeiro, além de Guarapari, Viçosa, Jequeri, São Pedro dos Ferros e Sem Peixe. Como ousava falar do mundo?

O professor sorriu, concordando.

– É a melhor do mundo! Sei disso há 20 anos, desde que tive uma namorada de Ponte Nova. Mas será que isso é suficiente? Quanto custará manter a qualidade de uma produção em massa, ou você está pensando em continuar fazendo em fogão e panelas comuns? E os investimentos em propaganda, para que, além de nós dois, todos saibam que é realmente a melhor do mundo? E a forma de distribuição? Por quanto tempo a goiabada mantém o sabor? Será necessário fazer alguma alteração no modo de fabricação para que ela conserve suas características fora de um ambiente refrigerado? Aliás, quanto custaria manter a goiabada sob refrigeração? Será que a embalagem tradicional de 1 quilo é a mais adequada, ou haverá outra forma? Quem compra goiabada? Qual é, hoje, o verdadeiro cliente da goiabada de Ponte Nova? Será possível atrair novos consumidores, como crianças, adolescentes, por exemplo? Será que a goiabada poderia ser um complemento da merenda que as crianças levam para a escola? E por que não um alimento nutritivo para quem não quer engordar?

Nesse ponto, Luísa sentira que, quanto ao produto, voltara à estaca zero. Não tinha respostas para o professor nem para si. Sentia-se ingênua e infantil por ter acreditado que tinha um produto nas mãos sem ter feito nenhuma análise.

Agora, deitada no sofá, tentava recompor as emoções. O professor lhe mostrara quão incipiente era sua ideia. Ela oscilava entre a raiva e a gratidão diante da verdade exposta cruamente.

Mas, pela própria índole, via o copo metade cheio em vez de metade vazio.

Um fluxo de ânimo novo brotou do seu coração ao perceber que o professor lhe abrira os olhos. Além disso, voltara da conversa com alguns livros e material debaixo do braço – e muitos conselhos na cabeça.

Um dos conselhos dizia respeito a um mentor. Segundo o professor, Luísa deveria procurar um empreendedor, de preferência na área em que ia atuar, para servir como conselheiro, um guia no planejamento da sua empresa. Ela perguntou se sua madrinha, Fernanda, uma empreendedora

---

UM DOS CONSELHOS DIZIA RESPEITO A UM MENTOR

O mentor

O que é o mentor? É um empreendedor experiente que atua como conselheiro para o novo empreendedor e, claro, não é concorrente. Ele não deve funcionar como uma instância "solucionadora de problemas", mas apenas como alguém que pode auxiliar na formulação das perguntas corretas. O mentor jamais deverá ser confundido com um investidor ou alguém que tenha a solução para algum problema. Ele não dá respostas. Não é um consultor, mas um conselheiro. Quanto mais experiente for o mentor, melhor. Ele poderá acompanhar o planejamento e todas as fases da criação da empresa. Será um parceiro para discussões e *brainstormings*. A sua principal contribuição será introduzir o "afilhado" em sua rede de relações: empreendedores, anjos (pessoas experientes que investem em empresas nascentes), especialistas em gestão e todos que possam agregar valor. (Ver adiante sobre redes de relações.)

de sucesso, poderia assumir aquele papel. A resposta foi afirmativa, mas o professor Pedro sugeriu que ela também procurasse outro empreendedor, pois assim daria o primeiro passo para começar a tecer sua nova "rede de relações", ou seja, novos conhecidos que tivessem condições de ajudá-la na criação da empresa. Também lhe sugeriu procurar o Sebrae.

Durante a conversa, o professor Pedro dera muita importância à rede de relações, ou network:

– Uma das principais características do empreendedor de sucesso é sua capacidade de estabelecer relações com pessoas que podem contribuir para o negócio. Ele é hábil na formação de sua rede, que vai se tornando elemento essencial de suporte à empresa. As relações funcionam mais ou menos assim: para atingir seus objetivos, um ponto no futuro aonde deseja chegar, um produto, por exemplo, o empreendedor busca pessoas que possam ajudá-lo. Tais pessoas, ao emitir suas opiniões e transmitir suas experiências, vão fazer com que o empreendedor tenha uma percepção mais profunda do que quer. Assim, provavelmente as contribuições delas serão incorporadas aos seus objetivos, alterando-os. Então o empreendedor sai novamente em busca de pessoas que possam contribuir para a realização dos novos objetivos, reiniciando o ciclo...

Naquele ponto, Luísa interrompeu o professor:

– Mas qual é o formato dessa rede? Como ela funciona?

– **Redes sociais são interações entre pessoas**. Para os empreendedores, quanto maior for a interatividade, maior será a circulação de informações e conhecimento, mais fácil será o acesso a recursos e mais profícua será a capacidade de inovação.

REDES SOCIAIS SÃO INTERAÇÕES ENTRE PESSOAS

Redes sociais

Redes sociais sempre existiram. Mudaram as mídias. Apaches usavam fumaça, tribos usavam o tambor. Depois surgiram as cartas, o telegrama, o telex, o fax, etc. Hoje, plataformas como Facebook, Twitter e Google são as principais mídias. O mais importante nas redes é o conteúdo das conexões, o valor das informações trocadas. Uma das riquezas das redes sociais é facilitar e induzir as relações com pessoas desconhecidas. Quanto maior for o grau de interação entres as pessoas, mais reduzido ficará o ambiente. Além disso, as informações fluirão livremente e facilitarão a ação do empreendedor. Os grupos formados nas redes são geradores e condutores de conhecimentos e experiências a que todos os integrantes têm acesso. Assim, o conhecimento de cada integrante passa a ser o somatório do conhecimento de todos. Empreendedores iniciantes usufruem da experiência dos veteranos. Por meio das redes também podem ser localizados recursos de toda ordem: tecnológicos, financeiros, gerenciais, especialistas, etc. Surgem mais oportunidades, mais caminhos, mais possibilidades de se fazer qualquer coisa. As redes têm memória e persistem através dos tempos, sobrevivendo aos seus integrantes.

As redes sociais são pilares da ação empreendedora; estão na base de processos fundamentais como:

- **Propagação** da cultura empreendedora.
- **Desenvolvimento** da capacidade de empreender, de gerar ideias.
- **Transformação** de ideias em negócios bem-sucedidos.
- **Identificação** de oportunidades, mercados e clientes potenciais, investidores, recursos de toda ordem, tecnologias, consultorias, parceiros, sócios.
- **Inovação**. As redes sociais geram cooperação, ao contrário de meios hierárquicos, que concentram informação e poder. Redes são o ambiente propício à inovação porque nelas há liberdade.
- **Agrupamento**. As pessoas que têm o mesmo interesse formam grupos. Isso acontece na internet com cada um de nós.
- **Encolhimento**. O mundo social altamente conectado diminui de tamanho, aproxima as pessoas e as torna mais poderosas. Surgem mais oportunidades, mais caminhos, mais possibilidades para os empreendedores. As redes sociais são um campo de força que transfere energia para os indivíduos.
- **Distribuição de poder**. Ninguém está no comando. Todos os integrantes da rede distribuída têm o mesmo poder e o mesmo grau de autonomia e podem conectar-se livremente com os demais.

Sem tecer redes, o empreendedor dificilmente terá sucesso. "O empreendedor isolado está em péssima companhia."

O professor pegou uma bola de tênis que estava em cima da sua mesa e, com a palma da mão direita para cima, começou a apertá-la e soltá-la repetidamente.

– No meu tempo de rapaz, quando Belo Horizonte era pequena, maravilhosamente pequena, e o nosso "negócio" principal era ir a bares e boates, um amigo meu dizia: "As pessoas mais importantes para nós são os porteiros e os garçons." E era a mais pura verdade. Os garçons que aceitavam fiado eram como capitalistas de risco, financiando as noitadas. E os porteiros tinham sempre informações privilegiadas. Mesmo com dinheiro curto, as gorjetas para eles eram gordas. Um empresário amigo meu é de opinião que as secretárias têm posição estratégica. Ele sempre tem um presente para elas. Eu concordo, mas desconfio que ali exista mais de uma intenção.

Antes de se despedir do professor, Luísa ainda buscou saciar uma curiosidade que a intrigava:

– Professor, tenho ainda uma pergunta a lhe fazer. O dinheiro é o elemento mais importante para se começar um negócio. Os empreendedores de maior sucesso são aqueles que têm dinheiro. Não é o meu caso. É possível começar um negócio sem dinheiro?

– **Este é um dos mitos sobre os empreendedores**. Dinheiro não é o elemento mais importante para se abrir um negócio, e sim os outros fatores que já vimos. Aliás, dinheiro, sozinho, nada garante.

ESTE É UM DOS MITOS SOBRE OS EMPREENDEDORES

A figura do empreendedor é cercada por estereótipos, que muitas vezes não correspondem à realidade.

Mitos e realidades, segundo Timmons (1994):

Mito 1 – Empreendedores nascem prontos.
Realidade – O potencial empreendedor, presente na espécie humana, deve ser desenvolvido e transformado em atitudes e habilidades. Os empreendedores aprendem fazendo, errando, criando, refazendo. O convívio com outros empreendedores e a capacidade de aprender com os erros são fundamentais. É possível aprender a empreender.

Mito 2 – Qualquer um pode, a qualquer tempo, começar um negócio.
Realidade – Sim, é verdade. No entanto, os empreendedores que se preparam têm maiores chances de sucesso. A parte mais fácil é começar. Difícil é sobreviver.

Mito 3 – Empreendedores são jogadores.
Realidade – Não é verdade. Empreendedores de sucesso minimizam riscos. Eles tentam influenciar a sorte por meio de muito trabalho.

Mito 4 – Empreendedores querem o espetáculo só para si.
Realidade – É difícil desenvolver e manter sozinho um negócio de alto potencial. Os empreendedores de sucesso constroem uma equipe.

Mito 5 – Empreendedores são seus próprios chefes e completamente independentes.
Realidade – Estão longe de ser independentes e servem a muitos senhores (sócios, investidores, clientes, fornecedores, empregados, credores, família, governos).

Mito 6 – Empreendedores trabalham mais tempo e mais duro do que gerentes em grandes empresas.
Realidade – Não há evidências a esse respeito. Gerentes e empreendedores desenvolvem atividades diferentes. Para estes, o que importa é o resultado e não as horas trabalhadas.

Mito 7 – Empreendedores experimentam grande estresse e pagam alto preço.
Realidade – É verdade, embora não mais que em outras profissões. Contudo, eles acham o seu trabalho mais gratificante. Não querem se aposentar. (A proporção é de três para um, em relação aos empregados.)

Mito 8 – Começar um negócio é arriscado e frequentemente acaba em falência.
Realidade – O fracasso é apenas o que vem antes do sucesso. Empreendedores talentosos e experientes sabem que o fracasso é inevitável e aprendem com ele. Quem quebra é a empresa, e não o empreendedor.

"A falência é, muitas vezes, o fogo que tempera o aço da experiência de aprendizado do empreendedor."

Mito 9 – O dinheiro é o ingrediente mais importante para se começar um negócio.
Realidade – Nos países que estimulam o empreendedorismo, o dinheiro não é um empecilho para quem tem talento, boas ideias e boas equipes. O dinheiro e uma boa ideia são para o empreendedor o que o pincel e a tinta são para o pintor: ferramentas inertes que, nas mãos certas, podem criar maravilhas.

Mito 10 – Empreendedores devem ser jovens com muita energia.
Realidade – Idade não é barreira. Há pessoas com mais de 60 anos que abrem empresas e são bem-sucedidas.

Mito 11 – Empreendedores são motivados pela busca do dinheiro.
Realidade – Empreendedores de sucesso buscam a realização dos seus sonhos e o controle do próprio destino. O dinheiro é visto como ferramenta e o lucro, como um critério de avaliação.

Mito 12 – Empreendedores buscam poder e controle sobre terceiros.
Realidade – O poder é antes um subproduto do que uma força motivadora. O empreendedor busca responsabilidade, realização e resultados.

Mito 13 – Se o empreendedor é talentoso, o sucesso vai acontecer em um ou dois anos.
Realidade – Raramente um negócio tem solidez em menos de três ou quatro anos. Máxima entre os capitalistas de risco: "O limão amadurece em dois anos e meio, mas as pérolas levam sete ou oito."

Mito 14 – Qualquer empreendedor com uma boa ideia pode levantar capital.
Realidade – Mesmo nos Estados Unidos, para se conseguir investimento é indispensável demonstrar o potencial de sucesso da empresa.

Mito 15 – Se um empreendedor tem muito capital inicial, não pode perder a chance e deve abrir logo sua empresa, mesmo que não esteja preparado.
Realidade – O que acontece com mais frequência é que muito dinheiro

no princípio acaba sendo prejudicial, por criar euforia e a "síndrome da criança mimada".

Mito 16 – Empreendedorismo é coisa de rico.

Este mito não foi mencionado por Timmons (1994), mas é importante no país desigual em que vivemos.

Pessoas e comunidades pobres podem e devem empreender, pois o empreendedorismo pode gerar renda de forma sustentável. Através do microcrédito, milhares de indivíduos puderam empreender e assim saíram da pobreza. No Brasil, deve-se estimular tanto o empreendedorismo de base tecnológica, que gera alto valor agregado, quanto o empreendedorismo em comunidades carentes, que, se não produz aumento substancial no PIB, é capaz de gerar dignidade.

Exemplo disso é o caso real que narrei no livro *A ponte mágica*. Durante uma aula de empreendedorismo, um aluno de 15 anos revela seu sonho à professora. "Quero traficar drogas, porque minha mãe passa fome." Aquela era a "aula do sonho", como foi apelidada pelos alunos. E traficar drogas era o sonho de um deles, ou melhor, era a opção que via. Não havia como fugir disso. Pois bem, os colegas "entraram" no sonho do jovem, debateram e concluíram: se o problema era um prato de comida, tinha que haver outra forma de consegui-lo. E eles a encontraram: criaram uma pequena fábrica, reciclando garrafas pet e fazendo produtos de limpeza com base em receitas fornecidas pela professora de ciências.

A experiência deu certo. A renda da empresa foi suficiente para comprar alimentos para ele e sua mãe. E o garoto não precisou entrar para o tráfico.

Importante notar que ninguém disse à turma: "Abram uma empresa." O estímulo foi algo diferente, dirigido à emoção daqueles jovens, e os transformou em cidadãos mais capazes. "Qual é o seu sonho?" e "Como você pretende realizá-lo?" – com essas duas perguntas, formuladas na aplicação da Pedagogia Empreendedora, a autoestima renasceu. Eles ousaram buscar uma solução. Esse é um entre as centenas de casos que acontecem na "aula do sonho". São todos diferentes, não é possível estabelecer uma regra, mas fica evidente que o caminho está em devolver a dignidade e a autoestima às pessoas. E derrubar o mito de que empreendedorismo é coisa de rico.

Em sua primeira vivência na área de empreendedorismo – que tinha sido aquela conversa –, quando buscava respostas e incentivo, Luísa recebera somente perguntas. A certeza da grande ideia, pronta e acabada, fora substituída por dúvidas, dúvidas e mais dúvidas. Em vez do passo à frente na direção de montar a fábrica, deu dois passos para trás, voltando quase à estaca zero. O que era óbvio, produzir e esperar as vendas, porque o produto era o melhor do mundo, tornou-se turvo como o fundo retorcido da velha panela usada para ferver a casca da goiaba.

– Sem dúvida, a Odontologia e o casamento são mais fáceis – disse Luísa, com um suspiro, para si mesma.

E mergulhou no material que o professor Pedro lhe havia dado. Entendeu que o primeiro passo seria a validação da sua ideia, a análise criteriosa da viabilidade técnica, mercadológica e financeira do negócio. Para começar, **ela teria que elaborar um Modelo de Negócios**.

O professor Pedro recomendara que Luísa pesquisasse na internet, onde havia vasto material e ótimos exemplos de aplicações reais da metodologia do Modelo de Negócios. Ela poderia encontrar também softwares gratuitos de Plano de Negócios. Compreendera que essas ferramentas não garantiriam o sucesso da empresa, mas poderiam evitar muitas decisões erradas por falta de análise.

ELA TERIA QUE ELABORAR UM MODELO DE NEGÓCIOS

Modelo de Negócios Canvas

Até poucos anos atrás, o Plano de Negócios era o instrumento padrão para se fazer o planejamento de uma nova empresa. É extenso e exige muito tempo e trabalho. Há alguns anos, surgiu uma ferramenta mais simples e rápida, que hoje é utilizada amplamente. Trata-se do Modelo de Negócios, que é fácil de ser compreendido e pode ser preenchido em grupo. Ele mostra como o empreendedor vai gerar valor (criar um produto), entregá-lo ao cliente e obter lucro. No Capítulo 4 está o Modelo de Negócios feito por Luísa para a sua empresa. Sendo inteiramente visual e intuitiva, a metodologia Canvas, que utilizaremos, facilita a participação simultânea de várias pessoas da equipe empreendedora, aproveitando a experiência e criatividade de todos. Duas grandes vantagens do Canvas: facilidade e incomparável rapidez de elaboração. Uma desvantagem é não abordar os concorrentes e fornecedores. Mas a sua grande flexibilidade permite que o usuário inclua essas duas dimensões.

Quando usar o Modelo de Negócios ou o Plano de Negócios?

O Plano de Negócios é uma linguagem que descreve de forma completa e detalhada o que é ou o que pretende ser uma empresa. Ele descreve a competência dos empreendedores que estão à frente do negócio, a questão mais crucial para os investidores.

Resumindo: deve-se começar pelo Modelo de Negócios. A partir dele ficará clara a necessidade ou não do Plano de Negócios. Existem na internet softwares, modelos e exemplos das duas metodologias que podem ser utilizados gratuitamente. Cabe a cada empreendedor decidir se será necessário elaborar um Plano de Negócios além do Modelo de Negócios. O grande pecado será não fazer nenhum dos dois.

A construção de uma visão

O calor de dezembro chegara estonteante. Ponte Nova, com seu ar parado e úmido, parecia uma grande sauna. Luísa, pernas esticadas e pés descalços, repousados nas mãos hábeis de Lulu-Boneca, agora transformado em pedicuro, amaldiçoava aquele salão de beleza por não ter ar-condicionado. O Natal estava próximo e já haviam se passado duas semanas desde a conversa com o professor Pedro. Luísa evitara maiores diálogos com Fernanda. Não saberia como lhe dizer que a certeza ganhara asas, mas a deixara cair no vácuo, sem referências, pernas para o ar, cabeça no chão.

Naqueles dias, não conseguia evitar que as palavras do professor lhe invadissem os pensamentos. Também os seus sonhos eram usurpados por tachos escaldantes cheios de goiabas, crianças enfiando a mão para roubar a goiabada deliciosa, mulheres magras e gordas comprando a goiabada, atletas comendo a goiabada, balas de goiabada, sorvete de goiabada, bombom de goiabada... Tanto sua vigília quanto seu sono eram febris. Procurava ler tudo sobre o assunto. Revistas, livros. O Sebrae e o IEL, da FIEMG, foram visitados e revirados. Encontrara experiências de sucesso, inúmeras sugestões, mas nada ainda que lhe pudesse recompor o entusiasmo inicial.

Luísa saía em busca de informações, qualquer informação, sobre seu futuro negócio. Algo que a jogasse outra vez no mundo real, que reavivasse seu amor pela ideia da goiabada cascão. Algo como um diferencial para o seu produto, por exemplo. "Meu Deus, o que faria da minha goiabada um produto único?", perguntava-se.

Sentia-se imobilizada e lutava para sair do estado letárgico em que se encontrava. Por ser mulher de ação, não aprendera ainda a considerar a leitura e a reflexão como atividades estratégicas. Somente medidas práticas lhe davam a sensação de trabalho executado, de mudança feita.

Deitada, submetida aos tratos de Lulu-Boneca, tendo na mão, por puro hábito, uma revista qualquer de qualquer data, Luísa distraía os olhos com as fotos enquanto o pensamento embalava uma goiabada. A revista, que até ali fora folheada a esmo, estava aberta, aparentemente sem nenhum motivo, na página em que uma reportagem sobre emagrecimento mostrava as duas fotos de sempre, geralmente mentirosas: antes (gorda) e depois (magra), o sonho da beleza, a preocupação com a saúde, colesterol, academias de ginástica. Um pequeno beliscar do alicate na unha do dedão fez com que ela derrubasse a revista no chão. Ao abaixar-se para apanhá-la, Luísa foi atraída pela manchete: "O feitiço do corpo ideal. Insatisfação com a autoimagem e luta contra a gordura se transformam em obsessão". De um fôlego, leu toda a reportagem.

Um turbilhão de ideias assaltou-lhe a mente. A goiabada podia ter uma versão "natural", vendida para atletas, crianças, academias de ginástica. A imagem do produto seria associada a saúde, energia, fitness, esporte. A apresentação seria diferente, com embalagem individual, para ser comida como um chocolate. Caberia na merendeira das crianças, na sacola dos tenistas, na bolsa das mulheres. Alterações no processo industrial tornariam o produto menos perecível, dispensando a geladeira. Mas a qualidade seria preservada!

Luísa deu um beijo no nariz de Lulu-Boneca e saiu correndo da Sereia Azul, tendo nas mãos a revista e, na cabeça, uma ideia de produto.

...

Seis meses haviam se passado desde a leitura da reportagem que funcionara como a centelha da descoberta de algo que buscava incessantemente. Ela sentira a dinâmica de funcionamento do processo criativo: a descoberta parecia surgir de repente, como uma faísca gerada em um passe de mágica. A visão do produto aparecera num estalar de dedos, ou melhor, num cortar de dedo. Mas na verdade era fruto de um processo de criação, em que muita energia fora empregada e no qual sua mente se empenhara dia e noite.

Luísa trabalhara intensamente naqueles últimos meses. Lera todo o material recomendado pelo professor Pedro e outros, garimpados no oráculo deste século, o Google. Nesse período, tinha conhecido mais pessoas e lugares do que em toda a sua vida. Sentia-se diferente, era outra pessoa. Tinha ampliado a sua rede de relações através de contatos pessoais nos lugares que visitava: Federação das Indústrias, Associação Comercial, Câmara de Dirigentes Lojistas, Sebrae, Secretaria Estadual de Ciência e Tecnologia, institutos de pesquisa, sindicatos patronais e de empregados, associações que congregavam padarias, supermercados, fabricantes de doces. Visitara a Secretaria Municipal de Indústria e Comércio de Belo Horizonte. Fizera contatos com nutricionistas, esteticistas, profissionais do esporte e academias de ginástica. Pesquisara, coletara dados, endereços, nomes. Visitara uma indústria de doces enlatados. Identificara fabricantes de equipamentos, estava a par dos custos de todos os insumos de que iria precisar. Na UFMG, procurara o Departamento de Química para investigar a composição do produto. Conversara com empresários das mais diversas áreas. Era surpreendente que, mesmo atuando em setores diferentes, como supermercado e software, por exemplo, eles tinham muito em comum e trocavam valiosas informações entre si.

<u>A internet se transformara em ferramenta estratégica para seu projeto de empresa</u>.

Luísa se impressionara com a facilidade de acesso a informações importantíssimas, tanto de concorrentes como de fornecedores e clientes. Pela rede, conversava com pessoas de vários países sobre as tendências do mercado local, o perfil de consumidores, produtos concorrentes, oportunidades

A INTERNET SE TRANSFORMARA EM FERRAMENTA ESTRATÉGICA PARA SEU PROJETO DE EMPRESA

Usos estratégicos da internet:
- Pesquisa de mercado.
- Treinamento e capacitação dos funcionários.
- Utilização de ativos fixos e de estoques de terceiros.
- Maior velocidade para atender aos clientes.
- Pesquisas sobre o consumidor.
- Marketing eletrônico, que tem custo menor.
- Obtenção de base de dados para as ações de marketing.
- Fortalecimento tanto da marca quanto da imagem da empresa.
- Ao contrário do que ocorre na propaganda tradicional, em que o fornecedor oferece o produto (*supply push*), na internet é o cliente que vai atrás da informação (*demand pull*) sobre o produto. Isso pode ser explorado pelo marketing digital de modo a fazer com que o nome da empresa apareça em evidência.
- Conexões para troca de conhecimento e informações sobre recursos tecnológicos.
- Pesquisa e desenvolvimento de ideias e oportunidades.

A internet é um importante catalisador de negócios. Para utilizá-la, porém, é necessário definir os objetivos que se quer atingir, conhecer o público-alvo, construir um site bem estruturado, mantê-lo atualizado e cumprir o que foi prometido ao consumidor.

O sucesso na utilização da internet passa por dois pontos. Primeiro, a percepção de que o potencial comercial da internet vai além da mera realização de vendas on-line. Segundo, o conhecimento de que o comércio eletrônico funciona diferente do tradicional, sendo necessário o domínio de tecnologias digitais.

Na internet também se encontram ferramentas para serem utilizadas na criação da empresa, como planilhas financeiras, dados estatísticos, contato de fornecedores, etc.

e, principalmente, interesses e possibilidades de parcerias. Avaliara a aceitação do seu produto entre pessoas de outros países, apesar de ser difícil fazê-las compreender do que se tratava. Afinal, a fruta goiaba não é muito conhecida, o que poderia ser uma desvantagem. Ou uma vantagem, caso Luísa soubesse encontrar a chave que lhe abrisse esse novo universo.

Aumentava a cada dia sua dedicação ao projeto. Tornara-se aluna medíocre do curso de Odontologia. Raramente ia para Ponte Nova nos fins de semana. A família sofria com sua ausência; Delcídio desesperava-se. Na verdade, Luísa sentia total indiferença àquela ligação. Do amor, que havia muito acabara, não restava mais que uma simpatia genuína. Os noivos não tinham assunto, já que não mais partilhavam a ideia de um futuro comum em Ponte Nova. As brigas e rusgas eram inevitáveis, e ela, com certa malícia, embora sem ainda se sentir pronta para um rompimento, aproveitava-as como pretexto para evitar encontros nos fins de semana e, assim, trabalhar mais.

Alteraram-se também as relações com as amigas e colegas da faculdade. Mantinha a Leninha, em conversas durante as aulas, como a principal confidente de tudo que lhe acontecia: os planos de empresária, a distância do noivo, a ideia de abandonar a Odontologia, o fascínio crescente que sentia pelos novos planos. Na verdade, todo o seu tempo livre era dedicado aos novos contatos com pessoas que podiam ajudá-la, dar ideias, opiniões, dicas, informações. Comparecia a almoços, cursos, eventos, cerimônias de posse, palestras. Aprendera que era importante abrir portas, estar presente, fazer novas amizades. Uma delas se tornara mais intensa e extrapolara o âmbito puramente profissional. Conhecera um consultor de gestão, Eduardo, com quem já saíra algumas vezes. Ele lhe apresentava coisas às quais não estava habituada e que de pronto despertaram nela grande interesse e deleite: peças de teatro, concertos, óperas, filmes de arte.

Luísa já não conseguia imaginar como tinha podido viver até então sem conhecer tal mundo, aquelas coisas fascinantes. Nem sua família nem suas amigas, muito menos seu noivo, lhe tinham mostrado esse lado da vida. Nunca imaginara que a ideia de abrir uma empresa, uma simples ideia ainda, pudesse provocar tais transformações. Em seis meses, criara um novo universo de relações que, por sua vez, contribuíam para o aprimoramento dos seus planos de empresária. E era um círculo sem fim, uma vez que cada nova relação se tornava um trampolim para outras pessoas, de mundos diferentes, todas tendo algo a lhe dizer, alguma contribuição a dar.

Seguira também outra sugestão do professor **e fizera algumas entrevistas com empreendedores**, apoiando-se no roteiro do material que ele lhe dera. Sempre que autorizada, gravava as entrevistas, para depois convertê-las em texto no seu computador. As leituras sobre planejamento de uma empresa ensinaram-lhe que tudo tinha que ser escrito, registrado, classificado.

E FIZERA ALGUMAS ENTREVISTAS COM EMPREENDEDORES

Entrevista com um empresário

A história de outros empreendedores sempre é útil à pessoa interessada em abrir um negócio. A entrevista é um ótimo instrumento para isso, porque oferece um discernimento mais profundo das razões, motivações e estratégias para se iniciar e manter um negócio. A entrevista permitirá o contato individualizado com um empreendedor no seu ambiente natural. Ao fazer a entrevista, o futuro empreendedor amplia sua rede de relações e de informações sobre o mundo dos negócios.

Pode-se aprender muito e em pouco tempo se a entrevista for bem preparada. Uma condição importante é escolher um empreendedor que tenha criado uma empresa do zero. Não é recomendável entrevistar um executivo ou aquele que comprou a empresa já em operação. Embora não exista uma fórmula certa para estruturar a entrevista, listamos a seguir práticas que foram intensamente testadas.

Recomendações gerais:
- Explicar previamente ao entrevistado que não serão abordados temas de natureza confidencial. O entrevistador compreenderá e respeitará sua vontade caso haja perguntas que ele não queira responder.
- Deve ser evitado qualquer comentário às ações do entrevistado. Não há intenção de julgar as ações dele. O objetivo é tentar compreender seu estilo e suas estratégias de gestão.
- A entrevista deverá durar no máximo 60 minutos, para não ser cansativa, mas esse limite pode ser ultrapassado se for da vontade do entrevistado. Devem ser agendados e discutidos previamente o ho-

rário, o local, a duração e o que for necessário para que a entrevista seja conduzida sob condições favoráveis.
- Apesar de a entrevista exigir tempo considerável, não é tempo perdido para o entrevistado. Empreendedores acham a experiência estimulante, pois lhes permite refletir sobre as próprias atitudes.
- Em alguns casos, uma visita à empresa para conversar com empregados, desde que autorizada, pode ser valiosa.
- O entrevistado deve receber uma cópia de todo o trabalho que resultar da entrevista.

Preparação para a entrevista:
- Identifique perguntas específicas que você gostaria de ver respondidas e as áreas gerais sobre as quais gostaria de ter informações. (Ver sugestão de entrevista adiante.)
- O uso de uma combinação de questões abertas (como o empreendedor começou, o que aconteceu em seguida e assim por diante) e questões fechadas (quais são seus objetivos, se tem sócios, etc.) vai ajudar a manter o foco da entrevista e ainda permitirá comentários imprevistos e maior aprofundamento.
- Desde que autorizado pelo entrevistado, use um gravador. Lembre-se também de que você provavelmente aprenderá mais caso se comporte como um ouvinte interessado.
- Importante: comece usando um tratamento formal (senhor, senhora). Se o entrevistado preferir, seja informal. Insista em encontrá-lo para a entrevista, que assim será muito mais rica do que se for escrita. Afinal, a entrevista é também uma construção de rede pessoal.
- Durante a entrevista surgirão perguntas não programadas. Não hesite em fazê-las.

Sugestão de roteiro:

Origem
1. Fale um pouco sobre suas origens, sua família – pais, tios, primos.
2. Existe algum empreendedor em sua família?
3. Você tem alguém como modelo?
4. Em que seus pais trabalham?

5. Poderia falar um pouco sobre sua formação?
6. Você foi bom aluno? Gostava de estudar? Como você aprende mais: ouvindo, lendo ou de outra forma?

Autoconhecimento
7. Como você se vê como pessoa?
8. Quais as suas características pessoais que mais contribuem para o sucesso da sua empresa?

Sonho
9. Como surgiu a ideia de ser empreendedor?
10. Como sua empresa começou?
11. Você fez algum planejamento antes de abrir o negócio?
12. Já havia tentado abrir um negócio como opção de vida?
13. Você foi um empregado? Quais impactos pessoais o início da empresa lhe causou? Quais decisões foram importantes para continuar?

O trabalho como empreendedor
14. Como você identifica oportunidades?
15. Como você aprende hoje? Tem um método próprio?
16. Você criou um sistema próprio para a solução de problemas?
17. Como lida com o fracasso?
18. Descreva, por favor, o que você faz em um dia de trabalho típico.
19. Quais são as áreas nas quais você gosta de se concentrar?
20. Você se envolve com a rotina, com as operações do dia a dia? Quantas pessoas se reportam a você? Você delega poderes?
21. Você tem parceiros no negócio?
22. Você é membro de grupos/conselhos de outras companhias?
23. Você tem secretária?
24. Como você obtém informação sobre o que está acontecendo na empresa e como controla as coisas?
25. Qual o percentual de solução representado pela tecnologia do produto em termos do sucesso da sua empresa?

Energia
26. Quantas horas você trabalha por dia? Trabalha aos sábados, aos domingos?
27. Você tira férias?
28. Você pensa em se aposentar?

Relações
29. Que importância você dá às relações internas e externas na empresa?
30. Você construiu uma rede pessoal? Usa aplicativos de redes sociais? Quais contatos são mais importantes ou estratégicos: concorrentes, investidores, clientes, pessoas de influência?

Liderança
31. Como você consegue que as pessoas aceitem realizar o seu sonho?
32. Como descreveria a si próprio como líder da sua empresa?
33. Você tem facilidade para delegar tarefas estratégicas ou importantes?
34. Como desenvolveu sua equipe?
35. Quais métodos você desenvolveu para encorajar as pessoas a serem mais criativas?
36. O que é diferente do usual na maneira como comanda seus negócios?
37. Qual é o foco da sua atuação? Para onde direciona seus principais esforços?
38. Você vê as coisas de forma diferente ou mudou seu estilo de gerenciamento desde que fundou sua empresa?
39. O que pensa sobre o poder como instrumento de comando?

Criatividade e imaginação
40. O que acha do erro? Como trata os colaboradores que erram? A seu ver, sua empresa erra muito?
41. O que lhe dá mais prazer no processo de empreender? O que o torna criativo?
42. Qual a importância da criatividade para se ter sucesso?
43. O que é intuição para você? Qual a importância da intuição no seu negócio?
44. Como você lida com a incerteza?

A empresa
45. Qual o fator mais importante para o sucesso da sua empresa?
46. Quais são as principais potencialidades e fraquezas de sua empresa?
47. Você recorre a consultores?
48. Que critérios usa na seleção de pessoal?
49. Fale de seu sistema de gestão. Ele tem por base alguma ideologia?
50. Você tem descrição escrita dos trabalhos e políticas da empresa?
51. Você estabelece metas?
52. Os seus produtos/serviços estão entre os líderes de mercado?
53. Quais argumentos você utiliza para persuadir os clientes a comprar seus produtos?

Encerramento
54. O que você diria a alguém que está pensando em iniciar um negócio?
55. Você gostaria de dizer algo que nós não tenhamos abordado?

"Muito obrigado(a) pelo tempo que me foi concedido. Para mim esta entrevista é uma grande lição. Espero que para você tenha sido um momento de reflexão."

Adaptado de Filion (1991) e Timmons (1994)

Pesquisando na internet por textos e exemplos, Luísa percebeu que o Modelo de Negócios era muito simples de ser feito. Então passou a coletar dados para dar substância e coerência ao seu "Canvas". Luísa decidiu usar ao mesmo tempo uma planilha eletrônica, também disponível na internet gratuitamente. Nela registrava, sobre cada item, a especificação, o preço e a quantidade e fazia comentários livremente. Ao conhecer os concorrentes, também fazia anotações sobre os seus pontos fortes e fracos. Por esse motivo, na rotina diária de Luísa, as anotações eram importantes. A primeira coisa que fazia pela manhã era revisar o que já tinha sido feito e o que poderia ser atualizado ou acrescentado aos dados e informações obtidos no dia anterior.

Nesses seis meses, as ideias de Luísa sobre a Goiabadas Maria Amália alteraram-se inúmeras vezes. Mas agora percebia que **eram alterações evolutivas**, e não caóticas, cada uma agregando novos valores.

> **ERAM ALTERAÇÕES EVOLUTIVAS**
>
> **Ciclo do sonho**
> As ideias de produto alteram-se constantemente, seguindo o fluxo: identificação do problema, inovação na criação da solução (produto), teste pelo cliente, erros, correções, novo teste, novo produto. Esse ciclo se completa quando o cliente estiver encantado com a solução e quando a empresa, com todas as suas funções, estiver definida.

Provocavam, sim, alguma ansiedade e estresse, mas ambos positivos e até necessários – era diferente das aflições e decepções de antes, que ocorriam a cada engano, a cada tropeço. As mudanças não mais lhe provocavam desânimo, uma vez que eram feitas com fundamento em informações e dados obtidos nas pesquisas. Luísa começara a aprender com os próprios erros. Percebia que o importante era alcançar resultados, tirar conclusões. Além da definição do produto, que envolvia sabor, processo de fabricação, equipamentos e pessoal necessário, trabalhara também na identificação dos clientes e seu perfil, na definição do território de vendas, ou seja, em quais cidades, regiões ou bairros ia vender suas goiabadas. Pensara ainda sobre como o consumidor teria acesso ao produto: onde poderia comprá-lo, se em padarias, supermercados, lanchonetes ou outros pontos de venda. Refletira também sobre como entregaria seu produto nos locais onde os consumidores finais iriam encontrá-lo (distribuição). Pensou sobre como iria comunicar aos clientes que seu produto existia (propaganda), que tinha grandes qualidades, que era diferente dos demais e quais vantagens o consumidor teria ao comprá-lo.

Concebera a imagem que o produto deveria ter, o formato, as cores, o tamanho da embalagem, de maneira que atraísse e evocasse nos consumidores a sensação de utilidade, de necessidade atendida. Concebera um site com alto poder de sedução e com a capacidade de ser um ponto de venda privilegiado. A empresa júnior da UFMG iria programar o site e dar consultoria de marketing digital.

Luísa aprendera que não basta apenas ter o melhor produto; é preciso que os clientes também achem isso, o que se consegue por meio da divulgação, da propaganda. Descobrira que há várias formas de comunicar a existência de um produto e suas qualidades. Sabia agora que o mais importante em um produto é justamente o valor que ele tem para o consumidor, o que se ganha ou se economiza ao consumi-lo.

A certa altura de suas leituras e pesquisas, Luísa foi invadida por uma dúvida cuja importância não sabia situar entre o essencial e o supérfluo, entre o meramente teórico e o que é fundamental para a ação. Mas, por ser dúvida, precisava ser resolvida. Era tempo de procurar novamente o professor Pedro.

– Qual é a diferença entre a empresa e o produto? O que devo planejar, a empresa ou o produto? O Modelo de Negócios diz respeito à empresa ou ao produto?

O professor Pedro e Luísa já tinham construído uma relação de amizade. Ela o cativara com sua vivacidade, iniciativa, capacidade de tecer uma rede de relações, de abrir portas e, principalmente, de aprender com os erros. Tal admiração era mais valorizada porque substituíra uma primeira impressão negativa. No seu íntimo, o professor Pedro processara com certo desalento os sinais emitidos por Luísa na primeira conversa dos dois. Não tinha acreditado que daquele mundo restrito em que Luísa se confinara pudesse brotar a empreendedora apaixonada que estava agora à sua frente.

A pergunta surgira após longa conversa em que o professor fora atualizado sobre tudo que ela vinha fazendo e sentindo.

– O ovo ou a galinha? – devolveu ele. – É uma boa pergunta... Pense no seguinte: a empresa deve ser vista como algo que possibilita a fabricação do produto e o faz chegar até o cliente, e você é remunerada por isso. Não importa o nome que você dê à empresa: sistema, organização, micro (ou macro) organismo, sociedade, etc. Ela sempre terá o papel de fornecer os meios para você fazer com que a goiabada seja produzida, distribuída, e com isso gere retorno financeiro que torne o empreendimento lucrativo e sustentável. Uma empresa não existe sem um produto, entendido este como resultado de um trabalho ou processo. Pode ser serviço, podem ser ideias. Mas é algo que acrescenta valor a quem o utiliza ou consome.

Luísa ouvia circunspecta.

– Veja bem – continuou o professor. – Suponha que seu produto esteja muito bem definido, testado, liberado, coisa que nós dois sabemos que ainda não é o caso; enfim, que seja um excelente produto. O sucesso estará garantido? Ainda não. Você terá que criar meios para providenciar e gerenciar todos os recursos necessários à concretização dos objetivos da sua empresa, entre os quais se inclui a satisfação da vontade dos clientes e também da sua, que, entre outras coisas, significa embolsar alguma grana, não é mesmo? Continuando na hipótese do produto excelente: pode ser que seja um fracasso de vendas por você não ter sabido fazê-lo chegar até quem estava querendo consumi-lo. Ou, ainda, imagine que esse excelente produto seja também um sucesso de vendas! Você estará no paraíso? Pode ser que não se, por exemplo, tiver administrado mal seu fluxo de caixa. Ou seja, se faltar dinheiro em virtude de gastos exagerados com publicidade (algo muito comum), número excessivo de funcionários, compras erradas, falta de controle gerencial...

– Mas eu pensei, após tudo que li, que o mais importante fosse o lucro, e não o fluxo de caixa – retrucou Luísa.

– Muito bem – retomou o professor. – Vamos começar tentando entender exatamente o fluxo de caixa, que é algo simples. Nós, pessoas físicas, temos nosso fluxo de caixa, que nada mais é do que a demonstração do dinheiro que entra e que sai, da grana que recebemos e dos gastos feitos, tudo alinhado no tempo. Você encontra muitas pessoas físicas falidas, que não souberam equilibrar despesas e receitas. Gastam mais do que recebem, fazem dívidas, usam cartões de crédito de forma indevida, recorrem a agiotas que emprestam a juros altos, não conseguem honrar todos os compromissos. Então tentam renegociar a dívida, adiando as datas de pagamento (rolam a dívida), o que acarreta mais juros. Em pouco tempo percebem que seu salário mal dá para pagar os juros (serviço da dívida). Ainda têm que pagar aluguel, escola dos filhos, comida, água e luz, etc. É uma situação de inviabilidade financeira, que não aconteceria se essa pessoa tivesse controle sobre seus gastos e receitas. Nessa circunstância, a pessoa física pode até perder seu patrimônio, o carro, imóveis. Uma empresa pode fechar as portas. Aliás, algumas estatísticas indicam que o fluxo de caixa negativo é a principal causa de insucesso das pequenas empresas.

Após um intervalo para tomar fôlego, o professor Pedro continuou:

– Vou tentar fazer uma pequena metáfora. Veja o fluxo de caixa como a gasolina do seu carro, e o lucro, como o óleo. Imagine que você tenha um Mercedes-Benz bacana, último modelo. Ele representa os bens da sua empresa. Pois bem, o mercedão não vai andar sem gasolina, algo que tem que ser gerenciado diariamente, olho no painel, porque senão tudo está perdido. O belo mercedão para! Agora veja: nem esses carros modernos têm no painel um mostrador do nível de óleo, litro a litro, apenas um sinal vermelho de alerta, que acende quando o nível está baixo. Isso quer dizer que ele não precisa ser conferido a todo momento. O óleo é administrado mais a longo prazo, a uma frequência semanal ou mesmo mensal, dependendo da rodagem do veículo. Não quer dizer que sua insuficiência contínua não vá ter também consequências drásticas a médio e longo prazos. Existem empresas que trabalham no vermelho, ou seja, sem lucro, durante um bom tempo e nem por isso fecham as portas, mas você jamais verá uma empresa incipiente ir muito longe sem dinheiro (e sem capacidade de obtê-lo) para pagar suas contas. Isso, na empresa emergente, é dramático, uma vez que ela tem baixa capacidade de obter e honrar financiamentos.

– É verdade – emendou Luísa. – Os empregados não conseguem sobreviver sem o pagamento do salário, não é mesmo? Os fornecedores, muitas vezes também empresas pequenas, não conseguem suportar grandes atrasos. É o caos. É uma pena que empresas com potencial tenham que fechar por não darem a devida atenção ao fluxo de caixa. Talvez se tivessem sido advertidas...

– Esse é um dos objetivos do ensino de criação de empresas: evitar alguns erros facilmente perceptíveis. Mas jamais o objetivo do ensino será evitar *todos* os erros. Não existe nenhuma fórmula capaz de garantir o sucesso.

Luísa se animou a palpitar:

– Voltando ao assunto: quer dizer, então, que o produto (ou serviço) vem antes da empresa. No meu caso, tenho agora que me preocupar com os meios que vão possibilitar ao meu produto cumprir os objetivos que motivaram a criação da empresa, ou seja, com a organização da produção, das vendas, do setor de pagamento a fornecedores, do de cobrança a clientes...

– É isso aí. Em outras palavras, você vai ter que projetar a empresa. Também aqui a experiência fala alto. Quanto maior for a vivência da pessoa, menos erros ela cometerá ao conceber essa organização. Mas, por se tratar de algo inteiramente novo, sempre haverá correções a fazer. O ponto crucial é a capacidade do empreendedor de escolher as pessoas adequadas. Mas não se iluda. Em uma empresa nascente, por escassez de recursos, o empreendedor tem que estar preparado para fazer de tudo, desde pagar a conta de luz até fabricar o produto. Ele é polivalente. Lida com todos que têm algo a ver com a empresa. E não são poucos: empregados, contador, fornecedores, advogado, banco, prefeitura, sindicatos... A lista é infindável.

O professor Pedro levantou as sobrancelhas e continuou, com um tom de voz mais grave:

– Uma forma de você buscar auxílio nessa fase é expor todas as suas ideias a pessoas experientes e ouvir o que elas têm a dizer.

– Mas eu não posso sair por aí contando a minha ideia para qualquer um. Alguém com mais dinheiro e experiência pode roubá-la, e aí estou perdida!

– Não é assim que as coisas se passam. Pelo contrário, quanto maior for o número de pessoas a avaliar e criticar seu projeto, melhor. Nessa área, <u>o segredo é que não há segredos</u>. É óbvio que, se você descobriu uma fórmula para conservar a goiabada fora da geladeira sem perda do sabor, não é necessário divulgá-la. Mas o recomendável seria registrar sua fórmula no INPI, que é o Instituto Nacional da Propriedade Industrial.

O SEGREDO É QUE NÃO HÁ SEGREDOS

Os sete segredos do sucesso

Entre novos empreendedores, a tendência é querer manter a ideia da empresa em segredo. Já vimos que nada é mais enganoso – até porque o segredo não permite a valiosa contribuição de terceiros.

Timmons (1994) aborda o tema ao enumerar "Os sete segredos do sucesso":

1. Não há segredos. Somente o trabalho duro dará resultados.
2. Tão logo surge um segredo, todos o conhecem imediatamente.
3. Nada é mais importante do que um fluxo de caixa positivo.
4. Se você ensina uma pessoa a trabalhar para outras, você a alimenta por um ano; mas, se você a estimula a ser empreendedor, você a alimenta durante toda a vida.
5. Não deixe o caixa ficar negativo.
6. O empreendedorismo, antes de ser técnico ou financeiro, é fundamentalmente um processo humano.
7. A felicidade é um fluxo de caixa positivo.

Luísa ficou apreensiva ao ouvir isso. Guardava suas ideias como se fossem um tesouro, seu maior e único patrimônio.

– Fique tranquila. É pouco provável que alguém vá querer abrir uma empresa de goiabada só porque ouviu você dizendo que vai fazê-lo. Em primeiro lugar, o fato de você querer abrir uma empresa não é em si uma garantia de sucesso. Em segundo lugar, uma ideia demora a se formar inteira na cabeça de uma pessoa. Veja há quanto tempo você está pensando e trabalhando na sua. Em terceiro lugar, uma empresa é uma extensão da forma de ser da pessoa. A ideia da goiabada é importante para você por vários motivos, muitos deles ligados às suas características pessoais, não encontradas em qualquer um: o gosto pela cozinha, pelo balcão, o vínculo com uma região que tem tradição na produção de goiabada, o conhecimento do processo de fabricação, a familiaridade com os consumidores desse produto, a disponibilidade para entrar no projeto. Mas, se alguém for "tomar" a sua ideia... e esse raciocínio é absurdo, porque se fundamenta em dois elementos que não são necessariamente verdadeiros: que esse alguém seja melhor que você e que não haja, no mercado, lugar para os dois... é melhor que o faça agora, neste momento, enquanto tudo que você gastou se resume ao seu tempo de lazer, do que depois, quando você já estiver produzindo e, portanto, já tiver investido muito na montagem da fábrica e da empresa. Além do mais, você estará sempre sujeita a novos concorrentes e, em vez de correr deles, tem que se preparar para enfrentá-los.

Luísa não se conteve, elevando a voz:

– Mas como vou enfrentar uma empresa poderosa, grande, com recursos até mesmo para baixar os preços e eliminar os concorrentes? A gente vê isso acontecer toda hora!

– Você tem razão em sua indignação – disse o professor, tentando acalmá-la. – Por isso mesmo, deve se esforçar para entrar onde os grandes não conseguem. Precisa achar seu pedaço de mercado, ou seja, aqueles clientes que têm um gosto específico não atendido pelos produtos dos grandes concorrentes. É o que se chama de "marketing de nicho". Se você for brigar com os grandes no campo de atuação deles e com as mesmas armas, estará realmente em sérias desvantagens. Mas a estratégia não é essa. Mesmo no lugar onde os grandes estão, ainda restará espaço para os pequenos fazerem muito dinheiro. Você vai ter um produto diferenciado, para uma camada específica de consumidores, cuja necessidade será preenchida de forma bem mais completa pela sua empresa. O tratamento dado aos clientes antes, durante e depois da venda é algo fundamental. A empresa grande pratica o chamado "marketing de massa", em que o preço é baixo, mas as necessidades do cliente são atendidas apenas parcialmente. No marketing de nicho, o produto satisfaz mais profundamente às necessidades do cliente, que está disposto a pagar um pouco mais por isso. Um suco de laranja natural, feito na hora, custa mais caro que um refrigerante produzido em grande escala. Hoje, as empresas estão muito preocupadas em conhecer a opinião dos clientes para poderem melhorar o atendimento. Estamos na era dos serviços.

A ansiedade de Luísa foi arrefecida, o que lhe permitiu relembrar as pessoas às quais poderia submeter suas ideias e receber sugestões de como organizar a empresa. Um nome veio-lhe de pronto à mente, enviado talvez pelo coração. E logo ela percebeu que tinha por onde começar: Eduardo.

– Mas vou lembrá-la de uma coisa importante em qualquer circunstância da vida: se você não sabe que as pessoas classificaram algo como inatingível, que não pode ser feito, então você vai em frente e consegue realizá-lo. A todo momento, a gente vê regras infalíveis sendo quebradas no mundo dos negócios: o pequeno ganhando do gigante, a grande empresa líder ruindo, a tecnologia surgindo não onde há mais dinheiro, mas onde há mais criatividade. As pessoas que obtêm essas conquistas não respeitaram as regras. **Não sabiam que não podiam.**

Luísa se despediu do professor Pedro com um largo sorriso de agradecimento. Estava perto de ter uma visão completa do seu produto, de sua empresa. Quando já ia saindo da sala, o professor a interrompeu no seu movimento de abrir a porta.

– Mais um minuto só! Será que você pode ficar mais um pouquinho?

– É claro, o tempo que quiser – respondeu Luísa, sentando-se novamente.

– Ainda a respeito da opinião dos outros: ela é essencial na vida do empreendedor. Aliás, é importante na vida de qualquer pessoa. E pode trazer benefícios concretos para o empreendedor em seus negócios. Quando falo da opinião de terceiros, estou me referindo tanto a informações sobre o produto e sobre a empresa como também, principalmente na fase em que você está, sobre a pessoa. É importante que você saiba o que provoca nos outros,

NÃO SABIAM QUE NÃO PODIAM

Internalidade

A internalidade, ou "lócus de controle", conceito criado por Rotter (ver Sanábio, 2001, e Filion, 2001), tem sido tratada na literatura como uma das características mais importantes do empreendedor.

A internalidade diz respeito à atitude da pessoa diante dos eventos. Não se trata de saber objetivamente a causa dos eventos. O que move as pessoas é justamente a crença na sua capacidade de produzir determinados efeitos, de interferir no mundo.

Os que percebem os eventos como consequência de suas próprias ações são considerados "internos", enquanto aqueles que não percebem qualquer relação entre seus atos e as ocorrências do meio exterior são denominados "externos". Entre estes últimos estão os que se percebem como controlados por pessoas poderosas, pelo azar, pela sorte, pelo destino ou por qualquer outra entidade sobrenatural.

Rotter sempre considerou a internalidade como característica adquirida. É fácil entender a razão. Quando uma pessoa está em uma posição de liderança, deve exercer influência sobre as pessoas para que as coisas ocorram como desejado. Esse é um dos elementos que fazem com que a liderança exista e se desenvolva. Por isso, a internalidade, característica comumente atribuída a empreendedores, é uma habilidade gradualmente aprendida por alguém que quer assegurar que seus desejos se realizem. Empreendedores bem-sucedidos geralmente têm alto grau de internalidade e grande necessidade de controlar o ambiente.

o que pensam de você. Existem métodos para isso. **A expressão comumente utilizada é feedback pessoal**.

– Na verdade – explicou ele –, só recebe feedback quem está disposto a ouvi-lo. Ou seja, você tem que ir atrás das pessoas, criar um clima propício para que elas se sintam à vontade para emitir a opinião que têm sobre você e depois fazer as perguntas certas. Há instrumentos para fazer isso por escrito. Na nossa cultura, as pessoas normalmente se sentem constrangidas em dizer o que pensam da gente. Estamos preparados apenas para fazer e ouvir elogios, o que menos interessa, na verdade, pois somente confirmam algo que já sabemos, ou que já nos foi sinalizado de alguma forma, e isso geralmente não nos faz crescer.

– Tudo bem, professor Pedro, mas por que o feedback pessoal é tão importante?

– Porque você tem que se conhecer profundamente para aumentar as chances de sucesso da sua empresa. Na área em que você está ou pretende entrar, ser é muito mais importante do que saber.

Luísa mostrou surpresa e fez cara de quem não estava acompanhando a abstração. Percebendo isso, o professor procurou detalhar:

A EXPRESSÃO COMUMENTE UTILIZADA É FEEDBACK PESSOAL

Feedback

Há um provérbio escocês que diz: "A maior dádiva de Deus é permitir que nos vejamos como os outros nos veem." Um denominador comum entre empreendedores de sucesso é o desejo de saber como estão indo e em que ponto estão. Têm grande habilidade para fazer as perguntas certas na hora certa sobre seu desempenho. "Essa sede de saber é fruto de uma consciência aguda de que o feedback pessoal é vital para melhorar seu desempenho e suas chances de sucesso" (Timmons, 1994).

O ato de dar feedback a alguém pressupõe que se esteja lidando com verdades. Só que essas observações não são necessariamente verdades; são a percepção de quem oferece o feedback. Quando alguém nos dá um feedback, transmite-nos sua impressão, repassa-nos uma verdade dele, seu modo particular de ver as coisas. Essas impressões poderão ser confirmadas ou não por outras pessoas, mas o que importa, naquele momento, é que estará havendo uma confrontação e sendo criado um espaço para que apareçam a clareza e a transparência, já que estas são imprescindíveis para a continuidade de um processo adequado de se comunicar. Geralmente, a palavra feedback é revestida de uma aura pouco positiva, considerando-se que, ao falar o que penso de uma pessoa, poderei estar colocando em xeque sua autoimagem. Parece também uma maneira de se demonstrar poder: quem dá o feedback é visto como alguém em posição de superioridade, e quem o recebe, consequentemente, em posição de submissão. Não obstante os sentimentos de ansiedade, tensão, revolta, injustiça e tantos outros que provoca, essa oportunidade é ímpar porque, por meio do feedback, tem-se a possibilidade de exercitar a autoconsciência e decidir sobre mudanças desejáveis em cada forma de conduta, principalmente naquelas a que se referiu o feedback. Para se dar feedback sem que isso se torne uma situação traumática ou crie um clima de pouca receptividade e, em certos casos, até de animosidade, alguns pontos deverão ser observados.

Se você for dar feedback, é importante que:
- Seja **aplicável**: a informação deve ser dirigida para o comportamento que o receptor pode modificar. Cite exemplos objetivos, que sempre auxiliam.
- Seja **neutro**: a informação deve ser neutra, sem avaliação negativa, reprovação ou censura.
- Seja **específico**: o feedback não pode ser generalizado ou vago, devendo se restringir a uma dada situação.
- Tenha **comunicação direta**: o feedback deve ser dado diretamente à pessoa a quem ele diz respeito. Usar de intermediários pode afetar de modo irrecuperável um relacionamento.
- Seja **objetivo**: o feedback deverá ser bastante claro, baseado em observações, e não em inferências.
- Tenha **forma adequada**: o conteúdo do feedback poderá estar correto, mas, se for passado de forma inadequada, com tom de voz ríspido, com conotações pejorativas ("Não é possível que você tenha feito isso!"), ou se refletir um desabafo do transmissor, o resultado dificilmente será favorável.

Ao receber feedback, você deverá:
- Ser **receptivo**: a postura corporal é importante quando se recebe um feedback! Coloque-se de peito aberto, mesmo sabendo que receber críticas gera sofrimento. Ainda que o transmissor não seja exímio comunicador, o saldo será sempre positivo, pois a informação dada servirá como exercício de autoavaliação.
- Demonstrar **disposição para ouvir**: escute atentamente, procurando entender exatamente o que está sendo falado. Peça exemplos ou fatos se isso for esclarecedor.

- Expressar **aceitação**: mesmo que você não concorde, a resposta defensiva ou explicativa em nada contribui para melhorar a situação. Limite-se a ouvir! Caso isso se torne muito penoso, respire fundo e procure manter uma postura neutra.
- Revelar **confiança** no transmissor: ter uma postura positiva, no sentido de acreditar que o transmissor esteja dando um feedback que contribuirá para seu crescimento pessoal, produzirá uma reação satisfatória, abrindo-lhe possibilidades de relacionamento mais transparente. Em último caso, a aceitação do feedback é uma atitude de humildade, que demonstra ainda sua confiança em si mesmo, sua disposição e prontidão para mudar.
- **Analisar** o transmissor: é necessário confrontar o feedback dado com as reações de outras pessoas, para verificar se é preciso mudar seu comportamento de maneira geral ou somente algumas atitudes em relação ao transmissor.

Campbell (1987), Fritzen (1978)

– No ensino de criação de empresas, uma das minhas preocupações é que as pessoas estejam preparadas para aprender a aprender. E que tenham um conceito positivo de si mesmas. Por que isso? Veja bem: na vida empresarial, os conhecimentos são voláteis, mutáveis, extremamente mutáveis. Estamos numa era em que o tempo é o maior fator de competitividade. A tecnologia muda depressa. A quantidade de novos produtos lançados cresce aceleradamente. A economia está sempre passando por alterações drásticas. Os hábitos e a renda dos consumidores alteram-se com extrema velocidade. O mercado global faz com que uma agência de turismo brasileira sofra a concorrência de uma senhora nos Estados Unidos que, do seu *home office*, faz reservas de hotel e vende passagens para Foz do Iguaçu, Salvador, Ouro Preto. Em outras palavras, mesmo a loja ali da esquina faz parte do mercado global. **As empresas locais têm que ser de classe mundial**, ou seja, ser capazes de tecer redes de relações que lhes permitam superar os concorrentes internacionais. **Essas empresas nascem e sobrevivem principalmente onde o ecossistema empreendedor é maduro.**

AS EMPRESAS LOCAIS TÊM QUE SER DE CLASSE MUNDIAL

O professor Pedro adverte que as empresas devem estar preparadas para assumir alto padrão em tudo. Na qualidade do produto, no gerenciamento da empresa, na visão mercadológica, envolvendo aí distribuição do produto, assistência pós-venda, políticas de preços, propaganda, promoção. Enfim, o objetivo do empreendedor deve ser perseguir o que Kanter (1995) chama de "empresa de classe mundial", ou seja, a empresa que surge em decorrência do aparecimento do consumidor global, com altíssimas exigências de qualidade e de adequação do produto/serviço às suas necessidades. Tendo acesso pela internet a fornecedores em qualquer parte do planeta, ele procura produtos que possam aumentar a intensidade de sua satisfação. Dessa forma, a empresa de classe mundial está diante de um nicho de mercado em que o produto/serviço atende a uma faixa mais estreita de consumidores, os quais, em compensação, se apresentam em escala mundial.

Tal empresa é criada por empreendedores que possuem competência para operar pelos mais altos padrões de qualidade, e capacidade de utilizar recursos e aproveitar oportunidades em todo o mundo por meio de conexões globais.

O conceito de empresa tecnológica puramente local está desaparecendo. Mesmo a empresa que atua apenas no mercado regional sofre concorrência da empresa mundial, tendo que estar preparada para competir em qualquer mercado.

A empresa de classe mundial exige condições ambientais bastante específicas para ser criada e consolidada.

O habitat da empresa de classe mundial – o ecossistema econômico – é composto por uma infraestrutura que reproduz localmente níveis de desempenho mundiais em termos de qualidade, inovação tecnológica, formação de recursos humanos, concorrência e assim por diante.

Dois fatores são fundamentais na composição do ecossistema necessário: existência de centros de alta tecnologia e disponibilidade de recursos financeiros para financiamento à pequena empresa.

A experiência do MIT (Instituto de Tecnologia de Massachusetts), em Cambridge, Estados Unidos, é algo impressionante.

A partir da primeira empresa fundada por ex-alunos de Cambridge – a Arthur D. Little –, a comunidade acadêmica do MIT tem sido um fator-chave na criação de milhares de empresas em Massachusetts, em outros estados americanos e em muitos países. Algumas dessas empresas de base tecnológica, tendo começado pequenas, transformaram-se em gigantes, como a Digital, a Genentech, a Gillette, a Intel, a Hewlett-Packard e a Raytheon. Muitas dessas companhias deram início a novas áreas, como biotecnologia, semicondutores, minicomputadores, supercomputadores e capital de risco. Tudo isso começou na década de 1940, quando o presidente do MIT, Karl Taylor Compton, em conjunto com a comunidade de negócios local, concebeu a ideia de criar empresas de capital de risco para aplicar em empresas de base tecnológica, a fim de ajudar no crescimento e na consolidação das empresas que surgiam na região.

ESSAS EMPRESAS NASCEM E SOBREVIVEM PRINCIPALMENTE ONDE O ECOSSISTEMA EMPREENDEDOR É MADURO

Ecossistema empreendedor

Um ambiente favorável ao nascimento e crescimento de empresas é chamado de "ecossistema empreendedor", do qual o Vale do Silício, na Califórnia, é o mais famoso representante. O que contém um ecossistema empreendedor? Se fosse possível fotografá-lo, veríamos inúmeras redes de conexões interligando todos os atores importantes. As redes são dutos por onde fluem as informações, o sangue e o coração das empresas. Nessa hipotética foto, o governo não apareceria em primeiro plano. O seu importante papel acontece na preparação do ecossistema e continua ao longo do tempo, mas não como protagonista. Governos são importantes na difusão da cultura empreendedora, na criação de marcos regulatórios favoráveis e na preparação de pessoal de alto nível, capaz de transformar pesquisas básicas geradas em qualquer parte do mundo em produtos. Os países em desenvolvimento dificilmente têm condições de arcar com os pesados investimentos exigidos pela pesquisa básica, sem a qual não existiriam produtos como smartphones, carros elétricos, impressoras 3D. A expressão ecossistema foi emprestada da biologia. Em 1930, o cientista austríaco

Ludwig von Bertalanffy descreveu os sistemas abertos, que trocam energia e matéria com o ambiente e se mantêm ativos pela sua capacidade de gerar desempenho a partir da cooperação entre seus integrantes. Um ecossistema empreendedor é formado pelas redes que conectam empresas, investidores, fontes de tecnologia e demais atores em um determinado ambiente. O ecossistema empreendedor tem como objetivo manter um equilíbrio estável que favoreça a criação e o crescimento das empresas. Na foto do ecossistema empreendedor apareceriam em primeiro plano as empresas de sucesso oferecendo mentoria e investimentos às iniciantes. Isso não acontece por filantropia. Os empreendedores experientes sabem que a cooperação entre empresas, além de fortalecer o ecossistema, representa novas oportunidades de negócios.

Empreendedorismo é um fenômeno de cidades. É nelas que ele acontece, e não nos estados ou na União, que são ficções geopolíticas onde ninguém mora. Em todo o mundo as zonas de maior intensidade empreendedora têm como núcleos cidades e seus arredores. São Francisco, Boston, Tel Aviv, Santa Rita do Sapucaí são exemplos. As principais políticas públicas dependem de instâncias superiores ao município. Mas é na cidade que se desenvolve o principal pilar do empreendedorismo: a cultura que leva as famílias a desejar que os seus filhos sejam empreendedores e que leva os cidadãos a caminhar juntos com o mesmo propósito. Mais nociva do que a legislação inadequada, mais prejudicial do que a ausência de crédito para que pessoas pobres possam empreender e se libertar do assistencialismo, é a cultura que leva os nossos jovens a ver no emprego público a melhor opção para suas vidas. A criação de uma cultura empreendedora é o primeiro e o mais importante passo e não custa dinheiro. Por essa razão, prefeitos são elementos fundamentais na criação de ecossistemas empreendedores. União e estados são importantes, principalmente em um país de administração centralizada como o Brasil, mas a rede que sustenta a empresa é tecida na cidade.

O professor Pedro fez uma pausa e continuou:

– A concorrência cria novos métodos de marketing, propaganda, atração de clientes e diferenciação dos produtos. A vida do empreendedor é um constante aprendizado. Ele tem que adquirir conhecimentos em ritmo mais veloz que o das mudanças. E não há ninguém que possa lhe ensinar tudo isso. Ele é obrigado a aprender sozinho, rapidamente, e a colocar sua empresa em condições de vanguarda, à frente das demais. O maior diferencial de uma empresa emergente é o empreendedor, com a equipe que ele forma em torno de si. É, também, seu maior capital. Ora, por que ter um elevado conceito de si? É muito difícil alguém que não acredita em si mesmo ter o impulso de mudar o mundo, de criar algo novo, de ser diferente dos demais. São necessárias autoconfiança e elevada autoestima. Penso que todos nós temos a capacidade de inovar, de criar uma empresa. Mas muitas vezes não estamos preparados para isso.

– Não sei se estou preparada para ouvir críticas a meu respeito – admitiu Luísa.

– Quase ninguém está. É por isso que são necessários alguns exercícios, uma metodologia. Mas procure pessoas que conheçam você: familiares, amigos íntimos, colegas de escola e de trabalho. Não é tão difícil assim. O essencial é que o empreendedor tenha consciência do que sabe e do que não sabe, do que possui e não possui, do que deseja fazer e do que deseja evitar. Esses são os elementos centrais do autoconhecimento do empreendedor.

O professor Pedro levantou-se e foi até a estante. Luísa duvidava de que ele pudesse achar algo naquela barafunda. Imaginou que uma fábrica de goiabada, nas mãos dele, produziria suco de laranja ou bananada e iria à falência por motivo provavelmente inédito.

Para surpresa dela, o professor achou o que procurava, entre dois livros, logo na segunda tentativa. Na primeira, buscara embaixo de uma lata de goiabada, presente de Luísa, que estava ali havia mais de seis meses. Sorriso nos lábios, percebendo-se alvo das análises dela, Pedro comentou:

– Se eu lhe pedisse um feedback agora sobre minha capacidade de organização, o que você diria, hein?

Luísa sentiu um rubor na face. Ele parecia ter lido seus pensamentos. Para alívio dela, ele acrescentou sem esperar resposta, com um papel na mão:

– A lata está vazia. Comi sozinho, não levei para casa para não ter que dividir. Sou uma formiga. Esse é o maior dos meus pecados. Sou capaz de tomar chocolate de criança de colo.

Luísa deu um sorriso amarelo, mas percebeu que não estava em apuros.

Ele sabia a imagem que provocava e, aparentemente, não tinha medo da opinião dos outros.

O professor deu-lhe o texto que continha um exercício de feedback e, ato contínuo, pegou a lata de goiabada.

– Não lavei, ainda tem um restinho – afirmou. – Vamos fazer um teste de perecibilidade do produto? – Ele então escavou com o dedo indicador o fundo da lata e levou-o à boca. – Deliciosa! Resistiu ao tempo. E olha que já faz seis meses que eu a ganhei.

Luísa deu uma gargalhada, sentindo simpatia por aquela figura às vezes um tanto esdrúxula. Pensou que o professor talvez quisesse se exibir e fosse desses que mancham a própria imagem, mas não perdem uma encenação. Já era hora de presenteá-lo com uma segunda lata de goiabada, pensou.

– Não se esqueça do feedback dos clientes. Leia sobre isso. Também é fundamental para os negócios. Hoje, virou moda. O conceito é que a venda não acaba quando o cliente compra o produto. É necessário saber suas reações, o grau de satisfação que o produto ou serviço provocou. Existe hoje também o database marketing, um banco de dados em que você tem todas as informações dos clientes, o que possibilita dar tratamento individualizado. Não é novo, mas também está na moda. Aliás, você mesma, na Sereia Azul, usa essa técnica, não é?

– Como assim, eu uso database marketing?

– Ao chegar um cliente, imagino você o recebendo com uma cara boa e dizendo: "Bom dia, seu João. Como está dona Toca, já melhorou das dores nas costas? O que a Dorinha conta do spa? Ela gostou? O senhor gostou do penteado que o Lulu-Boneca fez na Vovó Mestra para as bodas de ouro?" Isso é database marketing. Você tem todos os dados pessoais dos clientes da Sereia Azul na cabeça. Eles adoram ser tratados de forma personalizada. E quem não gosta?

Luísa não conteve o riso. Definitivamente, o professor estava atacado. "Como se lembra dos nomes de Ponte Nova?!", intrigou-se. "E quer dizer que eu já praticava o database marketing sem saber o que era?"

Sem se levantar da cadeira, o professor acompanhou com os olhos o andar de Luísa até a porta e viu quando ela desapareceu no corredor. Seu olhar continuou fixado naquela direção, como se estivesse ainda seguindo a figura da moça. Sentia-se extremamente gratificado por ser personagem na trajetória de uma pessoa como Luísa. Se sua intuição ainda estivesse em forma, e raramente o decepcionava, estava diante de alguém que ia ter sucesso.

O que mais o fascinava naquela atividade a que se dedicava havia sete anos era aprender constantemente com as pessoas. E sempre num contexto em que havia lugar para a emoção. Muito mais do que os livros, eram os alunos e as pessoas que o procuravam e lhe expunham sua vida e seus sonhos que contribuíam para seu crescimento pessoal e profissional.

– Para ser perfeito, só faltava eu ganhar um pouquinho mais... – falou em voz alta para si mesmo, mais por hábito do que por genuína insatisfação.

Projetando a organização da empresa

Em resposta ao pedido de Luísa, Eduardo a convidara para ir ao seu escritório. Era o primeiro contato puramente profissional que ela mantinha com o amigo consultor em gestão. Luísa explicou o que queria. Tinha ideia exata do produto, sabia como fabricá-lo, conhecia seus clientes e sabia onde eles estavam. Também tinha uma noção de como seria a distribuição. Aliás, estava bastante segura quanto ao produto, em todos os seus aspectos, e quanto ao mercado. Precisava conceber uma organização para isso tudo. Quantas pessoas em quantos turnos para produção, para vendas, para administração? Quais seriam as necessidades de controles e informações? Quais os sistemas?

Eduardo achou os conhecimentos de Luísa razoavelmente estruturados. Havia coerência e sentido no que dizia. Surpreendeu-se ao receber dela um texto, uma espécie de planejamento.

– Esse texto representa o que fiz nos últimos seis meses. Não é muito, eu sei, mas você não imagina como foi difícil chegar até aí. Algumas decepções, muita ansiedade, noites sem dormir. Problemas familiares e até afetivos.

De fato, ela se habituara a ordenar e escrever tudo que vinha elaborando para a Goiabadas Maria Amália.

Luísa abriu o seu notebook e mostrou a Eduardo:

OBJETIVOS
O objetivo da Goiabadas Maria Amália é produzir e fornecer produtos alimentícios para consumidores exigentes, preocupados com a saúde e a forma

física. O seu público-alvo é constituído principalmente por pessoas de 4 a 23 anos, em sua maioria estudantes, mas atingirá também pessoas de qualquer idade que se preocupem com a saúde e a forma física e que procurem consumir produtos de alto valor nutritivo e teor calórico proporcionalmente baixo.

PRODUTO

O produto inicial que a Goiabadas Maria Amália vai fabricar e comercializar é a goiabada cascão em tablete. Trata-se de um produto inovador, uma vez que terá alto valor proteico e poucas calorias, sem prejuízo de um sabor apurado. O processo de fabricação é bastante simples e o produto contém ingredientes como sais minerais e vitaminas naturais, que são elementos importantes na alimentação de crianças e adolescentes. O processo de cozimento é moderno e não trará prejuízo aos nutrientes naturais do produto, ao contrário do que ocorre com a maioria dos produtos concorrentes.

DESCRIÇÃO DA UNIDADE FABRIL

A Goiabadas Maria Amália terá fábrica própria, instalada em um galpão de 100 metros quadrados, contando com água abundante, energia elétrica, adequada circulação de ar e as seguintes condições higiênico-sanitárias:

- piso impermeabilizado e revestido de cerâmica de fácil conservação e limpeza;
- paredes e divisórias recobertas com cerâmica de fácil lavagem e higienização;
- teto com laje em todas as dependências, revestido de pintura clara, que permita lavagem e higienização.

A unidade fabril deve localizar-se em área distante de odores indesejáveis e de poluição de qualquer natureza, inclusive poeira de qualquer origem. Deve situar-se em local que tenha boa capacidade de escoamento da produção e esteja próximo à rede bancária e ao setor de comércio e serviços.

FLUXO DE PRODUÇÃO
- Recebimento de matéria-prima
- Resfriamento da matéria-prima

- *Pesagem da matéria-prima*
- *Pré-lavagem*
- *Seleção de frutas*
- *Cozimento*
- *Pesagem das frutas*
- *Tratamento térmico das frutas*
- *Descascamento*
- *Lavagem*
- *Corte e descaroçamento*
- *Tratamento térmico da polpa*
- *Resfriamento da polpa*
- *Embalagem*
- *Estocagem*

As últimas folhas eram listas de nomes de pessoas e outras informações. Eduardo percebeu que era um banco de dados numa planilha eletrônica intitulado "Rede de relações – network", com o seguinte formato:

Rede de relações – network

Nº	Nome	Telefone/ WhatsApp, e-mail	Data da reunião/ contato	Avaliação do contato*	Importância para a Goiabadas Maria Amália**	Quem indicou

* Como foi o contato? Foi frio, caloroso, abriu uma porta? (nota de 1 a 5)
** Qual a importância estratégica do contato para a Goiabadas Maria Amália? (nota de 1 a 5)

Estavam ali anotados os nomes de 75 pessoas. O primeiro da lista era o professor Pedro. O último era Eduardo.

– O que é isso? – perguntou ele, apontando para a tela do computador.

– É a minha rede de relações. São pessoas que procurei e que podem, de alguma forma, ajudar na criação da minha empresa.

Eduardo estava impressionado. Jamais vira tanta organização. Aliás, estava aprendendo sobre redes de relações. Mas sentiu uma ponta de decepção, pois achava que o seu nome deveria estar em uma lista diferente, especial.

– Quer dizer que eu sou um ponto na sua network?

– A partir de hoje – Luísa sorriu –, você entrou também nessa lista. Até ontem, estava em outra.

– Mas como funciona essa rede de relações? – perguntou Eduardo, fingindo não dar importância à explicação de Luísa, mas satisfeito com o que ouvira.

Luísa flagrou-se explicando o que era a rede com o mesmo entusiasmo e as palavras do professor Pedro. O olhar curioso de Eduardo aumentava o arrebatamento dela. Sentia uma ponta de orgulho em poder ensinar algo a ele.

– Muito bem – disse Eduardo, sorriso nos lábios, após as explicações de Luísa –, mas quem é o consultor aqui: eu ou você?

E continuou:

– Você quer criar uma organização que lhe permita levar seu produto a cumprir uma missão, a percorrer o caminho para o qual foi concebido. Vou tentar montar junto com você, peça por peça, função por função, uma empresa e seus objetivos.

Luísa percebeu um brilho diferente nos olhos de Eduardo. Notou que, quando se entusiasmava, mordia o lábio inferior a cada intervalo de sua narrativa.

– Vamos construir um modelo bastante simples, começando pelo que é mais importante e, na medida do necessário, iremos agregando peças acessórias. O grande objetivo da empresa é vender seus produtos ou serviços. Essa é a maior realidade da empresa, sua função central. Tudo gira em torno dela. Mas, se você vai vender algo, tem que ter o produto em mãos. Então, é preciso produzir, ou comprar, configurando-se uma indústria ou comércio. No caso de serviços, gerar a tecnologia ou competência que interessa aos consumidores. Muito bem, mas existem alguns processos até se chegar a ter um produto para vender. – Eduardo interrompeu a explicação para ouvir Luísa.

– E a atividade financeira? Pelo que você falou, parece que somente produção e venda são importantes.

– A função financeira, e aqui estou me referindo apenas à atividade de controle, e não à tarefa de buscar recursos financeiros, é fundamental, mas tem um papel diferente. Ela nos permite avaliar o desempenho da empresa.

É um medidor, um indicador, um termômetro. E também uma espécie de bússola, porque nos permite verificar se a direção indicada pela função de marketing é rentável, se vale a pena. Sem essa avaliação, sem esse controle, é quase impossível levar uma empresa ao sucesso. Está claro o que eu disse?

– Sim, senhor, está bastante claro, pelo menos até agora – respondeu ela, bem-humorada.

– Vai ficar sempre claro, não duvide da minha capacidade didática – advertiu Eduardo, um sorriso nos lábios.

Ele se considerava um bom professor. Aliás, a tarefa de fazer com que as pessoas entendessem algo técnico constituía, para Eduardo, um grande teste, questão de honra. Seu raciocínio era o seguinte: todo mundo é capaz de entender qualquer coisa, desde que para isso se criem as condições necessárias, tarefa de quem está transmitindo o novo conceito. A situação de insucesso mais comum na comunicação ou no aprendizado deve-se à pequena capacidade que alguns especialistas têm de se fazer entender. Principalmente economistas e médicos. E essa baixa capacidade de comunicação, segundo Eduardo, era diretamente proporcional ao domínio que tinham do tema. Ou seja, quem sabe muito não tem dificuldade para explicar. Quem é inseguro protege-se atrás de palavras e expressões específicas da sua área, o jargão profissional, e dificulta o entendimento do outro. Para empresários em permanente atividade de venda de produtos e ideias, a falta de clareza pode ser um fator altamente negativo.

– Para efeito da nossa conversa, produto vai significar também serviço, tá bom? E quais são os processos que possibilitam a venda? O ponto de partida é a necessidade do consumidor, a constatação de que existe um problema a ser revolvido. É aí que tudo começa. Você descobre que existem necessidades insatisfeitas ou parcialmente satisfeitas de um certo número de indivíduos no mercado. E o que é mercado? Mercado são pessoas, jamais se esqueça disso. Pessoas dispostas a consumir. E quando têm características em comum, que as levam a consumir um produto como o seu, formam um segmento de mercado, um conjunto de pessoas que podem ser abordadas de forma semelhante quando se trata de lhes vender algo. E o que as leva a consumir, a escolher um determinado produto? As vantagens que terão ao consumir aquele produto. Eu só compro algo que me traga novos valores, não é mesmo? Por isso, este é o principal argumento de vendas, de propaganda: qual o novo valor que o cliente conquistará ao consumir o seu produto. Essa característica deve ser única em relação à concorrência. Mas estou me adiantando. Vamos voltar ao produto, mais tarde chegaremos às vendas.

Após essa correção de rumo, Eduardo continuou:

– Para definir o produto, você tem que perguntar ao cliente o que ele gostaria de consumir, quais são suas necessidades, seus desejos. Você deve lhe perguntar qual é a forma mais fácil e confortável para ele comprar o produto, ou seja, onde ele gostaria de comprá-lo, quando costuma comprá-lo. E quanto ele está disposto a pagar, considerando todas as qualidades do produto. Você deve saber também quantos clientes existem. E, é claro, quantos são atendidos pela concorrência e quantos estão disponíveis. É importante, ainda, medir o grau de fidelidade de quem é atendido pela concorrência, quantos clientes estariam dispostos a mudar de produto e quais seriam as condições para isso. Com essas informações em mãos, você poderá definir seu produto, transformando as necessidades do cliente em especificações técnicas. A isso se chama pesquisa. O passo seguinte é fazer um protótipo do produto, ou seja, criar algumas amostras e voltar aos seus futuros clientes para perguntar se era aquilo mesmo que queriam. E repetir o processo até obter um "sim". **Isso é um teste do produto**.

Luísa estava achando tudo muito claro. Suas leituras também lhe tinham valido, pois conseguia fazer abstrações e associá-las com a exposição de Eduardo. No entanto, algo ainda lhe escapava.

– Tudo bem, Eduardo, mas como vou transformar processos e ações em uma organização, a minha empresa?

– Muito bem. Essas atividades de consulta e de profunda interação com os clientes são permanentes. As empresas fazem isso constantemente, e não apenas antes da sua abertura. Vamos transformá-las em uma função dentro da sua empresa. Ou seja, um conjunto de tarefas que alguém deverá desempenhar. Mas, olhe, tanto na sua empresa como em qualquer empresa nascente, o dono assume muitas funções.

Eduardo mediu com um olhar o grau de atenção e o interesse demonstrados por Luísa. Então prosseguiu:

– Dá-se o nome de marketing às funções que lidam com o cliente. Mas há outras coisas na área de marketing. Vamos chegar lá. Falamos rapidamente de outra importante função: a pesquisa de desenvolvimento do produto, que

ISSO É UM TESTE DO PRODUTO

O empreendedor já conhece profundamente o cliente e seus problemas. Já criou uma solução sob a forma de produto ou serviço. Mas é preciso ter a certeza de que o produto cumpre o seu papel e seduz o cliente. Eduardo está chamando a atenção de Luísa para os testes do produto a serem feitos pelos clientes. Aqui vão algumas informações sobre esses testes.

Pesquisa de mercado

Não se pode esquecer que empresas existem porque existem problemas. O que o empreendedor faz é resolver o problema dos clientes por meio de um produto inovador. Assim, o personagem mais importante da história de qualquer empresa é o cliente. Antes de criar a empresa, é preciso fazer algumas reflexões sobre a atividade que você escolheu e quer desenvolver – em particular, sobre a ideia da empresa.

Por que essa empresa deve existir? Qual será sua particularidade? Em que aspectos ela será única? Será competitiva? Quais os seus clientes? Em que sua existência modificará as coisas? A empresa será local ou deve atingir outros mercados?

Após a definição bem detalhada da ideia de empresa, é preciso estudar seriamente o mercado. Através de testes junto ao cliente, o empreendedor vai avaliar o potencial de sucesso da ideia antes de abrir a empresa e, portanto, antes de gastar muito dinheiro.

Teste de conceito

Consiste em fazer uma descrição do produto e de como ele funciona, com o objetivo de obter o julgamento do cliente. É feito somente quando o produto é novo, quando é necessário saber a opinião do cliente a seu respeito. Se o produto já existe, são usados os testes de utilidade e mercado, feitos com base em dados existentes. O teste de conceito é feito antes da realização do protótipo, mas não assegura 100% de sucesso. Quanto mais inovador é o projeto, mais difícil é prever suas chances de sucesso.

Teste de utilidade do produto

Requer um protótipo do produto. Tem a vantagem de não ser muito caro (em comparação com o teste de mercado) e de fornecer informações interessantes sobre diversos pontos.

Você compraria esse produto? Quanto está disposto a desembolsar para adquiri-lo? O que acha do desenho? Ele é suficientemente "vendedor"? Onde gostaria de comprá-lo? Por intermédio de quais canais de distribuição? Esse teste pode ser feito pelo próprio empreendedor. Pode ser feito individualmente, mas o ideal é reunir cerca de uma dúzia de pessoas. Com a ajuda de um questionário previamente elaborado, registram-se as reações de cada um. Um vídeo feito pelo empreendedor permitirá uma análise mais profunda. Reúna outros grupos de 10 a 12 pessoas e confirme as respostas observadas. Esse teste, como os demais, não tem condições de garantir o sucesso do seu projeto. Se as respostas obtidas forem entusiásticas, seu projeto tem boas chances de sucesso; se não, submeta o projeto a uma boa revisão. O objetivo é encantar o cliente.

Teste de mercado

É o mais complexo e caro, mas também o que mais reduz a incerteza. É feito por meio de estudos demográficos e geográficos apropriados. Indica os meios para responder, de maneira adequada e rentável, às necessidades (problemas) reveladas e estima o volume provável de negócios. Abrange o território de vendas, o cliente e a concorrência. A internet está criando novas formas de vendas e distribuição. Hoje é possível importar da China pela internet, a preços melhores, produtos de consumo. Atualmente, territórios de vendas se aplicam mais a serviços e comércio como o de alimentos e de produtos farmacêuticos.

Se for o caso, pode-se usar fontes secundárias, como o IBGE, para se obter informações como população, a quantidade de residências, de pessoas por residência, o tipo de morador (proprietário ou locatário), a idade, a faixa de renda, etc. Como o censo completo é realizado a cada 10 anos, é recomendável fazer ajustes para atualizar os dados.

É fundamental conhecer a fundo todos os concorrentes. Caso o produto ou serviço não tenha preço competitivo, é conveniente não prosseguir, a menos que seu diferencial justifique o preço elevado.

Adaptado de Fortin (1992)

o desenha e projeta seu processo de fabricação de modo a transformar as necessidades dos clientes em especificações técnicas. É o setor de inovação. É função importante, pois, além de garantir a qualidade do produto, tem evidentes repercussões nos custos de fabricação. Também ela é dinâmica.

Eduardo sorriu.

– Mais uma função para você...

– Claro! Eu não teria condições de contratar uma pessoa para isso – emendou Luísa.

– Nem é recomendável, pelo menos no início das operações da Goiabadas Maria Amália. Mas é uma função essencial. Você mesma poderia cuidar da qualidade do produto e de todos os seus processos, ou seja, se são confiáveis e previsíveis, se existem sistemas de controle e correção. Se a qualidade do seu produto obedece ao projeto e se é sempre a mesma. Com o crescimento da empresa, você poderá contratar especialistas para isso. Além de ser uma exigência para a exportação, uma empresa que não tenha alto padrão de qualidade terá dificuldade de vender também no mercado interno.

– Eu ouvi a expressão inovação aberta, *open innovation* em inglês. O que é isso?

– Empresas projetam e desenvolvem produtos e processos através de um órgão interno, o laboratório de pesquisa e desenvolvimento. Recentemente, a barreira da confidencialidade não impediu que as empresas começassem a praticar a inovação aberta, em que elas recorrem ao público externo para inovar. Participam o público em geral, universidades, clientes, fornecedores e empresas especializadas em comercializar suas próprias inovações. O conceito que está por trás da inovação aberta é o de inteligência coletiva ou sabedoria da multidão, mais criativa do que um ou poucos especialistas.

Um celular vibrando em seu bolso fez Eduardo interromper a conversa. Era uma mulher, e o assunto, íntimo. Luísa experimentou, para sua surpresa, um sentimento de natureza semelhante ao ciúme, uma inveja da proximidade que aquela mulher tinha de Eduardo. Um pequeno rubor tomou as faces de Luísa, que dissimulou virando o rosto e fingindo procurar um livro na estante aberta.

– Desculpa a interrupção. Vou desligar essa coisa. – E Eduardo colocou o celular sobre a mesa. – Que tal uma água ou um café?

Os dois se levantaram e foram até uma pequena mesa onde se encontravam um garrafão de água mineral e uma pequena máquina de fazer café. Enquanto colocava o pó, Eduardo retomou o assunto:

– Aqui vai uma dica para você: tenha tudo documentado. Descreva minuciosamente o processo de produção da goiabada. Descreva-o em linguagem simples, de forma que todos possam entender. Passo a passo, sem deixar escapar nada. Vou lhe dar um exemplo. Olhe aqui na parede esta receita de café.

Luísa desviou os olhos para uma folha de papel, ilustrada com alguns desenhos feitos em computador. Continha uma instrução detalhada (com letras grandes e coloridas) de como preparar café.

– Eu nunca imaginei que, para fazer um simples café, fosse necessária uma receita – exclamou Luísa.

– Pois é! Mas foi o único jeito de fazer com que o café preparado pela minha secretária tivesse sempre o mesmo gosto. Às vezes o office boy também o fazia, o que era um verdadeiro desastre. Isso sem falar no meu sócio. Agora, com essas instruções, qualquer pessoa pode fazer um café da maior qualidade. Até eu! Mas quem deve dizer isso é você.

– É realmente delicioso – concordou Luísa, com sinceridade, após levar à boca o copinho de plástico.

– Obrigado. Bem, até agora, temos então duas funções. A de marketing, que ainda vai ganhar mais tarefas, e a de desenvolvimento de produto. O próximo passo é produzir a goiabada. A produção é a segunda grande realidade da empresa. Essa é mais tangível. No seu caso, diz respeito a máquinas, insumos e pessoas. Pelo texto que você me apresentou, vi que já avançou bastante nessa área. Podemos dizer que a produção é, no nosso raciocínio, a terceira grande função da sua empresa, cuja gerência você também terá que assumir, pelo menos no início, e inclui tarefas de planejamento e execução, ou seja, o dimensionamento do pessoal e do maquinário necessários para produzir a quantidade de goiabada indicada pela função de marketing e pelo departamento de produção. Mas dessa vez você terá auxiliares. E aqui surge a primeira grande dificuldade: como escolher pessoas para trabalhar com você? Na verdade, elas vão realizar o seu sonho, Luísa. Serão muito importantes para você. O perfil das pessoas e a quantidade necessária estão no seu projeto, não é mesmo?

Eduardo estalou os dedos e repetiu o sestro de morder o lábio.

– Aqui temos um assunto importante – continuou ele, sem esperar uma resposta. – Você precisa saber o que é gerenciar.

– Para mim, é a parte mais fácil. Acho que tenho talento para isso – animou-se Luísa.

Os olhos de Eduardo faiscaram. Luísa entrara em uma área extremamente delicada para ele. Não conseguia abordar esse assunto sem que a emoção o envolvesse.

– Não duvido do seu talento. E talento aqui é importante, como em qualquer campo, mas não suficiente. Nas áreas técnicas, como engenharia, medicina, isso já é bastante claro. O que vale um grande talento para a medicina sem a técnica, o conhecimento? O problema, na gestão, é a crença de que o gerenciamento é algo intuitivo; assim, segundo tal crença, algumas pessoas já nasceriam com esse dispositivo instalado. Mas vou lhe dizer uma coisa. Há autores que pensam que a grande revolução do século XX se deu na arte de gerenciar. Empresas e países têm sucesso ou fracassam em razão da sua capacidade de gerenciar. A primazia da tecnologia do produto entrou em colapso em virtude da concorrência entre empresas e nações.

Luísa estava apreciando o tom polêmico que Eduardo dava à sua argumentação. Adorava os debates, a controvérsia, que para ela eram momentos de grande aprendizado. A emoção, ao mesmo tempo que tornava a discussão saborosa e desnudava as pessoas, fazia com que se apresentassem com o que tinham de melhor. Era como uma final de campeonato.

– Existe uma contravenção que ainda não foi catalogada, mas é praticada ao extremo. Trata-se do charlatanismo gerencial. É muito encontrado nos órgãos públicos, quando o que está em risco não é o dinheiro de quem o pratica. Em vários campos, como medicina, engenharia, odontologia, etc., o charlatanismo é proibido por lei. O dono de um hospital não precisa ser médico, mas obrigatoriamente haverá um responsável com registro no CRM, o Conselho Regional de Medicina. Idem em engenharia, direito e demais profissões antigas. A profissão do administrador é relativamente recente. A sociedade ainda vai perceber isso. Nos Estados Unidos, já existe a função de "gerente de cidade". Memphis, Miami e outras a adotaram. Continua existindo o prefeito, é claro, que cuida da política, mas há um especialista para gerenciar a cidade. Na empresa privada, o charlatanismo gerencial dura pouco, porque seu preço é muito alto. É questão de sobrevivência. Não pense que estou defendendo uma reserva de mercado para quem tem o título de administrador. Estou falando de competência mesmo, de eficácia, com ou sem título universitário. O charlatanismo gerencial, em alguns casos, não é fruto de uma intenção, mas da ignorância. O pecado, porém, tem as mesmas consequências.

Luísa gostaria de ter algo a dizer, concordando ou, de preferência, contestando, para alimentar a atmosfera de polêmica. Mas sentia-se inerme, jamais refletira sobre o tema. Ela ainda arriscou uma provocação:

– Mas esse não é um tema restrito à sua área?

– Nada disso. Para você perceber a relevância e a gravidade do assunto: todos os empreendedores, à medida que a empresa cresce, trocam a função técnica pela de gerenciamento. Essa regra não terá nenhuma exceção se o dono quiser manter sua liderança, ser capaz de tomar as decisões estratégicas. Acontece em qualquer área: medicina, engenharia... O engano é quando se escolhe o gerente unicamente pelos seus méritos técnicos e não se leva em conta sua capacidade de gerenciamento: o cardiologista famoso para dirigir um grande hospital, um calculista para dirigir uma construtora, um grande desenvolvedor para dirigir uma empresa de software, mesmo que tais notáveis não tenham a menor experiência em gestão. São exemplos comuns e às vezes fatais quando eles não se apoiam em especialistas em gerenciamento. O conhecimento técnico nas empresas é essencial, mas é só uma parte do processo, e não a única variável condicionante.

– Quer dizer que, se a Goiabadas Maria Amália crescer, se tiver sucesso, vou diminuir o meu envolvimento na área de produção?

– Isso mesmo. Você vai sempre decidir o "o quê", mas o "como" tenderá a ser gradativamente delegado, interna ou externamente. O crescimento da Goiabadas Maria Amália terá a virtude de liberar você para se dedicar à essência, aos fatores críticos de sucesso, à inovação, àquilo que é o foco da empresa. Você vai cada vez mais se dedicar ao núcleo das atividades do empreendedor, que consiste em identificar novas oportunidades, estabelecer formas de agarrá-las, buscar e gerenciar os recursos para aproveitá-las.

– E o que são fatores críticos de sucesso?

– Desculpe, eu também tenho o defeito da linguagem cifrada. Os fatores críticos de sucesso são aqueles cuja presença contribui diretamente para o sucesso da empresa, ou cuja ausência pode levar ao fracasso. Por exemplo, a entrega pontual para restaurantes delivery, a localização para uma padaria, a preocupação das pessoas com o corpo para produtos de fitness, o nível de instrução escolar para a venda de materiais didáticos, etc.

– Essa conversa começou porque você dizia que eu deveria saber o que é gerenciar – lembrou Luísa.

– Mas a desgalhada foi pertinente. E inevitável, diante da provocação involuntária, eu sei. Mas vamos lá. Vamos conceituar a tarefa do gerente da forma mais simples possível. Para isso, vamos trabalhar um pouco os conceitos de eficiência e eficácia. E isso diz respeito à organização do trabalho. Tomemos um exemplo simples. Um artesão que faça sapatos, um sapateiro. Ele trabalha sob encomenda e sozinho. Sabe o que fazer. Tem que comprar couro, cola e cordões. E depois fazer o sapato. Qual a sua preocupação? Ele tem que ser eficiente, ou seja, deve fazer as coisas de forma certa, dominar o processo, ser habilidoso e rápido. Isso é eficiência. Fazer as coisas de forma certa. Mas é diferente de eficácia, que significa fazer com que as coisas certas sejam feitas. No caso do artesão, em virtude de trabalhar sozinho, eficiência e eficácia se superpõem. O conceito de eficácia surge quando há divisão de tarefas entre pessoas, quando aparece a possibilidade de se fazerem coisas que não sejam importantes, que não sejam as coisas certas. E essas podem ser feitas com muita eficiência. Isso é muito comum nas empresas: um funcionário fazendo, com extrema eficiência, tarefas completamente inúteis. São os chamados "enxugadores de gelo". No caso do sapateiro, a probabilidade de ele se empenhar em fazer as coisas que não são certas é mínima, pois seu universo de trabalho é muito simples; não há divisão de tarefas, ele faz tudo. Não há necessidade de gerência, que surge quando há separação ou distribuição de tarefas entre pessoas. Nesse caso, o objetivo final, o resultado a ser alcançado, pode não ficar bem nítido para todos. A função do gerente é levar as pessoas a fazer as coisas certas, com eficiência. Muito bem, vamos voltar ao desenho da nossa empresa.

Eduardo continuou:

– Então, para produzir, temos que comprar as matérias-primas. E, na ordem em que estamos descrevendo sua empresa, surge a quarta grande função: compras. Receio que também esta será assumida por você. Mas aqui surge mais uma pessoa que talvez lhe possa ser útil. Um bom funcionário administrativo, que será seu braço direito para diversos assuntos, um executor trabalhando sempre sob sua orientação. Você vai precisar supervisioná-lo, isto é, dizer o que ele terá que fazer e controlar o que ele faz. Dá muito trabalho, mas isso terá que ser feito por um bom tempo, até que ele se torne autossuficiente e confiável. Se ele receber instruções por escrito, o aprendizado será facilitado. Mas, em uma empresa pequena, a confiança é fundamental. Quando falo de confiança, refiro-me aos resultados do trabalho das pessoas. Conheço empreendedores, e muitos, que trabalham de sol a sol, principalmente porque não confiam na qualidade do trabalho dos seus colaboradores. Alguns demoram anos para desenvolver essa confiança. Têm dificuldades em delegar.

Depois de uma pausa, ele continuou:

– Já que você comprou os insumos para produzir, terá que pagar por eles. Surge aí uma tarefa de administração financeira: contas a pagar. Não é complicada, mas é crucial. É simplesmente uma relação do que você tem que pagar, com o valor e a data dos vencimentos. Ali entram também a folha de pagamento dos empregados, luz, água, impostos. Todos nós, pessoas físicas, temos contas a pagar. Isso será uma das tarefas do funcionário administrativo. Fazer uma lista e controlá-la diariamente. Quando você começar a vender, surgirá outra tarefa, que dá mais satisfação: contas a receber. Também é muito simples. É a relação de todos os recebimentos que você tem, com o valor e a data das entradas. Aqui surgem algumas decepções. Se, por um lado, você terá que pagar todas as suas dívidas, não são todos que honram seus compromissos. Você deve calcular um percentual de inadimplência para os "devedores duvidosos". Esse percentual varia de setor para setor e é muito sensível à conjuntura econômica, ao índice de desemprego, aos juros altos, etc.

– O alinhamento no tempo das contas a receber com as contas a pagar em determinado período é o fluxo de caixa, não é mesmo? – interrompeu Luísa.

– Uai, você já sabe essas coisas? Por que não me interrompeu antes? Na verdade, basta você alinhar o "contas a pagar" com o "contas a receber" do mesmo período de tempo para ter o fluxo de caixa. O controle será maior se a projeção incluir alguns meses, o que lhe dá condições de se precaver caso os gastos superem as receitas de vendas. Por exemplo, buscar fontes de financiamento mais baratas.

– Sei também que o fluxo de caixa negativo é a principal causa da falência de empresas emergentes.

– Nada mau para uma dentista. Outra função surge das oscilações e dos desalinhamentos do fluxo de caixa. Por exemplo, numa situação favorável, em que você tenha saldo positivo de caixa, você terá que decidir o que fazer com esse excedente. E, quando o saldo for negativo, terá que decidir como levantar recursos. O conjunto dessas atividades de controle (contas a pagar, contas a receber, contabilidade, custos, tesouraria) configura outra função: a gerência financeira. Mais uma vez, é você que vai assumi-la. Essa não é uma função delegável. Peça ao funcionário administrativo que compile e prepare os dados, mas você deve analisá-los diariamente. Conheço um empresário que atua na área de supermercados em Belo Horizonte. Ele nunca olhou um balanço, mas analisa diariamente o fluxo de caixa. Toma o pulso da sua megaempresa pelo caixa. Por falar nisso, você vai precisar de um contador, ou melhor, de um escritório de contabilidade, para fazer todos os procedimentos contábeis (balanço, balancetes, apuração de resultados, diário, razão, etc.), tributários e fiscais. E fazer também a sua folha de pagamento, com recolhimento de todos os tributos e obrigações. Não se preocupe com isso. Existem ótimos escritórios de contabilidade e não custam caro.

– Seria bom informatizar a empresa desde o início, não é mesmo? – indagou Luísa.

– Depende do que você entende por informatização. Se você está pensando em utilizar, no início de sua empresa, planilha, editor de texto e internet, parabéns. Isso é indispensável. Mas cuidado com o uso de sistemas especialistas, ou seja, sistemas específicos para planejamento e controle da produção, sistema de custo industrial, folha de pagamento. A informática é uma ferramenta maravilhosa. Mas, para utilizá-la, é preciso muito trabalho de véspera, ou seja, organização. E nem sempre a informática é a melhor solução. Por exemplo: você pode fazer o controle de custos de forma manual, se tiver quatro insumos e um processo de duas etapas, envolvendo duas pessoas em um turno. Um sistema informatizado especialista de custos talvez fosse um despropósito nesse caso. Uma planilha resolveria muito bem.

– Aliás, a quantas funções chegamos até agora? – lembrou Luísa, com um suspiro. – Eu já contei marketing, desenvolvimento de produtos, produção, controle financeiro e tesouraria e, agora, administração.

– Vimos que você terá que utilizar um computador para pequenos controles. Também nisso pode ser auxiliada pelo funcionário administrativo.

Cuidado para não sobrecarregar essa pessoa. Veremos que mais adiante precisará de mais de um funcionário administrativo, porque haverá outras tarefas, principalmente em decorrência das relações com os clientes, em que é importante o uso estratégico da internet.

– Graças a Deus, isso não é mistério para mim.

– Ótimo – retomou Eduardo. – Vamos ver se já dá para começar a pensar em um organograma.

– Organograma!? – espantou-se ela.

– É a representação gráfica das funções da empresa e de suas relações hierárquicas. É um desenho simples.

Eduardo pegou um papel e traçou:

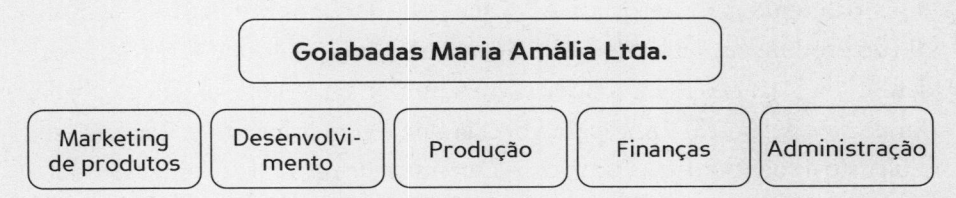

```
                    Goiabadas Maria Amália Ltda.

  Marketing      Desenvolvi-      Produção      Finanças      Administração
  de produtos    mento
```

– Que tal? – perguntou Eduardo, passando a folha de papel para Luísa. – Ainda não é propriamente um organograma e também não tem todas as principais funções da empresa, mas é o que temos até agora. Um organograma de verdade representaria as funções associadas às pessoas. Mas vamos chegar lá, devagarzinho. O que está faltando na Goiabadas Maria Amália? Dê uma olhada no organograma provisório.

– Meu Deus, essa empresa não vai vender! – exclamou Luísa.

– E nem mesmo comunicar aos clientes que ela existe e fabrica a melhor goiabada do mundo, já que não faz propaganda! Não tem funções de distribuição do produto, de publicidade, de promoção de vendas. E nem de assistência pós-venda. É a parte de marketing que eu disse que faltava.

– Calma aí, Eduardo. Devagar. Agora você embolou as coisas.

– Está bem. O raciocínio é simples. Para definir seu produto, você consultou clientes, fez uma pesquisa de mercado. Isso está na área de marketing de produtos. O que temos até agora é um fluxo do mercado até a produção. Depois de produzido, é necessário levar o produto até o cliente e acompanhar suas reações. Esse é o fluxo da produção à entrega ao cliente.

Ele pegou outro papel e, momentos depois, o passou para Luísa:

```
   Cliente    ———▶    Produção
   Produção   ———▶    Cliente
```

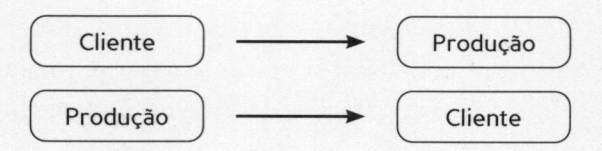

Eduardo prosseguiu:

– É um fluxo bastante simples, não? Uma vez pronto o seu produto, o cliente precisa saber que ele existe, conhecer suas vantagens e ser convencido dos ganhos que terá ao consumi-lo. Isso se faz por meio da publicidade. Surge então a pergunta: contratar uma agência de publicidade (marketing tradicional) ou um consultor de marketing digital? Enquanto o marketing tradicional usa mídias como a televisão, jornais, revistas, outdoors, o digital usa a internet, principalmente as redes sociais. Algo que pode dar bons resultados é a exposição do produto em supermercados, mercearias, nos pontos de venda que você definir, ou seja, nos lugares onde o consumidor vai encontrar sua goiabada. Talvez seja esse o caminho para você, já que é o mais barato. Cada um tem seu custo e sua resposta. Você precisa se informar para tomar uma decisão.

– Estou pensando em deixar a goiabada em promoção em alguns supermercados na fase de lançamento do produto – disse Luísa.

– Essa é uma forma que a gente vê sempre nos supermercados. Uma promoção temporária, que tem como objetivo despertar o interesse do cliente, de forma imediata, rápida. De qualquer forma, você tem que cuidar da imagem do produto, algo importante para despertar o impulso do consumidor. Aí não há como fugir: é preciso contratar um bom profissional. É dinheiro bem gasto. A essa altura, você já tem um bom produto, bem fabricado e bem embalado, atraente. Já escolheu os meios para fazer com que os clientes saibam da sua existência. É hora de definir como fazer o produto chegar até os pontos de venda, na logística de distribuição, em como atender aos pedidos dos supermercados, das mercearias. E tudo em tempo hábil e a um custo baixo.

Luísa sentia que o peso nos seus ombros aumentava.

– Eu pensava que a trabalheira acabava depois das vendas!

– Não acaba após a venda. É fundamental saber o que o consumidor está achando do produto. Tem que acompanhar os pontos de venda, conhecer o tratamento que está sendo dado ao seu produto, como está sendo exposto. As posições estratégicas nas prateleiras dos supermercados custam caro.

Eduardo chamou Luísa para mais um café. Foram até a mesinha se servir.

– Acho que talvez você devesse ter mais de um funcionário administrativo. E um mensageiro. Com isso, começaria com cerca de seis pessoas além de você. Três para a produção e três para os serviços administrativos. Não é pouco, hein? Mas é lógico que o dimensionamento final do pessoal necessário dependerá de estudos detalhados.

Luísa percebeu que o empreendedor se transformava em gerente. Via com nitidez as diferenças entre a abordagem do professor Pedro e a de Eduardo, e como eram complementares.

– Eduardo, sua visão da empresa é gerencial: como tocar o negócio, como administrar. É diferente da visão do professor Pedro, que fala do empreendedor, alguém que identifica e aproveita oportunidades, que inova.

– Foi bom você tocar nesse ponto. Realmente, meu campo de interesse é o gerenciamento. É diferente de empreendedorismo, apesar de os dois se mesclarem o tempo todo. Fala-se no empregado empreendedor ou intraempreendedor, inovador, criativo dentro da empresa, mas uma empresa de sucesso tem que ser bem gerenciada. Assim, **o empreendedor** proprietário de uma empresa nascente, com poucos recursos, **tem que ser também gerente no início**.

O EMPREENDEDOR (...) TEM QUE SER TAMBÉM GERENTE NO INÍCIO

Diferenças entre o empreendedor e o gerente

Eduardo levantou um tema interessante. O empreendedor deve ser também gerente? Sabemos que sim, que ele terá que desenvolver essa habilidade para gerenciar a sua empresa. Mas empreendedores e gerentes são diferentes na forma de abordar a empresa, no comportamento, nas atitudes e na visão de mundo. É preciso ter isso em mente. As diferenças são tão grandes que justificam a separação dos objetos de estudo de duas áreas: a administração de empresas trata do gerente, enquanto o empreendedorismo trata do empreendedor. A primeira cuida da criatura; o segundo, do criador. Os conhecimentos e habilidades do gerente são ferramentas que os empreendedores usam.

Segundo Filion (1994), o know-how de gerentes e de empreendedores difere consideravelmente. O gerente é voltado para a organização de recursos, para as operações, enquanto o empreendedor se direciona para a definição de contextos, como Eduardo e Luísa estão fazendo. É evidente que os cursos serão de acordo com a natureza de cada função. Não é por outro motivo que os cursos de empreendedorismo, em todo o mundo, adotam metodologias de ensino não tradicionais, diferentes daquelas das escolas de administração (que formam gerentes), baseadas principalmente nos processos de aprendizado e comportamento assumidos pelos empreendedores na vida real. Segue uma comparação entre gerente e empreendedor.

Gerente	Empreendedor
Tenta otimizar os recursos para atingir metas.	Estabelece a visão e os objetivos; depois, localiza os recursos.
Opera dentro de estrutura preexistente.	Define tarefas e papéis que criam uma estrutura de organização.
Busca aquisição de conhecimentos gerenciais e técnicos.	Apoia-se na inovação. Busca adquirir know-how (como) e know-who (quem).
A chave é se adaptar às mudanças.	A chave é iniciar mudanças.
Padrão de trabalho implica análise racional.	Padrão de trabalho implica imaginação e criatividade.
Trabalho centrado em processos que se apoiam no meio em que ele se desenvolve.	Trabalho centrado no planejamento de processos que resultam de uma visão diferenciada do meio.
Apoiado na cultura da afiliação.	Apoiado na cultura da liderança.
Centrado no trabalho em grupo e na comunicação grupal.	Centrado na evolução individual.
Desenvolvimento dos dois lados do cérebro, com ênfase no lado esquerdo.	Desenvolvimento dos dois lados do cérebro, com ênfase no lado direito.
Desenvolve padrões para a busca de regras gerais e abstratas. Está em busca de princípios que possam se transformar em comportamentos empresariais eficazes.	Lida com situações concretas e específicas. Uma oportunidade é única, é um caso diferente de outros, e deve ser tratada de forma diferenciada.
Baseia-se no autoconhecimento, com ênfase na adaptabilidade.	Baseia-se no autoconhecimento, com ênfase na criatividade e na perseverança.
Voltado para aquisição de know-how em gerenciamento de recursos e na sua área de especialização.	Voltado para aquisição de know-how em definir contextos para ocupação do mercado.

Para Peter Drucker (1968), o dia a dia do gerente pode conduzir à ineficácia, porque:
1. O tempo do gerente parece pertencer a outras pessoas. A importância dos assuntos é definida por terceiros.
2. Os acontecimentos nem sempre apontam para o problema real.
3. Sua eficácia depende de pessoas sobre as quais ele nem sempre tem controle direto.
4. Preocupa-se com o que se passa dentro da empresa, mas o fundamental acontece fora dela. "Dentro da organização só há custos. O lucro vem de fora, do bolso do cliente." O cliente transforma custos em lucros.

Ainda segundo Drucker (1968), o gerente eficaz tem as seguintes características:
1. Sabe empregar o tempo: registrar, controlar, consolidar e dedicar-se às tarefas essenciais.
2. Conduz esforços para resultados, e não para o trabalho.
3. Baseia-se nas forças positivas (suas e dos outros), e não nas negativas.
4. Sabe focar, concentrar-se em poucas prioridades para produzir excelentes resultados.
5. Toma decisões eficazes, baseadas em opiniões divergentes.

Eduardo pegou novamente a folha de papel para continuar a construir o organograma.

– Temos aí uma representação das principais funções da empresa. Vamos tentar distribuí-las entre as pessoas.

Ele anotou:

Operações	Produção	Administração
Marketing Desenvolvimento de produto Vendas Controles	Produção	Distribuição Compras Pagamentos/Recebimentos Serviços gerais

Luísa segurou o papel com as duas mãos. Era a primeira vez que via algo representando graficamente a Goiabadas Maria Amália. E uma sigla: GMA!

– GMA…

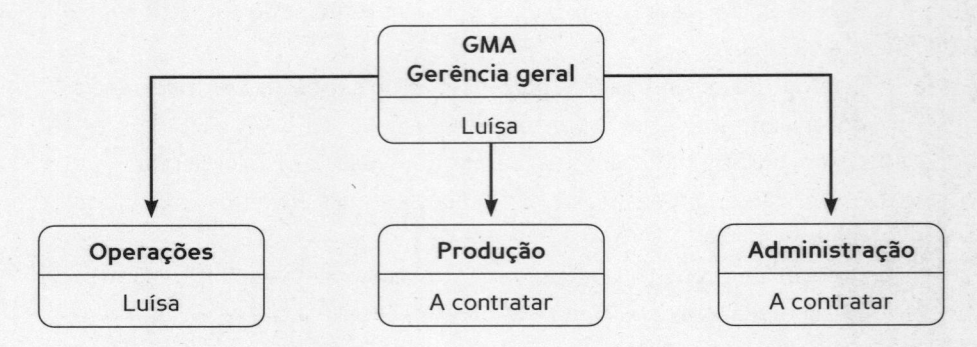

```
         ┌─────────────────┐
         │      GMA        │
         │ Gerência geral  │
         │     Luísa       │
         └────────┬────────┘
      ┌──────────┼──────────┐
      ▼          ▼          ▼
┌──────────┐ ┌──────────┐ ┌──────────────┐
│Operações │ │ Produção │ │Administração │
│  Luísa   │ │A contratar│ │ A contratar  │
└──────────┘ └──────────┘ └──────────────┘
```

Pronunciou a sigla para sentir como soava. Era uma forma de existir, pensou, com certa excitação.

– Posso levar isso comigo? – perguntou a Eduardo.

– Você reparou que as coisas são simples, não é mesmo? Esse esboço de organograma serviria para a maioria das empresas. Você encontrará algo parecido em qualquer livro que trate do assunto.

Luísa fez biquinho.

– Ora, pensei que tivesse sido desenhado para mim, que fosse só da Goiabadas Maria Amália – disse, fazendo charme, com senso de humor.

– Esse organograma vai se alterar com frequência. Quando sua empresa crescer, talvez você possa contratar pessoas para desempenhar tarefas que, no começo, caberão a você. Ou seja, passará a delegar. Se você começar a exportar, outras funções surgirão. As empresas são organizações sociais cuja função é oferecer valor positivo para as pessoas e para o ambiente, e não apenas encher o bolso do seu proprietário. Hoje, fala-se muito em responsabilidade social das empresas. É um grande avanço. Mas essa expressão tão rica e contundente esconde um pleonasmo. Afinal, vejamos: qual outra responsabilidade pode ter qualquer ação humana que não a de melhorar a vida das pessoas, incluindo a preservação da natureza?

– É mesmo – concordou Luísa. – Não tinha pensado sobre isso.

– Aos poucos, vamos todos perceber que, em termos éticos, as empresas, como qualquer organização ou atividade humana, devem contribuir para o bem-estar social. A propósito, Luísa, eu já ia me esquecendo… Quero mostrar a você três métodos simples para se criar uma empresa. São eles: *lean startup* **(startup enxuta)**, estratégia *bootstrapping* e efetuação. Não vamos discuti-los agora, mas é bom que você os conheça. Leia os pequenos textos que preparei para conversarmos depois.

LEAN STARTUP (STARTUP ENXUTA)

Para que serve? Por ser um modelo muito simples, aumenta a rapidez no acesso aos clientes e diminui custos e riscos na criação de uma empresa. Seu autor, o americano Eric Ries, aglutinou ferramentas como o Sistema Toyota de Produção, da década de 1980, e o conceito de produto mínimo viável, de Steve Blank. Como funciona o método? A empresa enxuta considera que a necessidade do cliente não é conhecida com exatidão. Por outro lado, o atendimento dessa necessidade, ou seja, o produto que vai satisfazer o cliente, também não é algo tão obvio. Por isso a empresa promove contínuas interações com os clientes para identificar os seus problemas. Com essas informações, a empresa constrói um produto viável, mas ainda não definitivo, para colher sugestões dos clientes. O feedback dos clientes significa um grande aprendizado com um mínimo de esforço. Esse ciclo de interações é repetido até se alcançar o produto ideal e o Modelo de Negócios adequado. Como tudo que funciona bem no empreendedorismo, o método empresa enxuta é simples e aplicável a empresas de todos os tipos.

ESTRATÉGIA *BOOTSTRAPPING*

Esta estratégia consiste em utilizar os próprios recursos para a abertura de uma empresa, mesmo que sejam escassos. Em outras palavras, fazer muito com pouco dinheiro e em pouco tempo. É uma opção daqueles que preferem crescer devagar, adiando ao máximo a utilização do dinheiro de terceiros. Para a Fundação Kauffman, que atua na área, o primeiro passo é definir quanto do patrimônio pessoal você está disposto a arriscar, em seguida estimar o número de meses que consegue operar com o dinheiro em caixa. Além de gastar só o que possui, é importante começar a vender o mais rápido possível, para acelerar a entrada de dinheiro na empresa. A estratégia *bootstrapping* não é uma novidade, mas tem a virtude de tudo que é simples e intuitivo.

> **EFETUAÇÃO**
>
> Foi observando empreendedores de sucesso que a pesquisadora americana Saras Sarasvathy criou o efetuação, processo simples e intuitivo. Saras observou que antes de iniciar uma empresa os empreendedores de sucesso se perguntam: quem eu sou, o que eu sei, quem eu conheço? Para explicar o método, a autora utiliza a seguinte metáfora. Há pelo menos duas formas de se preparar uma refeição. Em uma delas, a pessoa escolhe uma receita, compra os ingredientes e faz o prato desejado. Na outra, o indivíduo primeiro verifica os ingredientes disponíveis na sua cozinha e, usando somente eles, usa seu talento para criar um prato. Esse segundo é o método efetuação. Ela recomenda os cinco princípios básicos utilizados pelos empreendedores de sucesso:
>
> 1. Comece com os seus próprios meios: quem você é, o que você sabe e possui, quem você conhece.
> 2. Identifique o nível de perdas que tolera.
> 3. Incorpore os imprevistos ao invés de ficar preso às metas preestabelecidas.
> 4. Faça inúmeras parcerias e acolha sugestões.
> 5. Não se esforce para prever o futuro. O empreendedor o cria.

– Sempre ouço falar também em "**empresas *scaleup***" e "**empresas exponenciais**". Elas são diferentes das **startups**?

– Foi bom você mencionar esses tipos de empresa. Tudo indica que elas vão dominar este século. Eu as incluí nos textos que preparei para você.

Luísa olhou o relógio: já eram seis da tarde. Haviam se passado três horas desde que chegara ao escritório de Eduardo. Levantou-se de supetão.

– Nossa, já é tarde, tenho que ir. Muitíssimo obrigada. Não sei como lhe agradecer. Agora acho que estou preparada para começar a elaborar o Modelo de Negócios da GMA.

– Posso lhe oferecer um sorvete aqui embaixo, no Gildão? – convidou Eduardo.

Luísa, cujo noivo logo chegaria de Ponte Nova, recusou o convite com certo pesar.

EMPRESAS *SCALEUP*

Nome criado pela OCDE (Organização para a Cooperação e Desenvolvimento Econômico) para empresas cujo faturamento ou quantidade de empregados cresce a uma taxa de pelo menos 20% ao ano por três anos seguidos. Segundo o MIT, as *scaleups* serão o centro da agenda mundial de políticas públicas. De acordo com o IBGE, no Brasil existem 33 mil *scaleups*, menos de 1% do total de empresas. Mesmo assim, uma extensa pesquisa da Endeavor mostra que elas geram 60% dos novos empregos e contratam, em média, 100 vezes mais empregados do que uma empresa normal. 92% das *scaleups* são pequenas empresas; 8% possuem mais de 250 empregados. O setor com maior quantidade de *scaleups* é o varejo, seguido pela construção civil.

EMPRESAS EXPONENCIAIS

Termo criado pela Singularity University (empresa americana de educação executiva, consultoria e incubação) para designar empresas que crescem a uma taxa 10 vezes maior do que as empresas tradicionais. Exemplos são Netflix, Facebook, YouTube, Google, Amazon. O conceito de organização exponencial se opõe ao modelo de organização clássica, que tem dificuldades para incorporar novas tecnologias, como IA, big data, robótica. Além disso, as velhas empresas carregam o peso de lentas hierarquias, quadro fixo de funcionários, intolerância à inovação e ao risco, investimentos em ativos físicos, objetivos e metas baseados em resultados passados. Correndo em outra pista, as organizações exponenciais são mais ágeis diante das mudanças, operam com menor custo e melhores resultados, inovam depressa e são altamente escaláveis. Elas formam equipes com os melhores especialistas do planeta, não importa onde estejam. Compartilham instalações e equipamentos de terceiros, evitando imobilizar dinheiro. Inovam também ao habilitar produtos de natureza física para serem tratados no mundo digital.

> **STARTUPS**
>
> São empresas nascentes (geralmente na área de tecnologia de ponta) que geram impacto econômico infinitamente superior ao de empresas de outros setores. A startup se apoia nos ombros dos seguintes vetores:
> - Inovação.
> - Alta tecnologia oferecida pelos centros de pesquisa.
> - Cultura empreendedora e altamente qualificada.
> - Capital de risco, o gatilho que transforma Google, Facebook e tantas outras em gigantes.
> - Ecossistemas adequados: redes que transferem conhecimento, experiência, know-how, informações.
> - Escalabilidade.
>
> A taxa de criação de startups, principalmente de empresas TIC (tecnologia da informação e comunicação), é expressivamente maior do que a de empresas tradicionais.

– Obrigada, mas daqui a pouco vou pegar Delcídio, meu noivo, na rodoviária.

Não era a resposta que ele esperava ouvir.

Luísa trabalhou intensamente na semana seguinte. Além de se familiarizar com áreas que desconhecia, ela colheu dados e informações para compor o seu planejamento relativo aos investimentos e custos.

Os impactos da empresa na vida do empreendedor

Chegaram as férias de julho e Luísa, mesmo com a cabeça na Goiabadas Maria Amália, conseguira acompanhar seu curso de Odontologia. As notas não foram muito ruins, mas Leninha, sua colega e confidente, notou a diferença.

– Poxa, Luísa, quem te viu e quem te vê... A melhor aluna, agora com notas beirando a média.

Até aquele momento, à exceção de Fernanda, Luísa nada falara à família sobre a fábrica de goiabada. Na sua percepção, o segredo emprestava maior excitação ao tema. Mantinha o noivo a par de meias-verdades. Um comentário, uma observação sobre os contatos que fazia, os trabalhos. O desinteresse pelo curso de Odontologia às vezes era motivo de discussões.

Por seu lado, Delcídio fingia que nada estava acontecendo. Temia perder a noiva. Quando estava com os nervos à flor da pele, procurava disfarçar o descontrole alegando outros motivos. Sabia que o confronto direto com Luísa seria derrota na certa. Em qualquer tema. A teimosia da moça era irremovível. Ultimamente, as idas dele a Belo Horizonte eram temperadas por certa inquietude, porque, nas suas fantasias, a cidade era palco de cenas do "amor proibido" entre Luísa e Paulo. Torturava-se imaginando encontros furtivos entre os dois, supunha diálogos em que faziam juras de amor e em que talvez tecessem comentários maliciosos sobre sua pessoa. Devotava forte aversão à faculdade onde Luísa estudava, que elegera como palco daquele amor. Embora soubesse que Paulo estudava na UFMG, algumas vezes espreitara a saída das aulas, buscando, infrutiferamente, um flagrante. Mas o maior alimento das suas suspeitas não seria fornecido pela faculdade de Odontologia.

Certa feita, ao voltar para Ponte Nova, logo à saída de Belo Horizonte, à altura do BH Shopping, avistara Luísa com um homem em um carro que saía da cidade. Imediatamente, Delcídio iniciou uma perseguição ostensiva, sem medo de ser reconhecido e sem medir as consequências. O carro aumentou a velocidade e tomou a direita, à altura dos motéis. Delcídio, que, mesmo acelerando o máximo, não alcançara o outro, chegou a ver quando o carro desapareceu após entrar no motel Chalet. Naquele dia, fez vigília de 12 horas à porta do motel, mas não conseguiu identificar Luísa em nenhum dos carros que dali saíram.

Acuado, ele só não era dominado pelo desespero porque se apegava a uma nesga de esperança surgida das forças poderosas que estavam se articulando contra os planos de Luísa. Pois, na verdade, a perspicácia de dona Maria Helena registrava a essência das transformações que sua filha vinha sofrendo.

Sem que Luísa fizesse a menor ideia, na família, o assunto motivava serões para discutir o problema. Dona Maria Helena argumentava com choro e uma reação nervosa. Uma dor de cabeça insuportável começou a ser sua mais constante companheira. Não havia chá ou calmante que pudesse remover a enxaqueca renitente. Em sua ingenuidade, Luísa não imaginava que as frustrações de seu Geraldo e dona Maria Helena e, em menor intensidade, de todos os que esperavam ter uma doutora na família estavam gerando uma grande mobilização, que tomou ares de estratégia com as ideias do primo Flávio. Segundo ele, a tal estratégia consistia em um conjunto de "ações articuladas".

Era uma verdadeira conspiração (da qual Delcídio participava silenciosamente) que se apoiava na seguinte artimanha: já em agosto, o Dr. Luís ia fazer um convite formal a Luísa para trabalhar na sua clínica. O salário seria elevado, padrão de Belo Horizonte, e viria acompanhado da promessa de que ela fosse sua sucessora, pois seu único filho interrompera os estudos no ensino médio. No íntimo, o Dr. Luís ainda alimentava o sonho de um casamento de seu filho com Luísa. Esse fato, que ele imaginava ser algo que ninguém sabia, na verdade havia muito despertara a suspeita da família e fora levado em conta nas articulações, de maneira discreta, evidentemente. Era mais ou menos assim: a família fingia que não sabia das pretensões casamenteiras do Dr. Luís, ao mesmo tempo que ele dissimulava essa intenção. E isso facilitava as coisas.

Além de tudo, havia um apartamento, que seu Geraldo estava comprando sem o conhecimento de Luísa e seria presente de casamento, cuja data apontava dezembro, dia 12, três dias depois da última cerimônia da formatura. A lua de mel, uma semana no Caribe, seria oferecida pela família, mediante vaquinha da qual todos os tios iriam participar.

A única pessoa não convidada para as reuniões era Fernanda. O instinto de conspiração dos demais dizia que ela seria *persona non grata* em tais articulações.

Tendo muito a esconder, Luísa temia magoar os pais, o noivo, todo mundo. Em suas idas cada vez mais raras a Ponte Nova, não entendia por que a atitude de todos havia mudado em relação a ela. Quando estava atrás do balcão da Sereia Azul, ou nas mãos de Lulu-Boneca, não percebia que conspiravam contra seus planos empresariais, mas sentia que a tratavam com atenção e desvelo maiores do que os de hábito e deduzia, pois tola não era, que algum motivo havia para isso. Nenhuma pergunta indiscreta, nenhum questionamento. Era como se todos fossem seus cúmplices. Em sua ingenuidade, atribuía o clima ao fato de estar chegando a data da formatura. Apesar de filha da terra, não podia muito contra a matreirice das pessoas mais experientes. Mesmo tendo o dom nas veias, não tinha ainda a sabedoria daqueles matutos que ficavam do outro lado do balcão da Sereia Azul.

Era esse o estado de coisas quando Luísa chegou a Ponte Nova na primeira semana de agosto.

Em julho, férias escolares, conseguira forjar uma desculpa para não ir a Ponte Nova, a fim de se dedicar inteiramente ao projeto da GMA. Não fora difícil convencer as pessoas, que, na verdade, ainda precisavam de tempo e liberdade para conspirar. Portanto sua ausência tinha sido bem-vinda.

Era sábado, sete e meia da noite, quando o Dr. Luís tocou a campainha de seu Geraldo e dona Maria Helena. A casa era o orgulho da família, com um belo jardim abraçado por majestosa varanda em forma de U. No centro, um lago com peixinhos dourados e uma tartaruga de estimação. O quintal tinha seis jabuticabeiras fabulosas. Em outubro e novembro, faziam a festa da parentada que vinha da capital para trepar nos pés e chupar as frutas em algazarra. Voltavam com balaios de bambu forrados com folha de bananeira cheios de jabuticabas. Faziam parte do pomar ainda goiabeiras, mangueiras e pitangueiras. No calor abafado de Ponte Nova, onde o vento raramente soprava, as redes que pendiam dos postes da varanda eram o melhor abrigo. Ao fim da tarde, dona Maria Helena trazia sua cadeira de balanço e mais duas cadeiras de espaldar, à espera da presença certa de dona Elisena, que tinha problemas de coluna, e de qualquer outra visita, como Vovó Mestra ou dona Marta, que apareciam para prosear e comentar sobre os passantes. Porque a casa de dona Maria Helena ficava na praça Getúlio Vargas, no Largo da Matriz, palco do *footing* chique da cidade. A única que jamais aparecia nesse horário era Fernanda, anfitriã do fim de tarde na Sereia Azul, sempre regado a uma boa pinga.

Voltemos ao Dr. Luís, que acabara de entrar. Luísa, em trajes caseiros, sentia-se pouco à vontade para receber tão distinta figura.

– Oi, Dr. Luís, que surpresa! Como está dona Zulma? Vamos sentar, por favor. O senhor fique à vontade que vou chamar papai.

Mas não foi necessário. Apareceram a um só tempo, como que por milagre, Vovó Mestra, tio Serafim e Flávio, além de seu Geraldo.

Luísa pesquisou na memória as efemérides do dia. Talvez fosse algum aniversário que tivesse esquecido, desligada que andava nos últimos tempos. Do jeito que estava sua cabeça, pensou, poderia até ser o dela.

– Uai, gente! – exclamou enquanto fazia as visitas entrarem. – Até parece festa. Ei, tio! Ei, tia!

Todos simulavam uma grande coincidência. Estavam ali por acaso, para uma prosa rápida. Luísa foi direto para a cozinha preparar algo que pudesse salvar a mãe do incômodo de não ter o que servir. Mas o micro-ondas já estava com uma bandeja cheia das famosas empadas de dona Maria Helena. Sem entender, Luísa foi para o quarto colocar um vestido.

Mas não teve muito tempo. Logo Vovó Mestra bateu à porta para comunicar, em tom de segredo, cheio de notas musicais:

– Delcídio chegou.

"Só faltava essa", pensou Luísa. Uma leve irritação assaltou-a. Não eram ainda oito horas. Havia combinado um encontro às nove, quando ambos iriam ao Na Casa da Sogra, bar da moda. Enquanto se vestia, Luísa imaginava que, se não estivesse em Ponte Nova, onde nada acontece, até que aquela noite prenunciava coisas diferentes.

Quando ela entrou na sala, vestido elegante, pés firmes sobre sapatos de salto alto, Delcídio não conteve um suspiro de ingênua sensualidade. Como que por encanto, todos ficaram silenciosos, olhando-a de cima a baixo. Luísa procurou uma cadeira ao lado do noivo e discretamente deu-lhe um beijo na face. Nos bons tempos, seria um apaixonado beijo na boca. Sentou-se como as demais senhoras, pernas juntas, mãos descansando no colo. O longo silêncio que se seguiu à sua entrada aumentou-lhe as suspeitas. Desviou para o chão o olhar quando percebeu que era o centro das atenções.

Algo inusitado fazia com que aquelas matronas, incansáveis falastronas, se mantivessem mudas. O mais estranho era que não se juntavam a um canto, separadas dos homens, que, habitualmente, ficavam em outro. Luísa olhou suplicante para o noivo, que, no entanto, fitava atentamente o Dr. Luís, como se esperasse que dali viesse alguma palavra. Vovó Mestra, cuja imponente figura sobressaía entre as demais, olhou com autoridade para o dentista e, com um movimento de cabeça, forneceu a senha prevista para o momento.

O Dr. Luís, arranhando um pigarro, começou:

– Pois é, Luísa, aproveitando que eu estava de passagem, queria retomar uma conversa que tive com você tempos atrás. Você se forma em dezembro, já é praticamente uma dentista. Gostaria muito que fosse trabalhar na clínica.

Luísa olhou de soslaio para a mãe, que, esfregando as mãos, assumia a circunspecção de um grande momento. Todos continuavam silenciosos, atentos às palavras do Dr. Luís.

– Como você sabe, o Luís Jr., meu filho, que, aliás, é muito inteligente, preferiu seguir a profissão de fazendeiro. No que, na verdade, vai indo muito bem. Imagine que já aumentou o número de pés de café em 40% em apenas dois anos. Começou também uma criação de porcos, dentro da mais moderna tecnologia. Você sabe, é um rapaz de muito futuro.

Impaciente, Vovó Mestra limpou com estridência a garganta e franziu os olhos quando estes cruzaram com os do Dr. Luís. Percebendo a advertência, o dentista interrompeu a contragosto os elogios ao filho, que tinham endereço certo, e voltou ao cerne do assunto, tantas vezes combinado e ensaiado:

– Mas o Luisinho, meu único filho, não quis ser dentista. É uma pena eu não ter ninguém a quem passar minha experiência, clientela, décadas de trabalho. Mas, em virtude da nossa amizade, gostaria muito que você fosse trabalhar na clínica, para assumir a direção depois que eu me aposentar. Não posso pagar muito no início, mas acho que dificilmente você encontrará salário igual em outra praça. Era isso que eu tinha a lhe dizer.

– Ora, Dr. Luís, fico muito honrada…

Mas Luísa foi interrompida por seu pai.

– Temos uma surpresa para você.

Era a hora da fala do acanhado seu Geraldo. Haviam planejado apresentar as novidades como um "pacote", apostando na força do seu impacto.

– Já que o Delcídio está aqui, acho que este é o momento para lhe dizer. Eu comprei um apartamento em Palmeiras para vocês. Fica pronto em novembro. Três quartos, com vista para a praça. Acabamento de primeira.

Luísa estremeceu. Seu pai não era homem de dar boa vida às filhas, pelo contrário. Jamais imaginara que compraria um apartamento para Luísa, ainda mais em Palmeiras, o bairro elegante da cidade. O anúncio do presente de casamento foi seguido de muitos "huns", "ohs" e palmas de aprovação e admiração. "Que começo de vida!", "Hoje em dia, isso é muito difícil", "Que pai é o seu Geraldo. Não mede esforços...", ouvia-se em meio ao burburinho geral.

Após seu Geraldo, foi a vez de Flávio. Camisa de nylon esticada na barriga proeminente, o último botão quase expulso da casa, calça de tergal, adorava um momento desses. Falou com solenidade:

– Você sabe a importância da família. Temos sempre que combater a desunião, que a nada leva, e lutar pela harmonia, sem medir esforços. A nossa família é como um jardim florido, e você é a nossa rosa mais bela. Entre tantas joias, você é a pérola mais reluzente.

Vovó Mestra se limitou a torcer o canto da boca. Por mais preparada que estivesse para as inevitáveis metáforas de Flávio, sempre de gosto duvidoso, estas a surpreenderam por sua vulgaridade e despropósito. Mas ele continuou:

– Por isso, como prova do nosso amor, e também como sinal de nossa aprovação ao seu casamento com Delcídio, nós nos unimos para lhes oferecer uma viagem de lua de mel para o Caribe.

Flávio olhou ao redor para medir o impacto do seu discurso, um sorriso imponente escancarando sua boca, e finalizou:

– Esse será o presente dos primos para vocês.

Luísa fuzilou todos os presentes com o olhar. O sorriso nos lábios dissimulava uma raiva que lhe comia as entranhas. Mas sem reação. Caíra numa armadilha e não se perdoava por ter sido tão ingênua. "Ingênua nada! Estúpida mesmo. Então estavam tramando há tempos", pensou, "e eu achando que não sabiam de nada." Amadureceu uma vida inteira ali, naquele momento. Tinha aperfeiçoado o que era ser mineira, a dissimulação, o fingir não saber para ocultar um ardil pacífico... e caíra nessa... Ali só havia cobra criada. Sentiu-se presa fácil do estratagema familiar. Ofereciam-lhe de repente tudo com que sonhara até algum tempo antes. Apartamento em Palmeiras, emprego no consultório, viagem ao Caribe, casamento. Agora, nada disso fazia seu coração palpitar. Apesar de reconhecer que era alvo de grande amor da família e do noivo, julgava-se traída. Sem saída, sentindo-se só e triste, por mais insólito que fosse a solidão brotar em ambiente de tanto amor, não se esforçou para impedir que os olhos se umedecessem.

Levantou-se e disse, com disfarçado fingimento:

– Estou tão emocionada!

E correu para seu quarto, lágrimas nos olhos. Vovó Mestra olhou para as comadres com ar de vitória. Dona Maria Helena, também chorando, dizia que a emoção fora demais para a menina. Todos se sentiam satisfeitos, orgulhosos. As lágrimas de Luísa eram a prova do impacto causado, do sucesso da empreitada. A partir daí o papo rolou solto, as mulheres de um lado, os homens do outro. Delcídio não continha a alegria.

Luísa trancou-se no quarto e só deu as caras para o almoço no domingo, quando dona Maria Helena fez menção ao enxoval. Iria comprá-lo em São Paulo, onde os preços eram melhores e a variedade, maior. Queria marcar uma data com Luísa, que desconversou e pretextou uma forte enxaqueca para evitar o assunto. Às quatro da tarde, pegou uma carona para Belo Horizonte.

3
O empreendedor busca ajuda

O mentor e os sistemas de suporte

Na quarta-feira, meados de agosto, Luísa tinha uma conversa marcada com o professor Pedro. Ia mostrar a ele todos os dados compilados até o momento. Mas, principalmente, ia contar sobre a delicada situação familiar em que se encontrava.

Com duas latas de goiabada nas mãos, Luísa bateu à porta do escritório do professor.

– Tia Fernanda lhe manda isso e um abraço. Ela está curiosa para conhecer você pessoalmente. Olhe que ela é bonita, viu? E rica – acrescentou Luísa, com um sorriso.

O professor demonstrou alegria sincera ao receber o presente.

– Se é ela quem faz essas goiabadas, diga-lhe que a minha paixão é infinita – galanteou.

Luísa percebeu que ele estava de bom humor. Isso era ótimo para a conversa que ia lhe propor. Na tela do computador diante dele passavam imagens de um evento que parecia filmado com celular.

– Professor, por que essa alegria toda? Ganhou na loteria?

– Mais ou menos isso. Estou vendo a filmagem dos "Pitchs", que são apresentações das empresas criadas pelos meus alunos na universidade. Foi um grande sucesso. As forças vivas de Belo Horizonte estavam lá. Representantes do prefeito e do governador, do Sebrae, do IEL, do Banco de Desenvolvimento de Minas Gerais, de associações de classe, imprensa, TV, empreendedores, muitos empreendedores, e alunos de todos os anos. O auditório estava cheio. Olhe aí, esse é o Pitch.

– Mas o que é o Pitch? – indagou Luísa.

– Os meus alunos, ao final do curso, fazem um Pitch, apresentando os Modelos de Negócios das empresas que criaram, para as quais existem prêmios muito valiosos. O Pitch é importante para introduzir as novas empresas nos ecossistemas empreendedores e apresentá-las aos sistemas de suporte.

– **E o que são sistemas de suporte?**

– Olhe, Luísa, a criação de novas empresas é uma tarefa do interesse de todos, principalmente dos governos, nos três níveis. Atualmente, no mundo todo, **as micro e pequenas empresas desempenham um papel fundamental na economia**, contribuindo significativamente para a geração de empregos, para o PIB dos países, para a exportação e para a geração de tecnologia. Os sistemas de suporte, que atuam paralelamente aos ecossistemas empreendedores, são as instituições ou organizações que se dedicam a apoiar empresas emergentes. Não basta criar uma disciplina na universidade e inocular o vírus do empreendedorismo nos alunos. Para sobreviver, as empresas precisam do apoio das forças sociais, dos sistemas de suporte, que são essas que mencionei. Chamo todos a participar do Pitch e a oferecer seu apoio. O evento funciona maravilhosamente e melhora a cada ano.

– Que ótimo! – exclamou Luísa. – Nunca tinha ouvido falar. Quero participar do próximo, se for possível.

– É claro que é. Eu lhe telefonei justamente para convidá-la. Onde você se meteu no sábado?

– Bom – disse Luísa –, é sobre isso que quero falar. Além, é claro, de lhe mostrar o ponto em que estou na GMA. Minha família preparou uma grande armadilha, uma verdadeira conspiração contra a Goiabadas Maria Amália. – E contou os detalhes.

O professor Pedro ouviu atentamente. Às vezes, tinha um sorriso nos lábios; outras vezes, gargalhava. A história o fascinou. Queria saber detalhes, perguntava sobre as reações de cada pessoa. De vez em quando, anotava algo em sua caderneta. Era perceptível o prazer que a narrativa lhe causava.

Por fim, ele se reclinou na poltrona e olhou para o teto.

E O QUE SÃO SISTEMAS DE SUPORTE?

Sistemas de suporte e forças vivas da sociedade

O professor Pedro fala da necessidade de apoio às empresas emergentes. Essa é, efetivamente, uma das questões fundamentais na área de empreendedorismo. No ambiente hostil do mundo empresarial, principalmente o brasileiro, onde a taxa de mortalidade de empresas nascentes é elevadíssima, o suporte aos novos empreendimentos em seus primeiros anos deve ser foco da atenção de todos os sistemas sociais e políticos preocupados com o crescimento econômico e o desenvolvimento social.

As tarefas de estimular a criação e apoiar a consolidação de empresas não constituem atribuição de um setor isoladamente, mas de toda a sociedade. Os sistemas de suporte (que fazem parte do ecossistema empreendedor) são constituídos por todas as forças sociopolíticas e econômicas, atuando quer sob a forma de ações concretas – como oferta de crédito e capital de risco, educação adequada, disponibilidade de pessoas especializadas de alto nível, consultorias –, quer sob a forma de construção de arcabouço legal e ambiente propícios para que o empreendedor e a pequena empresa encontrem o tratamento e as condições necessárias a seu florescimento e consolidação.

Nos países avançados, há bancos de dados preparados para fornecer informações ao cidadão que deseja abrir um negócio. Os órgãos de ensino, em todos os níveis, devem prover treinamento à população e, mais do que isso, trabalhar no sentido de criar no Brasil uma cultura favorável ao empreendedorismo.

Os formadores de opinião, líderes em qualquer área, e os órgãos de mídia devem fortalecer e incentivar a imagem do empreendedor. O prefeito da cidade deve assumir papel de liderança na construção do ecossistema empreendedor. As grandes empresas, comprometidas com a sociedade, devem ser chamadas a colaborar diretamente no suporte às PME, oferecendo parcerias, mentoria, investimentos, encomendas. Uma boa fonte de geração de empresas é a realização de *spin-offs* (empresas geradas por grandes empresas).

As associações de classe e os sindicatos devem agir para apoiar as empresas nascentes, provendo informação e conhecimento. Uma das maiores carências das empresas emergentes é a consultoria, principalmente nas áreas de marketing, finanças e tributação. A prática indica que os empresários são excelentes consultores e conselheiros, podendo ajudar-se mutuamente. Por isso a formação de "redes de empresas" com tal finalidade é muito importante.

AS MICRO E PEQUENAS EMPRESAS DESEMPENHAM UM PAPEL FUNDAMENTAL NA ECONOMIA

As micro e pequenas empresas no Brasil

Os dados sobre competitividade das MPE no Brasil continuam a mostrar as fragilidades desse segmento: elevadas taxas de falência, baixa participação nas exportações e nas compras governamentais. Apesar de sua importância na economia e na geração de empregos, as MPE não recebem o apoio adequado. Pelo contrário, são muitos os obstáculos. Basta olhar as estatísticas das falências.

– Interessantíssimo! Eu imaginava que algo fosse acontecer, mas jamais poderia ter concebido uma estratégia tão refinada, envolvendo tantos atores e com tamanha articulação. Maravilhoso!

Mas Luísa precisava de conselhos.

– E agora, o que faço? – perguntou ela. – Eu nem comecei ainda e já estou precisando de suporte!

– Vamos ver o que você já fez a respeito da GMA. Em que ponto está? – perguntou o professor, desviando do assunto.

– Mas, professor, o que achou dessa emboscada familiar?

– Já lhe disse que achei sensacional. É um ótimo caso para estudo. Se você permitir, é claro.

– Mas o que o senhor acha que devo fazer? – Luísa não era de desistir.

– Não faço a mínima ideia. Sinto lhe dizer, mas aqui quem dá as respostas é você. Eu a adverti de que nessa história quem aprende sou eu.

Na verdade, o professor continha o forte impulso de dizer a Luísa para largar tudo e partir em busca de si mesma, obedecer a seu coração, realizar seu sonho. Enfim, abrir a Goiabadas Maria Amália, porque, na opinião dele, tinha grandes chances de sucesso.

Em vez disso, porém, manteve-se fiel aos pilares de sua metodologia, e um dos principais consistia em induzir o pré-empreendedor a sempre caminhar com as próprias pernas.

Ao ver a frustração estampada no rosto da moça, tentou amenizar, sorriso discreto nos lábios, voz suave, amiga:

– Não estou preparado para dar respostas, lembra? Só sei fazer perguntas. Mas vamos lá: como está evoluindo a ideia da Goiabadas Maria Amália? Adoro esse nome. Já vi que tem até uma sigla, GMA. Humm... será um bom nome para exportação – pensou em voz alta.

Luísa compreendeu: ele estava decidido a não responder. Era seu método de trabalho. Sentiu-se derrotada. Entregou-lhe todos os papéis, acompanhados das explicações necessárias.

A conversa transcorreu animada, como sempre. **Luísa conseguiu isolar o dilema familiar** em um canto do coração e da mente. Sabia fazer isso com habilidade. Era o que lhe permitia estar inteira e concentrar-se no trabalho mesmo nos momentos em que outras áreas do seu afeto e da sua emoção estavam em pedaços.

LUÍSA CONSEGUIU ISOLAR O DILEMA FAMILIAR

Capacidade de concentração

Duas características são importantes para o empreendedor: a capacidade de concentração, em que o alheamento de todos os demais temas e problemas permite o mergulho em um só assunto de cada vez; e a capacidade de verticalização, isto é, de tratar os assuntos com a profundidade requerida, e não apenas superficialmente.

– Bom, muito bom – disse o professor Pedro após ler o material trazido por Luísa e ouvir seu relato. – Grandes progressos, hein?

Depois de fazer algumas anotações, ele, como de hábito, atacou com duas perguntas:

– Você já fez o "Teste a sua ideia de empresa"? E onde está o seu mentor?

Luísa ainda não tinha escolhido um mentor, mas se sentia preparada para se submeter aos questionários encontrados na internet que permitem que o próprio empreendedor decida se já está pronto para começar a fazer o Modelo de Negócios.

– Tenho uma pessoa em mente. Ele é dono de uma fábrica de biscoitos. Vou procurá-lo.

O professor aprovou:

– Muito bom. Ouça o que ele tem a dizer. Mostre-lhe todos os seus estudos, suas ideias. Ele estará em condições de contribuir como mentor. Mas é preciso que saiba qual o papel do mentor. O mentor deverá ter duas atitudes diferentes. Usando sua experiência, ele pode e deve lhe dar conselhos e orientações somente no que diz respeito a assuntos como organização da fábrica, contratação de pessoal, aluguel de galpão, fornecedores de matéria-prima, controles, gestão. Mas no que diz respeito à definição do negócio, estratégias empresarias, definição do produto, Modelo de Negócios, ele deve se limitar a perguntas. Resumindo: o mentor será um consultor no que diz respeito ao gerenciamento. No que diz respeito à ação puramente empreendedora, ele não deverá oferecer respostas, somente fazer perguntas.

– Ah, meu Deus, mais um para perguntar. Já não chegam as perguntas que você faz? – comentou Luísa, de brincadeira.

– Sobre o que você fez até agora, posso dizer que está no caminho certo. Mas acho que você deve entrar mais fundo no estudo de mercado. É o ponto crucial na análise da viabilidade de uma empresa.

Luísa se animou a procurar seu potencial mentor, o empresário André Ferreira Oliveira, que tinha uma antiga fábrica de doces no Barreiro, bairro de Belo Horizonte. Começara de baixo, balconista de loja, depois feirante, proprietário de uma pequena mercearia de bairro. Por fim, chegara a proprietário de uma indústria de desidratados e biscoitos.

No caminho até o Barreiro, Luísa foi pensando em como convencer o seu André a aceitar ser seu mentor. "Será que vai funcionar?", pensava com seus botões. Por que uma pessoa tão ocupada e rica iria perder tempo com uma estudante de Odontologia que queria fazer goiabada? "Não sei qual seria minha reação se estivesse no lugar dele."

Na sala de espera do presidente da Biscoitos Santa Luzia, as dúvidas martelando sua cabeça, Luísa pegou uma edição bastante manuseada da revista *O Empreendedor*. O que iria acontecer ali era muito importante para ela; poderia mudar sua vida. Sentia a incerteza do momento e refletia sobre como pequenas coisas são capazes de influenciar profundamente uma vida. No entanto, longe de ameaçá-la, tudo que estava acontecendo com ela a instigava, mobilizava sua força.

A julgar pelas aparências, seu André tinha construído um pequeno império. Se fosse persuadido a ajudá-la, certamente poderia fazer muito por ela. Por outro lado, quem sabe ele a estivesse recebendo apenas em atenção ao pedido da esposa, amiga íntima de Dorinha, prima de Luísa? Talvez a conversa ficasse restrita a amabilidades, durasse 15 minutos e o resultado fosse um cartão de visita na mão.

Talvez não.

Acontecesse o que acontecesse, Luísa se sentia preparada para o encontro. Ânimo elevado, ela mobilizara tudo que tinha de energia, curiosidade, criatividade, adrenalina. E ainda bolara um pequeno plano: convencer aquele industrial das suas qualidades e do seu potencial de sucesso.

A porta do seu André foi aberta pela secretária, que saía com as mãos cheias de papéis.

– Aceita um cafezinho? Seu André está numa ligação internacional e ainda vai demorar um pouco.

Luísa conseguiu ler quase toda a revista. Anotou na agenda: "Assinar *O Empreendedor* e pedir número atrasado de fevereiro, reportagem sobre conservas de pêssego."

Eram quase quatro horas da tarde. Com atraso de 50 minutos, a secretária a fez ultrapassar aquela porta, que, na visão de Luísa, poderia significar o limiar de um novo mundo.

– Com licença – disse ela ao entrar.

Seu André convidou-a para a mesa de reuniões, que ficava ao lado do seu *bureau* antigo, de jacarandá escurecido. Luísa logo percebeu que aquele homem, que aparentava cerca de 60 anos, ainda estava com a atenção presa aos assuntos tratados nos momentos que antecederam a entrada dela. Sentiu que, se quisesse sensibilizar seu interlocutor, teria que transportá-lo para o presente, para a realidade que a interessava.

Antes de iniciar a conversa, portanto, retirou da bolsa um pequeno pedaço de papel, que parecia um recorte de uma embalagem, e exibiu-o ao presidente. Estava escrito "Brazilian Crakers", nas cores azul e verde. As perguntas vieram como avalanche:

– Onde conseguiu isso? – interessou-se vivamente o industrial. – Você esteve na Califórnia recentemente? Não faz mais do que três semanas que esse produto foi lançado nos Estados Unidos. Em que loja comprou? Qual foi o preço de balcão?

Luísa se sentiu feliz porque **conseguira despertar o interesse daquele homem**.

CONSEGUIRA DESPERTAR O INTERESSE DAQUELE HOMEM

Capacidade de persuasão

A situação que Luísa experimentava naquele momento é comum na vida de um empreendedor e se caracteriza pelo imprevisível. O mesmo contexto surgirá nas atividades de vendas, negociação de contratos, financiamento, seleção de sócios e de colaboradores. Como lidar com a imprevisibilidade? Com preparação cuidadosa, procurando obter a maior quantidade possível de informações sobre o interlocutor, de modo a criar um clima favorável. Nesse caso específico – o convite a uma pessoa para que exerça o papel de mentor –, é importante o pré-empreendedor munir-se de toda a sua autoconfiança e sua capacidade de argumentação e mostrar que acredita em seu projeto. Esse é, talvez, o principal fator de persuasão do mentor em potencial. O convite a um mentor pode ser visto como a primeira venda de ideias do futuro empreendedor.

– Que coincidência! – exclamou ele. – É a minha primeira experiência com exportação. Não pude ir ao lançamento, no mês passado. Está tudo nas mãos do meu representante, com quem acabei de falar por telefone.

Não era bem uma coincidência. Tratava-se da embalagem de um dos produtos da Biscoitos Santa Luzia, que Dorinha havia trazido na última de suas inúmeras viagens ao exterior, justamente por saber que era um produto que o seu André estava começando a exportar.

Luísa sentiu que a conversa ia fluir bem. A certa altura, após ouvir atentamente a detalhada descrição da empresa de Luísa, seu André observou:

– Você está começando por onde acabei. Que ideia você faz de uma atividade como essa? Acha que é fácil?

Não esperou resposta. Olhou atentamente para Luísa e perguntou de chofre:

– Você venderia seu apartamento para colocar o dinheiro nesse negócio?

– Não tenho apartamento... – respondeu Luísa, após vacilar.

– Mas se tivesse? – insistiu seu André.

– O que posso dizer, seu André – retomou ela, percebendo que estava contra a parede –, é que estou colocando em jogo uma carreira de dentista com futuro garantido.

A resposta o convenceu, demonstrando o grau de comprometimento dela com a GMA.

A conversa com seu André foi acabar depois das sete da noite, interrompida às vezes por um telefonema.

Luísa se impressionou com a profundidade daquele homem ao analisar cada assunto, o interesse quase voraz pelas minúcias. Seu André conseguia se concentrar em um só ponto como se fosse a coisa mais importante do mundo, abstraindo dos demais. Depois, conseguia organizar os detalhes em um todo coerente. Ia do geral para o particular, detalhava o particular e refazia sua visão do todo. Era capaz de fazer as perguntas mais elementares, aparentemente sem importância. Sabia depois verticalizar aquele tema. Seu André era a própria imagem do empreendedor descrita pelo professor Pedro: alguém que aprende o que é necessário para alcançar o ponto ao qual quer chegar. Era um exemplo de pessoa proativa. Não raro, ao percorrer esse caminho, o empreendedor torna-se um especialista na matéria enfocada. Luísa lembrou-se de uma frase do professor: "O melhor consultor para um pequeno empreendedor é outro empreendedor que tenha passado pelos mesmos problemas. Melhor até do que um especialista, porque o conhecimento adquirido de forma contextual e temperado pela ação é mais rico e aplicável." Ela e seu André elaboraram um plano de trabalho, com cronograma detalhado, responsabilidades e prazos. Luísa se preparava para desenvolver seu Modelo de Negócios.

– Bem, acho que por hoje está bom. Você está querendo que eu seja seu mentor, o que é o mesmo que consultor, não é isso? – disse seu André com um sorriso nos lábios. – Então deve saber o que é um consultor, como ele trabalha, o que você pode extrair dele. Não é simples trabalhar com um consultor; é preciso saber encomendar o serviço, acompanhar e cobrar. Se não for assim, dá errado.

– Gostaria que o senhor fosse em alguns momentos meu mentor e, em outros, meu consultor – disse Luísa, hesitante, com receio de estar complicando as coisas.

A reação do seu André confirmou sua suspeita.

– Como assim, minha jovem? Como saberei escolher entre os dois? Será que sei fazer esse malabarismo?

Luísa repetiu o que o professor Pedro lhe dissera:

– Mentor no que diz respeito à Luísa empreendedora, consultor no que se refere à Luísa gerente.

– Uau! Você é mais esperta do que eu imaginei. Você traduziu em poucas e simples palavras o que eu levo uma hora para explicar! Sim, tem razão, o empreendedor precisa quebrar a cabeça e ninguém pode mitigar a sua dor. **Consultores são perigosos**.

– Por que o senhor diz isso? Já teve problemas com eles?

> **CONSULTORES SÃO PERIGOSOS**
>
> Consultorias podem fracassar se o objetivo da sua intervenção não for muito claro. É preciso saber usar os serviços de um consultor. A resposta que ele dará pode vir a ser muito útil caso a pergunta seja feita corretamente. Em outras palavras, para se contratar um consultor é preciso ter bem definido o problema a ser enfrentado e o contorno dentro do qual a solução deve ser apresentada.

– Sim, quem não teve problemas com consultores? Para você entender, vou lhe contar três pequenas fábulas que explicam muito bem o que se pode esperar de um consultor e como ele trabalha.

Seu André pôs-se de pé e passou a narrar as histórias, complementando as palavras com gestos.

– Era uma vez dois gatos. Enquanto um deles era trabalhador compulsivo, o outro se dedicava exclusivamente a gozar a vida. O gato trabalhador, cansado de ver o outro à toa, cercado de gatas, aproveitando a vida, resolveu castrá-lo. Algum tempo depois, o gato trabalhador encontrou o gato gozador na farra, rodeado de gatas lindas, bebendo, sorrindo, feliz da vida. Perguntou então: "O que faz aí com essas gatas? Por que está sorrindo? Você está castrado!" E o outro respondeu: "É, estou castrado, mas agora sou consultor."

Luísa sorriu, quis comentar algo, mas seu André lhe fez sinal para que esperasse um pouco.

– E agora vai a segunda fábula: dois executivos sobrevoavam um bosque dentro de um balão. De repente, o balão caiu em uma árvore, ficando os dois pendurados, sem ação. Um camponês que passava observou: "Olhe, o balão de vocês caiu na árvore. De onde estou, posso perceber que o balão está apoiado em um galho fraco, que pode se quebrar. Cuidado!" Após dizer isso, o camponês despediu-se com um bom-dia, deixando os dois pendurados na árvore. Um dos executivos comentou: "Esse camponês deve ser um consultor, porque diz o que está acontecendo, mas não faz nada para mudar a realidade, para ajudar."

O mentor de Luísa estava se divertindo.

– E agora a última. Um empresário pergunta ao consultor: "Que horas são?" O consultor, que não tem relógio, pede emprestado o do empresário e lhe diz as horas. Em seguida, vai embora, levando o relógio no pulso.

Luísa acompanhou seu André em suas risadas largas e exclamou:

– Mas parece então que o consultor é um aproveitador!

– Não é bem assim. O que as fábulas dizem é que você tem que estar preparada para fazer as perguntas e também saber que tipo de consultoria, de auxílio, está procurando. Mas vamos combinar o seguinte. Faça uma reflexão sobre as histórias e na próxima reunião voltaremos ao assunto. O que acha?

Ao levar Luísa até a porta de sua sala, seu André arriscou uma pergunta:

– O nome da sua empresa, por acaso, tem algo a ver com dona Maria Amália Vianna Pinheiro?

– Era minha avó. É uma homenagem a ela. E também para que me mande sua proteção de onde estiver.

– Uai, sô, dona Maria Amália era muito amiga da minha mãe, que nasceu em Rio Casca. É muito querida lá em casa. Mundo pequeno, hein?

Luísa não cabia em si de alegria. Sentia como se estivesse diante do espelho mágico, da porta para uma nova dimensão. Em casa, acrescentou o nome "André Oliveira" a sua tabela de Rede de Relações, colocando o número 5 no campo "Importância para a Goiabadas Maria Amália".

Lembrou-se então de que seu mentor tinha sido muito claro:

– Você vai começar a fazer o estudo de viabilidade da GMA. Ele pode indicar várias direções. Inclusive apontar que o negócio não é interessante, é pouco lucrativo, não é viável financeiramente. Ou que talvez não seja um negócio para você, especificamente, mas para quem tenha muito capital para investir. Ou que, por outro motivo qualquer, não é adequado às suas características pessoais. Com o estudo de viabilidade, você vai verificar se a ideia inicial é realmente um bom negócio, uma oportunidade para você.

Luísa estava consciente de que sua ideia poderia não vingar e preparada para aceitar isso, mas deixava o entusiasmo transformar-se em otimismo, querendo acreditar na possibilidade de sucesso.

O cronograma preparado com seu André sofrera grandes acréscimos em sua mão. Foi preciso planejar tudo com cuidado, equilibrando as aulas e os estudos da faculdade com os trabalhos necessários à coleta de informações para a criação da empresa. Organizou-se de forma a otimizar seu tempo. De manhã, aulas. As tardes seriam dedicadas aos trabalhos que tinham que ser feitos no horário comercial, como visitas, reuniões, algumas pesquisas. As noites seriam reservadas para trabalhos de escritório, leituras, pesquisas na internet e reflexões sobre o Modelo de Negócios.

4
Modelo de Negócios

Criar uma empresa é um processo de tentativa e erro. O empreendedor faz para aprender, em vez de aprender para fazer. Empresas são criadas há séculos e dispensam credenciais escolares. Há cinco décadas a academia descobriu que a empresa não era obra do acaso e se interessou pelo tema, disseminando cursos e propondo teorias. No entanto, as propostas teóricas raramente melhoram a vida do empreendedor. O empreendedorismo jamais será um produto acadêmico. Não há diploma para o empreendedor.

Mas vamos voltar à história de Luísa para ver como a simplicidade da ferramenta Modelo de Negócios é reflexo da objetividade daquilo que se pretende criar, a empresa. A metodologia Modelo de Negócios Canvas* é simples e intuitiva, servindo tanto aos iniciantes quanto aos empreendedores calejados. De fato, não há alguém que desconheça inteiramente o funcionamento de empresas porque elas fazem parte das rotinas diárias de todos nós.

...

– Luísa, por que se cria uma empresa? – perguntou o professor Pedro.
– Porque existem clientes com problemas que estão dispostos a pagar para conseguir uma solução.

---

* O Modelo de Negócios Canvas é de uso livre. Na internet existem incontáveis exemplos, inclusive de empresas famosas.

– É isso. O cliente é a chave de tudo. Todos nós somos clientes e sabemos como ele se comporta. É tão importante que, dos nove blocos do Canvas, o cliente está presente em cinco.

– Estou curiosa para conhecer mais sobre o Canvas.

– É de fato uma ferramenta muito usada atualmente. O Modelo de Negócios Canvas foi desenvolvido pelo teórico suíço Alexander Osterwalder. Interessado inicialmente em encontrar uma definição para a expressão "Modelo de Negócios", utilizada corriqueiramente por empreendedores, ele achou necessário ir além e criar um meio de otimizar a geração desses modelos, promovendo a inovação, a organização e a colaboração criativa. Contando com a ajuda de centenas de consultores de todo o mundo, Osterwalder testou diferentes modelos até chegar àquele de uma única tela, daí o termo *canvas*. Essa tela é dividida em nove blocos, que correspondem às nove funções da atividade empresarial. A tela do Canvas pode ser desenhada em uma folha grande e pregada na parede, para ser preenchida com post-its. Pode também ser feita virtualmente. Existem vários templates disponíveis gratuitamente na internet.

Modelo de Negócios Canvas

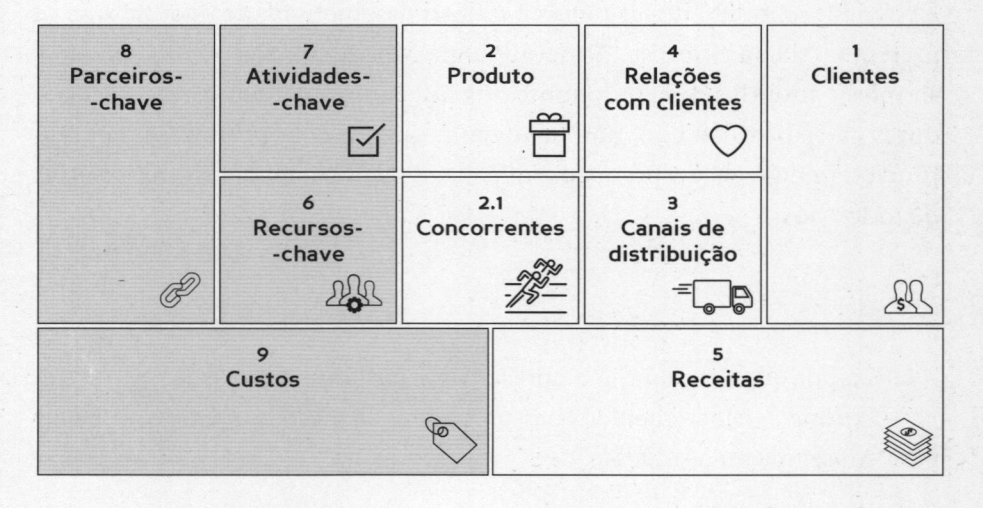

8 Parceiros-chave	7 Atividades-chave	2 Produto	4 Relações com clientes	1 Clientes
	6 Recursos-chave	2.1 Concorrentes	3 Canais de distribuição	
9 Custos			5 Receitas	

Uma das grandes vantagens da metodologia Canvas é permitir que a empresa seja visualizada inteiramente em uma só página ou slide, o que agiliza a análise. A articulação do negócio pode ser compreendida de maneira estratégica, sem a necessidade de percorrer várias páginas repletas de informações. Além do mais, isso torna dinâmica a tarefa de revisão, pois diferentes versões podem ser criadas rapidamente. Outra vantagem dessa ferramenta é justamente o fato de que, nesse molde sintético, o processo de modelagem da empresa se torna intuitivo, dinâmico e apropriado para ser realizado em grupo. É uma questão de ir jogando e revisando as ideias na tela, utilizando os post-its ou os quadros do template virtual, em busca do modelo que melhor exprima o conceito da empresa.

– Mas o que significa cada um dos nove blocos do Canvas? Quais são as funções que eles representam? – indagou Luísa.

– Me perdoe, mas isso vou deixar para você descobrir por conta própria – respondeu o professor Pedro, com o celular vibrando na mão. – Vou ter que atender essa ligação. Aproveite a pesquisa, esboce um canvas da GMA e me envie! Até mais, Luísa!

Em casa, após algumas horas de pesquisa na internet, Luísa fez o seguinte resumo:

A metodologia Canvas

Para montar o Canvas, é preciso seguir sequencialmente o desenvolvimento dos nove blocos, preenchendo-os e revisando-os conforme são desenvolvidas as pesquisas. Os blocos do lado direito (de 1 a 5) dizem respeito a fatores externos, como cliente e mercado, ao passo que os do lado esquerdo (de 6 a 9) focalizam a operacionalização do negócio, isto é, fatores sob o controle do empreendedor.

1. **Clientes** – Quem são? Qual será o setor de atuação da empresa? Este bloco indica quais são os clientes, isto é, as pessoas ou organizações que vão comprar o produto. Devem ser inseridos os setores (ou nichos) em que a empresa atuará ("Quem vende para todo mundo não vende para ninguém"). O cliente é a razão de tudo e por isso aparece em primeiro lugar. Descubra tudo sobre ele para saber se seu produto vai interessá-lo.

2. **Produto (ou proposta de valor)** – O que atende às necessidades dos seus clientes? Neste bloco deve estar descrito o problema do cliente e a solução, que será o seu produto ou serviço.* Como traz benefícios, diz-se que a solução agrega valor. Aqui, portanto, é apresentado, de modo sintético, o pacote completo de produtos que serão comercializados, bem como os seus benefícios ao consumidor e os diferenciais da empresa em relação aos concorrentes.

    2.1. **Concorrentes** – É importante saber tudo sobre as propostas de valor dos concorrentes, isto é, seus produtos e vantagens.**

3. **Canais de distribuição** – São os vários caminhos pelos quais a empresa chega até o cliente: informando sobre o produto, distribuindo-o ou vendendo-o. Como a empresa se comunicará com seus clientes (ou segmentos de clientes) e transmite sua proposta de valor? Como será entregue o produto ou a finalização do serviço? Como será efetuada a compra e a utilização do produto ou serviço?

4. **Relacionamento com os clientes** – Indica as estratégias para se conquistar e manter a fidelidade do cliente e ampliar a participação no mercado. Um atendimento ágil, amistoso e de alto nível, por exemplo, que pode ser oneroso, mas é lucrativo a longo prazo. Um bom relacionamento pode ser uma grande vantagem competitiva.

5. **Receitas** – Este bloco descreve todas as fontes de renda de cada segmento de clientes e também como o cliente pagará pelo valor oferecido pela empresa (por exemplo, compra, aluguel, assinatura, consignação, etc.).

6. **Recursos-chave** – São aqueles indispensáveis para colocar o empreendimento em funcionamento: recursos humanos, financeiros, físicos, intelectuais, tecnológicos, etc.

---

* Neste livro, a palavra "produto" significa também "serviço".
** O bloco sobre os concorrentes, apesar de não fazer parte do Canvas, foi inserido aqui devido à sua importância.

7. **Atividades-chave** – São as operações mais importantes para a manutenção da empresa, as atividades que devem ser desenvolvidas e exercidas de modo constante para fabricar e entregar o produto e para manter um ótimo relacionamento com clientes.

8. **Parceiros-chave** – As parcerias aumentam a competitividade da empresa. Podem ser estabelecidas com serviços terceirizados, grupos não concorrentes ou fornecedores. Insira aqui todas as opções de parcerias-chave e como elas complementariam o seu empreendimento.

9. **Custos** – Aponta os custos fixos e variáveis da empresa, além de ressaltar os mais elevados e os mais importantes (por exemplo, a produção, o capital humano, a distribuição). Para o levantamento dos custos, é necessário projetar as operações da empresa.

Assim que acabou esse resumo, Luísa fez, rapidamente, um primeiro Canvas da GMA e enviou-o logo em seguida ao professor Pedro. Era o esboço do primeiro passo de um longo trabalho. (No Anexo 1 você encontrará a versão final do Canvas da GMA.)

...

Antes de pôr a mão na massa, Luísa tentou entender o que tinha acontecido até aquele momento a partir do dia em que tivera a ideia de abrir uma fábrica de goiabada. Muito trabalho fora feito e muita coisa mudara.

Agora, tinha clara percepção dos caminhos que percorrera. Influenciada principalmente por Fernanda, a quem admirava profundamente, desde criança cogitara ter o próprio negócio.

Até seis meses antes – dezembro –, a ideia era fabricar a goiabada tal como era conhecida em Ponte Nova: em lata ou pacote de 1 quilo. Mas com o tempo percebera que o excelente sabor e a qualidade da goiabada não seriam suficientes para garantir sucesso de vendas. Sabia que deveria escolher um nicho de atuação, segmentar o mercado, estreitar o foco. Seu produto deveria ter um apelo diferente para atrair a clientela-alvo e características que o tornassem único. Aprendera que outras características relacionadas ao produto, tais como marca, design, embalagem, preço, pontos de venda, poderiam influenciar o consumidor a comprá-lo. E que, **para o consumidor, eram muito importantes os serviços associados ao produto**.

> **PARA O CONSUMIDOR, ERAM MUITO IMPORTANTES OS SERVIÇOS ASSOCIADOS AO PRODUTO**
>
> **Produtos e serviços: cada vez mais inseparáveis**
>
> Enquanto o produto é um objeto material, o serviço é consumido no ato do seu oferecimento. A crescente exigência dos clientes faz com que os produtos normalmente venham acompanhados de serviços, os quais, não raro, acabam constituindo o diferencial do produto, uma vantagem comparativa para quem os fornece. Desse modo, produto e serviços quase sempre andam juntos, os últimos agregando valor ao primeiro, como fonte de atração do consumidor. Os serviços são oferecidos sob a forma de instalação, treinamento, facilidades na entrega, garantias, assistência técnica, orientações, acompanhamento do grau de satisfação do consumidor, etc.

O caminho era procurar saber o que o cliente queria e só depois projetar um produto que atendesse às necessidades dele. E também às necessidades da empresa, em que o lucro tem papel fundamental. Isso se chama Plano de Marketing.

Portanto, seria arriscado se Luísa fabricasse a goiabada e só depois testasse a reação do consumidor. Ao contrário, ela deveria aplicar as técnicas de marketing a sua empresa para aumentar suas chances de sucesso. Luísa planejou como seriam as trocas da GMA com o mercado, tendo como pano de fundo a satisfação do cliente.

Observando o mercado, atenta ao que via em mercearias e supermercados, ao que ouvia nas conversas sobre alimentação e, principalmente, às intensas leituras que fazia, Luísa melhorou a ideia inicial do produto, aproximando-a do formato final que deveria ser testado no mercado.

Assim, o produto que, na sua opinião, reunia as duas condições básicas (atração e diferenciação) era a goiabada cascão em tablete, um doce muitíssimo saboroso, cujo público-alvo seriam estudantes, crianças e adolescentes. Trazendo em sua fórmula vitaminas, sais minerais e açúcar, seria interessante na alimentação dos consumidores. O processo de fabricação seria simples e não afetaria os nutrientes naturais da fruta. As principais vantagens competitivas (sabor caseiro e alto valor nutritivo) diferenciavam-no das tradicionais goiabadas industrializadas dos concorrentes, cujo processo de fabricação alterava o sabor natural e comprometia a composição.

Para chegar a essa definição, Luísa demorara seis meses, desenvolvendo sua ideia de produto e sua visão de empresa **com base em observações e, principalmente, em pesquisas de fontes secundárias**. Apesar disso, Luísa

COM BASE EM OBSERVAÇÕES E, PRINCIPALMENTE, EM PESQUISAS DE FONTES SECUNDÁRIAS

Fontes secundárias de pesquisa

As fontes secundárias contêm dados e informações coletados por terceiros e colocados à disposição do público. Tais coletas são feitas, para essa finalidade, por instituições como IBGE (Instituto Brasileiro de Geografia e Estatística), Sebrae, prefeituras, governos dos estados, associações de classe, sindicatos. São fontes fundamentais, por trazerem resultados de pesquisas cuja realização teria um custo inacessível ao empreendedor. Esses dados macroeconômicos fazem parte da infraestrutura de informação das cidades, dos estados e do país. Além das fontes secundárias, livros e revistas especializados são importantíssimos, pois trazem estudos, análises, casos de sucesso e de fracasso de empresas.

Uma grande ferramenta de acesso a fontes secundárias é a internet. E Luísa a usou intensamente, por um custo ínfimo.

Dados primários

São informações produzidas pela pesquisa do empreendedor. Inicialmente deve-se utilizar os secundários. Caso não sejam suficientes, coletam-se dados primários.

sabia que suas conclusões e análises ainda precisavam ser testadas. Ou seja, enquanto ela não fizesse sua própria pesquisa de mercado, os resultados que alcançara ainda não passariam de uma ideia. Enfim, precisava realizar o processo de validação da sua ideia de produto e de empresa. Verificar se a GMA era viável. Seria uma análise em duas fases: o **Plano de Marketing** e a Análise Financeira.

Luísa escolheu as cidades de Belo Horizonte e Contagem, ambas em Minas Gerais, como mercados-teste.

Plano de Marketing

Seguindo a metodologia do professor Pedro, Luísa formulou as perguntas para toda a fase de Plano de Marketing, para depois respondê-las uma a uma. Tornara-se adepta das perguntas porque elas dão maior nitidez ao que se quer definir, orientando a ação para os objetivos mais importantes.

A escrivaninha de Luísa começou a ficar pequena para os inúmeros programas de trabalho, cronogramas, revistas e livros a ler, textos redigidos. O painel de cortiça da cozinha, antes usado para as contas do mês, fora movido para o quarto e começou a receber pequenos papéis com endereços, lembretes, frases, anotações.

Em sua busca de informações e contatos, Luísa acostumara-se a rejeições, a lidar com "nãos" e a aprender com eles. Criara o hábito de se apresentar de acordo com a situação. Em muitas situações, dizer-se empresária abria portas. Às vezes, usava o nome do seu mentor. Ele próprio inventara o estratagema: "Diga que é minha consultora especial."

PLANO DE MARKETING

O Plano de Marketing é constituído pela análise de mercado e pela estratégia de marketing.

Esse Plano é como um mapa – mostra à empresa para onde ela está indo e como vai chegar lá. Ajuda a tratar ideias, fatos e conclusões de maneira lógica. Existe uma variedade de formatos para esse Plano, de acordo com o propósito da empresa. Mas, no geral, ele apresenta os pontos a seguir:

- *Análise de mercado*
    - O setor
    - A concorrência
    - A clientela
- *Estratégia de marketing*
    - O produto
    - Preço
    - Distribuição
    - Promoção e propaganda
    - Serviços ao cliente (venda e pós-venda)
    - Relacionamento com o cliente
- *Controle*

Análise de mercado: é feita para se conhecer o mercado, identificando demandas inadequadamente satisfeitas (oportunidades) pelas ofertas existentes, seja da própria empresa, seja de seus concorrentes. É um processo contínuo de investigação de todas as condições relativas ao mercado: clientes, concorrentes, conjuntura, tendências, custos e despesas de vendas. É importante sempre comparar as vendas da empresa com as de seus principais concorrentes.

Estratégia de marketing: descreve como penetrar nos mercados identificados, como conquistá-los e manter posições.

Westwood (1989)

Análise de mercado

Pelo plano de trabalho que fizera, Luísa ia começar pela análise de mercado, mais precisamente pela análise do setor, cuja pergunta principal era:

Quais ameaças e oportunidades apresenta o setor em que a empresa vai atuar?

Análise do setor

No quadro abaixo encontra-se uma análise resumida das oportunidades e ameaças que o ambiente apresentava ao mercado de goiabadas.

Resumo de oportunidades e ameaças

Aspectos	Oportunidades	Ameaças
Demográficos	Alta concentração de jovens e adolescentes na base da pirâmide.	Grande dispersão do público-alvo, dificultando a distribuição.
Econômicos	Aumento geral do consumo de alimentos estranhos ao cardápio habitual.	Concorrência dos alimentos importados.
Legais e políticos	Criação do Simples e do MEI para as micro e pequenas empresas e empreendedores individuais.	Atendimento aos órgãos de vigilância sanitária regulamentando a produção, embalagem e comercialização.
Tecnológicos	Novos equipamentos de produção disponíveis, com custo relativamente baixo.	Novos equipamentos disponíveis para as grandes empresas, possibilitando ganhos de escala.
Culturais	Expansão comercial de produtos tradicionais e regionais no país e no exterior, como pão de queijo e doces caseiros.	Movimentos de consumidores exigindo boa qualidade.

As pesquisas realizadas por Luísa nas fontes secundárias, que incluíam inúmeros dados e informações, permitiram a ela fazer uma análise do ambiente-macro do ramo em que iria atuar.

Estava animada com os resultados de seu primeiro levantamento de dados e com as primeiras **análises do setor**, incluindo considerações sobre as **oportunidades**. Havia gasto uma semana nisso, mas sentia que poderia

ANÁLISES DO SETOR (...) OPORTUNIDADES

A análise do setor consiste em obter informações sobre:

1. *Aspectos demográficos:* características gerais da população, como tamanho, composição etária, grau de escolaridade, sexo, etc. O IBGE é a melhor fonte.

2. *Aspectos econômicos:* o estágio em que se encontra a economia influencia de maneira decisiva o novo negócio.

3. *Aspectos legais e políticos:* os negócios sob controle governamental podem ter as regras alteradas a qualquer momento.

4. *Aspectos tecnológicos:* é importante avaliar em que grau a tecnologia afeta a empresa nascente.

5. *Aspectos culturais:* fatores sociológicos, antropológicos, psicológicos, princípios éticos e tradições afetam o novo negócio.

6. *Concorrência:* o concorrente internacional já chegou à porta.

7. *Sazonalidade:* há negócios que oscilam de acordo com determinadas épocas do ano.

8. *Disponibilidade de insumos:* verificar se as fontes de insumos são de fácil acesso.

9. *Ciclo de vida do setor:* avaliar se o setor está em expansão, estagnação ou retração.

10. *Lucratividade:* se a lucratividade do setor for alta, as chances de sucesso são maiores.

11. *Mudanças que vêm ocorrendo no setor:* o empreendedor deve percebê-las antes dos concorrentes.

12. *Evolução tecnológica do setor:* é preciso estar atento a todos os avanços tecnológicos pertinentes, em especial os mais recentes.

13. *Grau de imunidade à concorrência:* verificar o grau de barreiras à entrada de empresas no mercado.

14. *Adequação às características individuais:* a empresa é a exteriorização do ego do empreendedor.

trabalhar com maior rapidez nas etapas seguintes. Pretendia submeter ao seu mentor um conjunto de dados que permitisse uma análise global, e não tomar seu tempo com dados parciais.

Planejou e preparou as tarefas seguintes: conhecer os concorrentes, revendedores e consumidores finais. Nas suas previsões, reservou seis semanas para tais levantamentos. Sabia que estava sendo até otimista, visto que o trabalho seria pesado. Não poderia ir a Ponte Nova nos fins de semana, pois queria utilizar as manhãs dos sábados, quando o comércio funcionava, para suas pesquisas. Os domingos foram reservados para análises e relatórios.

Não conseguira ainda achar uma saída para a conspiração familiar. Sabia que o tempo corria contra ela. Seu silêncio sinalizava uma concordância – ninguém na família imaginava qualquer outra reação dela – e permitia que eles avançassem alguns passos. O enxoval estava em andamento, o consultório na clínica do Dr. Luís era preparado, o apartamento estava em fase de acabamento e Delcídio assuntava sobre móveis e eletrodomésticos. Ele, aliás, estava muito feliz, e as rusgas entre os dois não aconteciam mais. Aceitava as ausências de Luísa em Ponte Nova nos fins de semana, bem como seus pedidos para que não fosse a Belo Horizonte.

Era já início de setembro. Luísa se desesperava. Sabia que a única solução estava em suas mãos: romper o noivado. Mas, por vários motivos, deixava-se invadir por dúvidas quando havia somente certezas; temia ser afetada pela solidão, sem perceber que já estava mergulhada nela, pois o noivo não era cúmplice dos seus sonhos. Recriminava-se pelas decepções que causaria a tantos seres amados, sem saber que estes, sensíveis e perceptivos, antecipavam o desenlace e já sofriam por isso.

Luísa era ainda muito jovem para saber que só uma coisa interessa aos pais: o sorriso dos filhos, em nome do qual tudo é perdoado. Não tinha ainda aquela acuidade que só os anos de vida conferem para entender que dona Maria Helena e seu Geraldo, no fundo, não eram contra ela tornar-se empresária. Temiam apenas pela sua sorte, já que, na sua visão de mundo, estavam certos de que a odontologia era a melhor opção.

Sem saber como afastar as nuvens escuras da sua vida pessoal, Luísa deixava-se guiar pelos sonhos, nos quais seus olhos e coração só viam luzes. Sua paixão transformava as tarefas árduas e pesadas que envolvem a vida de um pré-empresário em desafios prazerosos. Assim, recorreu à sua capacidade de concentração, soprou a nuvem escura para longínquos recantos da mente e do coração e arregaçou as mangas. Seriam seis semanas de trabalho de campo, entrevistas, telefonemas, visitas, reuniões. Eram coisas que não a amedrontavam.

Concorrência

Feita a análise do setor em que a GMA ia atuar, o passo seguinte era conhecer mais a fundo o mercado, com o objetivo de identificar alternativas que pudessem minimizar os riscos. Luísa sabia que esse trabalho ia lhe custar até mesmo seus fins de semana, que seriam utilizados também para aprofundar, na medida do possível, seus conhecimentos sobre concorrentes, revendedores e distribuidores e os consumidores finais.

Como ter acesso aos concorrentes? Fiel a seus princípios, não quis usar nenhum artifício que não refletisse a verdade ou que a fizesse se arrepender depois. Luísa enfim chegou à conclusão de que a melhor forma seria através dos revendedores e distribuidores. Não haveria problemas, pensou ela, já que não ia pedir informações confidenciais. Decidido isso, ela formulou as perguntas a fazer:

Quais são os maiores produtores de goiabada?
Que produtos e serviços eles oferecem?
Quais os seus pontos fortes e fracos?
Eles oferecem produto concorrente à goiabada em tablete?
Esses produtos atendem a toda a demanda? Haveria demanda não satisfeita?
Qual o seu grau de satisfação?
Qual o grau de fidelidade dos clientes às empresas já estabelecidas?
Qual seria a reação dos concorrentes à entrada da GMA no mercado?

Não houve problemas na realização da pesquisa. Se fosse feita diretamente nos concorrentes, certamente os resultados teriam sido mais ricos, mas a estratégia funcionou melhor do que esperava. Eis os resultados:

Localização das fábricas	Santa Luzia (MG)	Barueri (SP)	São Paulo (SP)
Tempo de atuação em anos	5	7	2
Mercado de atuação	Grande Belo Horizonte	Região Sudeste	SP e Sul
Pontos fortes	Forte atuação no mercado da Grande Belo Horizonte	Equipes de vendas bem estruturadas	Acesso fácil às fontes de insumos e ao mercado; boa qualidade do produto
Pontos fracos	Sabor; prática de vendas "casadas" com outros itens	Distribuição seletiva e irregular; preço alto	Embalagem
Estratégias	Degustação nos pontos de venda	Planos de passar a fazer distribuição intensiva, baixar o preço e mudar a embalagem	Altamente competitivos, com defesa do mercado

Luísa também ficou sabendo que os distribuidores em Contagem em geral privilegiavam os fabricantes da região, dificultando o acesso dos habitantes locais a produtos de outras cidades. Com tal informação, ela passou a considerar a possibilidade de realizar uma distribuição direta para supermercados, cantinas, pequenos estabelecimentos, baleiros e lanchonetes.

Após os concorrentes, era a vez de pesquisar os próprios revendedores e distribuidores.

A clientela-alvo definida pela segmentação de mercado – pessoas de 4 a 23 anos, em sua maioria estudantes – fazia com que as cantinas de escolas fossem pontos de venda estratégicos.

Resolveu se preparar um pouco mais antes de começar essa segunda fase da pesquisa. Sabia que era um trabalho essencial que exigiria algumas técnicas de pesquisa, como elaboração de questionários e amostragem. A pesquisa junto aos consumidores finais era a mais importante, mas, por serem eles em grande número, exigiria recursos financeiros de que não dispunha. Por isso, tomou a decisão de pesquisar em primeiro lugar com mais intensidade os revendedores das goiabadas, ou seja, mercearias, supermercados, bares, cantinas. Não abandonaria o consumidor final, que seria também objeto de sua análise, porém em menor escala.

Decidiu procurar seu mentor, mas conseguiu marcar uma reunião apenas para dali a três dias, quando ele chegaria dos Estados Unidos.

Nesse intervalo, aproveitaria para pôr os estudos da faculdade em dia e evitar a reprovação em alguma matéria, o que postergaria a sua formatura. Aliás, a comissão de formatura concluía os preparativos para as solenidades e para o baile, e tanto ela mesma, Luísa, quanto Leninha e suas demais colegas se surpreendiam com a sua indiferença. Descartara participar da sessão de fotos para o álbum.

– Quando estiver velhinha e quiser ver, faço-lhe uma visita e você me mostra – brincava com Leninha.

Sua mente e seu coração, por um segundo que estivessem longe da Goiabadas Maria Amália, eram presa fácil daquela tal nuvem escura, que ameaçava virar tormenta. Decidiu ligar para Fernanda.

– Você é louca? Onde se meteu? – perguntou a tia, alvoroçada. – Fingiu-se de morta para não ter que enfrentar a "conspiração mineira"? Pôs a cabeça no lugar, afinal? Olhe que, quando contar o que está acontecendo com você, a Maria Helena vai ter um filho aos 60 anos! – Fernanda ainda encontrava humor para pilheriar com assunto tão sério.

– Não sei o que faço, tia Nanda.

– Pois eu sei. Marque a data do casamento para depois da formatura, vá para o Caribe e volte para trabalhar com o Dr. Luís – disparou Fernanda.

Luísa ficou muda, olhar perdido, sem dar resposta.

– Oi, oi! Está aí? – impacientou-se Fernanda.

Luísa voltou a si.

– Estou.

Fernanda ficou constrangida, com sentimento de culpa.

– Está bem. Você é cabeça-dura. Você acaba com a minha vida. Meu Deus do céu! Como é que eu vou fazer?

A lamúria de Fernanda era sinal de que ela ia fazer algo para ajudá-la, Luísa teve certeza disso. Apesar de sua personalidade independente, Luísa adorava o papel de desprotegida, de manhosa. Não que precisasse, mas, às vezes, uma paparicação lhe caía bem.

No dia marcado, saiu satisfeita da reunião com seu André. Ele concordara com sua avaliação sobre a pesquisa de revendedores e distribuidores. Experiente no ramo alimentício, achava que tanto o distribuidor quanto o dono da padaria, o balconista, o gerente e o comprador do supermercado tinham muito a dizer sobre o consumidor final. Luísa recebeu boas dicas.

Após três dias de descanso, estava pronta para recomeçar. Estimou que essa fase tomaria todo o seu tempo nos dois meses seguintes. Ou seja, até meados de novembro estaria envolvida na pesquisa de sua clientela.

O silêncio que mantinha sobre sua vida íntima e profissional, com o passar do tempo, ia agregando à nuvem escura outros nimbos-estratos, pressagiando uma tempestade que ela armava sobre si mesma e para a qual não tinha abrigo.

Clientela: Pesquisa com revendedores e distribuidores

Evidentemente, o que interessava a Luísa era conhecer os hábitos das pessoas que iriam comprar a goiabada para consumo próprio, o consumidor final, o público-alvo, pessoas de 4 a 23 anos. Como não teria condições de atingir esse imenso público, sua estratégia era, além de abordar uma pequena amostra de consumidores finais, na quantidade que lhe fosse possível, conhecê-los um pouco melhor por meio dos distribuidores e revendedores.

Nessa fase, as perguntas-chave a serem feitas por Luísa seriam:

a. *Qual o tamanho da clientela-alvo? Quantas pessoas estariam interessadas em comprar o produto?*
b. *Qual a demanda, em quantidade, pelo produto goiabada em tablete?*
c. *Qual o perfil de tais consumidores (faixa etária, renda, escolaridade, etc.)?*
d. *Quais os hábitos de compra dos consumidores? Como eles gostariam que o produto chegasse até eles?*
e. *Como os clientes desejam a goiabada em tablete (atributos, aspecto, benefícios, valor agregado)?*
f. *Que preço os clientes estão dispostos a pagar pelo tablete de goiabada?*

Assim, arregaçando as mangas, Luísa se preparou para fazer a pesquisa junto aos distribuidores e revendedores, que poderiam lhe fornecer opiniões valiosas sobre o produto e sobre os clientes finais. Acabada esta, seria a vez dos consumidores finais, para conhecer seus hábitos, preferências, perfil, intenções de compra, etc.

Nessa pesquisa, Luísa levou em consideração outros produtos que eram concorrentes da goiabada em tablete, tais como chocolates e doces.

Na pesquisa dos concorrentes, Luísa ficou sabendo que eles vendiam goiabada para padarias, mercearias, docerias, sorveterias, supermercados, hipermercados, lojas de conveniência e pequenos atacadistas. Verificou, na associação comercial, que existiam mais de 11 mil estabelecimentos dessa natureza nas regiões de Belo Horizonte e Contagem. Esse número inviabilizava uma pesquisa direta. Então, consultando a "tabela de amostragem para pesquisas de grandes grupos", **resolveu utilizar a "amostra mínima"**, entre 120 e 200 revendedores, mesmo sabendo que a representatividade do universo estaria comprometida.

RESOLVEU UTILIZAR A "AMOSTRA MÍNIMA"

Dicas para a amostra na pesquisa de mercado

Teoricamente, Luísa deveria entrevistar todas as empresas que poderiam comercializar o produto (distribuidores e revendedores varejistas), assim como as pessoas que poderiam consumi-lo, o chamado "universo de consumidores".

Porém isso seria impossível, em virtude das quantidades envolvidas. Essa foi a razão de especialistas terem criado a "tabela de amostragem para pesquisas de grandes grupos". Luísa então decidiu trabalhar com uma amostra desse universo – uma parcela que contivesse o maior número de informações. Assim, julgou melhor entrevistar 50 consumidores finais e aplicou o conceito de amostra mínima para pesquisar os revendedores/distribuidores. O dilema que Luísa enfrentou é muito frequente em pesquisa de mercado quando se dispõe de pouco dinheiro. Caso você se depare com o mesmo dilema de Luísa, não hesite e faça uma opção: dimensione uma amostra que esteja ao seu alcance, tomando cuidado para que sejam representadas as diversas categorias de clientes e sua distribuição etária, geográfica e de renda (por exemplo: estudantes de várias idades, de diferentes classes de renda, diferentes bairros), e trabalhe com ela, mesmo que não seja estatisticamente representativa. O que se deve evitar é a falta de pesquisa, qualquer que seja ela. Mesmo uma conversa informal com seus clientes em potencial é melhor do que nada.

Luísa entendera que tão importante quanto o cálculo de uma amostra é a sua distribuição. As mercearias, os mercados e outros pontos de venda espalhados por Belo Horizonte e Contagem tinham diferenças em muitos aspectos, principalmente quanto às pessoas que os frequentavam. Um mercado em um bairro de alto poder aquisitivo é diferente de uma mercearia em um bairro mais pobre. Assim, uma amostra tinha que representar, com certa fidelidade, todo o universo. Luísa aprendera que existia uma regra do bom senso para enfrentar as complicadas técnicas estatísticas de amostragem: espalhar ou variar a amostra dentro da área em que se pretende atuar. Também se deve ponderar a importância relativa dos estabelecimentos. Por exemplo: um supermercado de um grande shopping center vende mais do que um de bairro pequeno na periferia, o que os faz ter pesos diferentes na formação da amostra.

Luísa elaborou a primeira versão do **questionário para revendedores e distribuidores**. Antes de sua aplicação, submeteu-o a um teste, necessário para avaliar sua eficácia. A boa técnica manda entrevistar de 5 a 10 pessoas, com perfil semelhante ao procurado, para verificar se há perfeito entendimento do questionário. Feitas as correções, estava pronta para coletar os dados.

O modelo de questionário preparado e testado era direcionado aos distribuidores e ao varejo, ou seja, os estabelecimentos que compram mas não consomem o produto. Com pequenas adaptações, Luísa utilizaria o mesmo questionário no passo seguinte: a pesquisa com os consumidores.

Luísa tinha feito as seguintes estimativas para aplicar o questionário:

- Duração de cada conversa: 15 minutos.
- Quantidade de questionários que conseguiria aplicar por tarde, incluindo tempo de espera, deslocamento e imprevistos: 4.
- Duração total da pesquisa: 30 dias úteis, ou 5 semanas corridas, considerando os sábados.

QUESTIONÁRIO PARA REVENDEDORES E DISTRIBUIDORES

Apresentação

Meu nome é Luísa e, como pretendo abrir uma fábrica de goiabada, estou fazendo uma pesquisa sobre esse produto. Você poderia responder a algumas perguntas? Não vai demorar muito.

1. Você vende... *(ler as opções)*
    (a) Doces
    (b) Balas
    (c) Chocolates e derivados
    (d) Sorvetes
    Se não vender doces, agradecer e dispensar o entrevistado.

2. Falando especificamente sobre doces, quais tipos você vende?
    (a) Cristalizados (uva, abacaxi, etc.)
    (b) Em barra (goiabada, marmelada, etc.)
    (c) Compotas de frutas
    (d) De leite e derivados

3. Qual desses tipos de doce você vende mais?
    (a) Cristalizados
    (b) Em barra
    (c) Compotas de frutas
    (d) De leite e derivados
    (e) Não sabe
    (f) Não respondeu

4. Qual desses tipos de doce você vende menos?
    (a) Cristalizados
    (b) Em barra
    (c) Compotas de frutas
    (d) De leite e derivados
    (e) Não sabe
    (f) Não respondeu

5. Com relação ao produto goiabada, você diria que:
   (a) Nunca ouvi falar
   (b) Já ouvi falar, mas nunca vendi
   (c) Já vendi, mas não vendo mais
   (d) Vendo atualmente
   (e) Nenhuma das opções
   (f) Não respondeu
   *Se **a**, vá para a 13*   *Se **d**, vá para a 8*
   *Se **b**, vá para a 6*   *Se **e** ou **f**, vá para a 19*
   *Se **c**, vá para a 7*

6. Por que não vende goiabada?
   Após essa pergunta, vá para a 13

7. Por que não vende mais?
   Após essa pergunta, vá para a 13

8. Cite dois pontos positivos do produto goiabada.

9. Cite dois pontos negativos do produto goiabada.

10. Qual é a quantidade média vendida do produto goiabada por mês? *(anotar em quilos)*

11. Qual é o preço de venda do produto goiabada? *(indicar a unidade adotada: quilo, gramas, etc.)*

12. Qual o preço médio de compra do produto goiabada? *(indicar a unidade: quilo, gramas, etc.)*

13. Pensando na introdução de uma nova marca do produto goiabada, você aceitaria fazer testes para vender o produto no seu estabelecimento?
    (a) Sim
    (b) Não
    (c) Não sabe
    (d) Não respondeu
       *Se **b**, **c** ou **d**, vá para a 19*

14. Qual a quantidade mínima de embalagens de 50 gramas que você utilizaria para teste?

15. Você permitiria alguma propaganda ou promoção do produto dentro do seu estabelecimento?
    (a) Sim
    (b) Não
    (c) Não sabe
    (d) Não respondeu
      Se *b*, *c* ou *d*, *vá para a 18*

16. Que sugestão você daria para essa propaganda/promoção?

17. Qual preço máximo estaria disposto a pagar pela compra do produto goiabada, tomando como base a embalagem de 50 gramas?

18. Que sugestão você daria para que esse novo produto tivesse sucesso no mercado?

19. Tipo de estabelecimento *(sem perguntar)*
    (a) Padaria/Mercearia/Cantina escolar/Lanchonete
    (b) Doçaria/Sorveteria
    (c) Supermercado/Hipermercado
    (d) Atacadista
    (e) Loja de conveniência

20. Qual a média diária de clientes que compram no seu estabelecimento?

21. O seu estabelecimento conta com quantos funcionários?

Nome do estabelecimento: _____
Endereço: _____
Entrevistado: _____
Cargo: _____
Telefone: _____
Data da entrevista: _____
Entrevistador: _____
Verificação: _____

...

Como pesquisar os consumidores finais?

Os consumidores finais da goiabada em tablete, pertencentes ao segmento mais jovem da população, contavam-se na casa das centenas de milhares, o que exigia uma pesquisa de mercado feita por firma especializada. Luísa caía aqui numa armadilha perigosa, comum às empresas nascentes, que, não dispondo de recursos para enfrentar os custos de uma pesquisa de mercado feita profissionalmente, montam a empresa sem conhecer os clientes em profundidade.

Antecipando esse problema, Eduardo lhe dera um conselho: "Faça você mesma. Mesmo em pequena escala, a pesquisa lhe dará informações preciosas. Será melhor do que agir no escuro."

O alvo das entrevistas seria a clientela definida pela segmentação de mercado, que Luísa já havia feito e que definia a parcela do mercado em que a GMA iria atuar. Seu público-alvo era infantojuvenil (estudantes de 4 a 23 anos).

O ALVO DAS ENTREVISTAS SERIA A CLIENTELA DEFINIDA PELA SEGMENTAÇÃO DE MERCADO

Segmentação de mercado

Segmentação de mercado é o processo em que se divide o mercado em parcelas que apresentem o máximo de homogeneidade possível, com o objetivo de formular estratégias de marketing. Para uma pequena empresa, a segmentação significa a possibilidade de identificar o seu nicho e de atendê-lo com profundidade através de estratégias de marketing bem sintonizadas com o público-alvo.

Existem três variáveis a serem consideradas para a segmentação:

1. *Variáveis geográficas:* analisam as diferentes localidades onde os elementos de mercado são encontrados.
2. *Variáveis demográficas:* dizem respeito a idade, sexo, renda, grau de escolaridade, etc. Tem sido a segmentação mais utilizada pelas empresas, em virtude da facilidade operacional.
3. *Variáveis psicográficas:* referem-se a condições relativas a estilo de vida, atitudes, personalidade, padrões de comportamento.

Para pesquisar os consumidores finais, Luísa escolheu usar um questionário com algumas respostas fechadas que, além de dar maior rapidez ao preenchimento, facilitavam o agrupamento e a tabulação das informações.

Decidiu fazer as entrevistas dentro das lojas, abordando os consumidores finais após adquirirem o produto. Sabia que o contato com seus clientes em potencial era importante. Queria senti-los, conhecer seus hábitos, suas preferências, opiniões, sugestões.

DECIDIU FAZER AS ENTREVISTAS

Como entrevistar os clientes

A GMA não venderá diretamente ao consumidor final. Mas é essencial que Luísa conheça a reação dele ao produto.

Antes de se elaborar um questionário, deve-se fazer uma lista das informações necessárias. Essas informações devem ser agrupadas em:

- **Hábitos de consumo do produto**: Quantos entrevistados conhecem o produto; se têm o costume de comprar/consumir esse tipo de produto; qual a frequência de compra/consumo; quanto gastam por mês com esse produto. Essas informações são importantes na medida em que auxiliam o empreendedor a identificar se já existe no mercado um comportamento de consumo favorável ou não ao seu produto.
- **Marcas de produto**: As marcas preferidas dos entrevistados e razões da preferência; as marcas que os entrevistados têm o costume de comprar e suas razões de consumo; as marcas de que os entrevistados menos gostam e suas razões. Ao se indagar sobre preferência e consumo de marcas, é possível descobrir os atributos mais e menos valorizados pelos compradores/consumidores.
- **Perfil dos entrevistados**: gênero, idade, escolaridade e renda. Essas perguntas normalmente são colocadas no final do questionário e devem ser feitas de forma a se evitarem constrangimentos.

Sempre peça sugestões ao entrevistado, seja a respeito do produto, seja da localização do estabelecimento, do preço, etc. Em alguns casos, os entrevistados têm sugestões que podem vir a representar um diferencial do seu produto ou da sua empresa.

QUESTIONÁRIO PARA O CONSUMIDOR

1. Cite as marcas de goiabada das quais você se lembra.

2. Quais são as marcas de goiabada que você costuma consumir?

3. Quais são, para você, as razões da escolha da marca de uma goiabada?

4. Existe algum problema no uso do produto?

5. Quem tem mais influência na compra do produto goiabada?
   ☐ Criança (1-11 anos)
   ☐ Adolescente (12-19 anos)
   ☐ Adulto (20-49 anos)
   ☐ Outros

6. E quem a consome?
   ☐ Criança (1-11 anos)
   ☐ Adolescente (12-19 anos)
   ☐ Adulto (20-49 anos)
   ☐ Outros

7. Qual a ocupação e a renda familiar do consumidor final de goiabada?
   Ocupação:
   Renda Familiar:

8. Onde você costuma comprar goiabada?
   ☐ Padaria/mercearia
   ☐ Cantina escolar/lanchonete
   ☐ Doçaria/sorveteria
   ☐ Supermercado
   ☐ Loja de conveniência
   ☐ Outros

9. Tem alguma sugestão a fazer sobre o produto goiabada em tablete?

Luísa escolheu cinco pontos de venda com localizações diversas, representando clientes de diferentes perfis, e planejou gastar um sábado para cada ponto, abordando 10 consumidores de goiabada em cada ponto, de modo a obter o total de 50 entrevistas.

Estava pronta para começar. Tinha motivos para se sentir alegre. Na véspera, recebera um telefonema do professor Pedro. Seu interesse real na GMA a deixara orgulhosa. Mais do que isso, ouvira o que mais apreciava no mundo: elogios. O professor enaltecera sua capacidade de trabalho. Fora instruída a procurá-lo quando tivesse os resultados das pesquisas em mãos.

Quanto a Eduardo, Luísa evitara encontrá-lo, porque ele lhe despertava sentimentos ambíguos, diferentes de todos os que já experimentara. Sentia-se frágil perto dele.

Luísa saiu a campo com toda a sua energia para aplicar os questionários. Visitou lugares aonde jamais tinha ido. Conheceu pessoas de todos os tipos. Em sua maioria, foram simpáticas, gentis e demonstraram prazer em ajudar. Sentiu o contraste entre os ambientes. Em algumas visitas a bairros distantes, percebeu o impacto da sua presença, o despertar de reações e olhares que não conhecia.

A prática lhe indicou que a forma de se vestir deveria ser adequada à cultura local, ao que as pessoas estavam acostumadas a ver. Isso era importante nas relações comerciais. A medida exata da elegância e da simplicidade. Nessa área, "o hábito faz o monge", pensou. A linguagem empregada também era importante. Desenvolvera ainda mais a sua capacidade de empatia. Colocava-se no lugar do cliente e buscava sentir as reações dele.

Luísa convertera circunstâncias adversas, em que o cliente pesquisado se mostrava inacessível, em situações de alta colaboração, quando comprovava que a chave para a relação ganha/ganha era a sinceridade, a clareza quanto a expor o que tinha e aonde queria chegar. Assim o cliente percebia que podia "ganhar" na qualidade do produto a ser distribuído. Descobriu uma nova cidade, novas pessoas. Começava também a descobrir uma nova Luísa.

Depois de coletadas as entrevistas, passou a dedicar-se intensamente ao processamento dos dados obtidos, analisando-os e tabulando-os para elaborar os relatórios.

Luísa se abandonara inteiramente ao projeto da GMA, empenhada no trabalho insano, desvairado, delicioso. Foi necessário um encontro fortuito para torná-la consciente de que no seu coração havia lugar para outro tipo de emoção. Ao ver Eduardo em um supermercado, num simples cruzar de olhos, aquele sentimento ambíguo que a afastava dele se desfez ante as batidas descontroladas do seu coração. Compreendendo o que se passava, deixou-se levar pelo calor que o sentimento, agora cristal em forma pura, trazia ao seu peito e abriu-se em largo sorriso.

– Olá, Eduardo. Que surpresa!

Foram jantar juntos. No restaurante espanhol, Luísa percebeu, no meio da conversa à luz de velas, que aquela nuvem escura começava a se afastar, movendo-se para outra direção. Talvez a tempestade caísse bem depois de Ouro Preto, nos céus de Ponte Nova, cidade que era a paixão de sua vida.

No dia seguinte, sentiu-se na obrigação de telefonar para Delcídio. Eram sete horas da manhã.

– Precisamos conversar pessoalmente – disse ela.

Delcídio estremeceu. Pelo tom da voz que tanto amava, conseguiu antecipar o assunto. Chegou a Belo Horizonte antes das nove, batendo recordes de velocidade na estrada. Não para demonstrar que era bom no volante, prova tola de grande peso em Ponte Nova, mas em virtude da ansiedade provocada pela convocação súbita. Se pudesse – pensaria depois –, jamais teria ido àquele encontro.

Sentada no sofá da sala, tendo Delcídio na poltrona ao lado, Luísa olhou com afeto para ele, percebendo sua ansiedade descontrolada. A contragosto, mas segura de si, ela lhe disse sem mais preâmbulos:

– Estou envolvida com outra pessoa. Não posso deixar de lhe dizer isso. Temos que terminar o nosso noivado.

O refluxo de suas palavras a fez submergir em profunda tristeza. Se o amor por ele acabara, uma imensa afeição viera substituí-lo. Tinha planejado aquele momento de forma a minimizar a dor de Delcídio, mas o conhecia o suficiente para saber que ele precisava de palavras que não deixassem dúvidas e tivessem significado prático.

Delcídio sentiu o corpo tremer e a mente ausentar-se. Viu na televisão desligada à sua frente a imagem de um personagem arrasado, o rosto refletindo a alma perturbada. Por uma fração de segundo, chegou a esperar a projeção da imagem seguinte, até perceber que, naquele drama, era ele o ator central. Estava tudo perdido.

– Mas então é verdade o que se diz e que eu sempre suspeitei?

– Não sei o que dizem, mas é verdade que estou envolvida com outra pessoa. Jamais quis magoá-lo dessa forma, mas aconteceu. E aconteceu porque, já faz muito tempo, me tornei uma estranha no nosso relacionamento.

Delcídio levantou-se devagar e caminhou em direção à porta. O olhar preso à tela da televisão testemunhava que o personagem, apesar do golpe letal, mantinha a altivez ao sair de cena. Um corte seco rasgava-lhe o peito. Então era assim? O golpe de misericórdia doía-lhe menos do que os momentos que o haviam antecedido, pois tinha também o sabor da libertação. A realidade fora diferente das cenas de rompimento que seus pesadelos recorrentes lhe impingiam. Nelas, o mundo vinha abaixo e uma dor lancinante o fazia rolar pelo chão. Quase sempre acabava em um hospital, onde era reanimado com remédios. No entanto, nada disso estava acontecendo. Somente a adaga fina, profunda, gelando o peito. Não houvera surpresa, mas a confirmação de tudo que sabia e não queria admitir, pois havia muito sentia que Luísa não era mais sua. Ele colocou a aliança em cima da mesa e, em silêncio, saiu do apartamento, temendo estar deixando ali, para sempre, o seu coração.

Na semana seguinte à conversa com Delcídio, pelo cheiro do ar de Ponte Nova, que chegava até ela pelo fio do telefone, com seu tilintar nervoso e insistente jamais atendido, percebia que o temporal tinha desabado em sua cidade.

A lembrança de Delcídio lhe evocava os sentimentos de afeto e amizade, além de alguma dor por fazê-lo sofrer. Mas agora sua mente e seu coração, livres da nuvem escura, podiam se devotar ao embalo de uma nova paixão, ao delicioso sonho alimentado no ato de se recolher ao leito ao final de um dia de excitante atividade.

Após 30 dias de trabalho exaustivo, Luísa conseguira reduzir o tempo de pesquisa com os revendedores ao fazer contato inicial por telefone e enviar os questionários por e-mail e WhatsApp. Além disso, buscando maior consistência, complementou as informações obtidas em suas pesquisas em relação a seu mercado potencial com dados demográficos disponíveis em sites de órgãos oficiais.

Com base nas suas análises, o cliente-alvo da GMA se situava na faixa etária entre 4 e 23 anos.

Na pesquisa junto a revendedores, ela chegou à conclusão de que o mercado específico de goiabadas ultrapassava 600 mil clientes potenciais, oferecendo boas perspectivas de ganhos.

Luísa agora conhecia mais profundamente o mercado em que iria atuar. Com a base de informações que montara, conhecia com maior profundidade o setor e tinha mais segurança para tomar as decisões relativas ao seu negócio. Conhecia melhor o cliente: como se comportava, quais eram seus desejos e necessidades. Adquirira uma boa noção das oportunidades e ameaças que a GMA enfrentaria. Sentia-se mais confiante para dar continuidade ao seu projeto de empresa.

Seus passos seguintes seriam definir os objetivos que tinha em vista ao criar a GMA e, depois, montar as estratégias para alcançá-los.

Estratégia de marketing

Para elaborar o Plano de Marketing, Luísa precisava definir os objetivos da empresa.

As perguntas eram:

Que percentual de mercado a empresa deseja alcançar e em quanto tempo?
Qual o lucro líquido esperado nos três primeiros anos?
Qual a lucratividade com que pretende operar?

Com a GMA, Luísa buscava, além da autorrealização, a independência financeira. Ela pretendia conquistar 12% do mercado, o que não era impossível, sabendo que a lucratividade do setor variava entre 9% e 20%.

Luísa percebeu em suas pesquisas que havia uma demanda não atendida, principalmente junto às cantinas escolares. Ou seja, havia ainda espaços vazios, nichos para a GMA ocupar.

Com base nessa análise, **definiu seus objetivos** de faturamento, lucratividade e ocupação de mercado.

DEFINIU SEUS OBJETIVOS

Sempre traduzidos em números, os objetivos mostram os alvos a serem atingidos pela empresa em um determinado tempo, possibilitando a análise *previsto versus realizado*.

Os objetivos podem ser de longo prazo (três a cinco anos) e de curto prazo (um ano, por exemplo). Os de curto prazo, porém, devem ser coerentes com os de longo prazo. O ideal é estabelecer objetivos que sejam desafios realizáveis.

Westwood (1989)

Após elaborar a análise de mercado e definir os objetivos da GMA, o passo seguinte seria conceber a estratégia de marketing, que determinaria como atingir os objetivos estabelecidos.

As estratégias de marketing referem-se a produto, preço, praça (distribuição) e promoção (propaganda). Como dito anteriormente, elas ficaram conhecidas como os "4 Pês", que representam a primeira letra dessas palavras em inglês, ou pela expressão, também em inglês, *marketing mix*.

Para poder testar o produto junto ao cliente e fazer os ajustes que fossem necessários, Luísa produziu uma pequena quantidade. Dos reven-

PARA PODER TESTAR O PRODUTO

O lançamento de um produto

Como os riscos da introdução de um novo produto são cada vez mais elevados, várias empresas têm feito testes antes de iniciar sua comercialização. O empreendedor deve entrevistar pessoalmente no mínimo 10 clientes potenciais que provaram o produto.

A entrevista individual em profundidade tem por base um roteiro semelhante ao que Luísa elaborou para entrevistar revendedores e distribuidores. Após a interpretação dos resultados dessa pesquisa, o produto foi introduzido experimentalmente em um mercado pré-selecionado.

dedores entrevistados, 95% sugeriram que ela deixasse pequenas quantidades de goiabada nas lojas, para aferir o grau de aceitação do produto e colher sugestões dos próprios varejistas. Esse procedimento foi feito em regime de consignação.

Luísa ouvia a voz do professor Pedro: "Durante os testes com os consumidores, o produto vai recebendo modificações em virtude das sugestões e críticas apresentadas. Ao final do teste, é possível ter a versão de lançamento. Ao lado dos aspectos funcionais, <u>deverão estar definidos vários atributos, como marca, logomarca, embalagem, etc.</u>"

Ela tomou suas decisões estratégicas.

DEVERÃO ESTAR DEFINIDOS VÁRIOS ATRIBUTOS, COMO MARCA, LOGOMARCA, EMBALAGEM, ETC.

Atributos do produto

Marca
É um nome, sinal ou símbolo com o objetivo primeiro de identificar o produto.

Logomarca
É uma representação gráfica à qual se associa a marca.

Embalagem
O conceito de embalagem é bastante amplo. Sua função é, além de proteger e ser funcional, ajudar a vender o produto, destacá-lo dos concorrentes.

Cor
Além de ter função estética e de enfatizar o produto, a cor pode ser utilizada para motivar o consumidor a adquiri-lo.

Design
É a arte de aumentar a beleza e o valor de um produto. Através do design, fixa-se o estilo, seu aspecto exterior, incluindo formato e tamanho.

Qualidade
Conjunto de características técnicas, comerciais e de serviço ofertado ao cliente.

Luísa preparou a descrição técnica do produto:

Mix de produto: Iria atuar apenas em uma linha de produto, a goiabada.

Produto: Bem de conveniência, comercializado em tabletes de 50 gramas, semelhantes aos de chocolates, vendidos em caixas com 10 unidades cada (sua unidade de produção seria a caixa com 10 tabletes).

Diferencial: Tamanho. Será facilmente vendida em qualquer ponto, como cantinas escolares, bares e lanchonetes, e até por baleiros. Consumida como uma pequena barra de chocolate, facilmente transportável, apresentação diferenciada.

Forma de consumo: Oferecida para consumo individual, forma totalmente inovadora, tem potencial para a conquista de novos mercados e maior volume de vendas.

Conteúdo: A primeira com composto vitamínico e sais minerais, além de ser uma versão light, o que reforçará o aspecto saudável do produto, aumentando a possibilidade de sua inserção no cardápio dos lanches escolares.

Público-alvo: Crianças, adolescentes e jovens.

Marca: GMA – Goiabadas Maria Amália Ltda.

Nome do produto: Nome fantasia provisório "Goiabinha".

Logomarca: Desenho estilizado de uma pequena goiaba.

Embalagem: Transparente, com bordas coloridas de verde e vermelho (cores da goiaba), permitindo a visualização do produto pelo consumidor. O produto deverá ser vendido em caixas com 10 unidades, pesando 50 gramas cada. A embalagem a ser utilizada terá a capacidade de aumentar a durabilidade do produto. Deverá ser fácil de abrir, ao contrário das embalagens da maioria dos concorrentes.

Design: Formato de tablete, semelhante ao das barras de chocolate.

Qualidade: Apesar de industrializado, o produto manterá o sabor caseiro tradicional.

Estratégia de preço

Além de determinar a concepção do produto, **como parte da estratégia de marketing, é necessário estabelecer o preço a ser praticado**. Na formação do preço, precisam ser considerados: o preço que o cliente estaria disposto a pagar, o preço da concorrência para os revendedores e os custos de produção. Assim, estabelecido o primeiro patamar de preço, Luísa precisaria verificar se ele era suficiente para permitir uma margem de lucro satisfatória. Ela se preocupou em manter a equivalência com o preço do grama de goiabada encontrado nos concorrentes.

COMO PARTE DA ESTRATÉGIA DE MARKETING, É NECESSÁRIO ESTABELECER O PREÇO A SER PRATICADO

Determinação do preço

O preço afetará o faturamento, a rentabilidade e a participação da empresa no mercado.

Os preços geralmente são definidos pelo mercado. Os custos dizem se a empresa tem condições de competir.

Não existem teorias que indiquem qual a melhor maneira de determinar o preço de um produto, mas alguns fatores devem ser considerados, tais como:

Custos: Com base nos custos fixos e variáveis e no volume de vendas estimado, a empresa calcula seu ponto de equilíbrio, quando as receitas e os custos totais se igualam, ou seja, lucro nulo. O ponto de equilíbrio é um sinal de alarme para a empresa.

Para chegar a esse cálculo, porém, é necessário que o empreendedor tenha uma noção precisa da sua estrutura de custos.

Consumidor: O preço é calculado a partir da percepção do valor do produto pelo consumidor. Isso é feito por meio de pesquisa, conforme demonstra o exemplo de Luísa.

Concorrência: O preço é estabelecido em função dos preços praticados pela concorrência. Só será viável se os custos da empresa suportarem.

Há outras políticas de preço que podem ser adotadas em situações específicas, como *desnatação*: preços maiores do que os da concorrência; *penetração*: um preço baixo é fixado a fim de conquistar de imediato a clientela; *bloqueamento*: o preço é o mais baixo possível, mesmo havendo prejuízos.

Ela ofereceria descontos por quantidade, para estimular a compra de um número maior de unidades e, assim, ganhar em economia de escala (redução do custo de produção por unidade).

Estratégia de distribuição

Ao efetuar a segmentação de mercado, Luísa praticamente definira os canais pelos quais iria vender seu produto, ou seja, cantinas escolares, padarias, mercearias, supermercados e hipermercados. Como parte da distribuição, foi necessário também que ela atentasse para outros detalhes importantes, como transporte da mercadoria, periodicidade de entrega e custos de distribuição.

<u>Além da escolha do canal de distribuição</u>, é importante também <u>definir a forma de distribuição do produto</u>.

ALÉM DA ESCOLHA DO CANAL DE DISTRIBUIÇÃO

Canais de distribuição

A distribuição envolve todas as atividades relacionadas à transferência do produto do fabricante ao consumidor.

Qual distribuição utilizar?

A escolha do canal depende da natureza do produto, das características do mercado, dos concorrentes e intermediários e da política da empresa.

São usados habitualmente os seguintes canais:
1. Indústria → consumidor
2. Indústria → varejista → consumidor
3. Indústria → distribuidor → varejista → consumidor
4. Indústria → atacadista → distribuidor → varejista → consumidor

---

Eis o plano de distribuição projetado por Luísa:

- No início, a distribuição será intensiva para os varejistas e pequenos estabelecimentos, como cantinas escolares, baleiros, lanchonetes e padarias próximas aos principais colégios de Belo Horizonte e Contagem.

DEFINIR A FORMA DE DISTRIBUIÇÃO DO PRODUTO

A escolha da forma de distribuição

A intensidade de distribuição indica o grau de cobertura de mercado que o fabricante considera necessário para comercializar seu produto. Os três níveis de distribuição são: intensivo, seletivo e exclusivo.

1. *Distribuição intensiva:* procura colocar o produto no maior número possível de pontos de venda. Esse tipo de distribuição se presta a produtos com as seguintes características: demanda elevada, compra frequente e em pequena quantidade, baixo preço unitário e ausência de demanda de serviços técnicos. Exemplo: bens de conveniência.
2. *Distribuição seletiva:* são selecionados intermediários que estejam dispostos a vender um determinado produto e tenham condições para tanto. Esse tipo de distribuição se presta a produtos com as seguintes características: necessidade de conhecimentos especializados para vendê-los, cuidados especiais de armazenamento e venda a preços relativamente elevados. Exemplo: eletrodomésticos.
3. *Distribuição exclusiva:* procura conceder a revendedores direitos exclusivos de distribuir os produtos da empresa em determinada região. Esse tipo de distribuição se presta a produtos que demandam serviços técnicos durante e depois da venda, grandes investimentos do distribuidor e, geralmente, treinamento especial para sua comercialização. Têm quase sempre alto custo unitário. Exemplo: grifes de roupas.

- O setor de pequenos estabelecimentos receberá atenção especial, por ser um grande mercado de consumo de goiabada ainda inexplorado.
- O prazo de entrega será de três dias, no máximo.
- O transporte será feito por veículo próprio.

Estratégia de promoção

A pesquisa de Luísa demonstrou que, para 30% dos varejistas, o baixo volume de vendas de goiabada se devia ao desconhecimento do produto. Em razão disso, ela adotou como **estratégia de promoção**:

- Degustação nos estabelecimentos comerciais.
- Distribuição de informativos (virtuais e físicos) detalhando as características do produto e ressaltando os atributos da marca GMA.
- Distribuição de amostras grátis.

ESTRATÉGIA DE PROMOÇÃO

Promoção e propaganda

A promoção, no âmbito de marketing, é todo e qualquer esforço realizado para persuadir as pessoas a comprar determinado produto ou a utilizar determinado serviço. Pode englobar os seguintes tipos:

1. *Propaganda:* Qualquer forma paga e impessoal de apresentação e promoção de bens ou serviços. As mídias impressa, televisiva e marketing direto cada vez mais cedem lugar à internet, tanto pelo custo como pela efetividade. Isso acontece principalmente com os empreendedores iniciantes.
2. *Divulgação:* Qualquer forma não paga e impessoal de divulgação de bens, serviços ou ideias e de notícias comercialmente significativas (em geral, provocada por assessoria de imprensa).
3. *Venda pessoal:* Apresentação oral em um diálogo com um ou mais compradores em perspectiva, com o propósito de realização de uma venda.
4. *Promoção de vendas:* Atividades destinadas a estimular, desenvolver ou facilitar a venda de um serviço ou produto. Engloba amostras, cupons, descontos, prêmios, brindes, sorteios e concursos.
5. *Merchandising:* Esforço de venda ou de apresentação do produto, como, por exemplo, a utilização de degustadores, estandes ou displays.

A principal promoção a ser utilizada no início seria o próprio produto, deixado como amostra nos varejistas. Posteriormente, Luísa pretendia criar cartazes que promovessem o produto e afixá-los nos diversos pontos de venda, além de veiculá-los como banners e em outros formatos na internet.

Quanto à venda, optou por terceirizar para uma empresa do setor alimentício, evitando assim o esforço de contratação e treinamento de pessoal. Essa empresa seria remunerada com uma comissão de 10% sobre as vendas.

...

Luísa estava pronta para uma conversa com seu mentor. Tinha agora conhecimento muito maior do mercado, sabia de alguns pontos fracos dos seus concorrentes (que poderiam se tornar pontos fortes da GMA) – como a fragilidade das embalagens, que, além de desagradar aos varejistas, influía na durabilidade do produto. Também compreendia melhor o comportamento dos consumidores e suas exigências, além de já estar em condições de identificar quais eram os melhores fornecedores.

Até aquele momento, sua prospecção de mercado apresentava resultados animadores. O produto tinha bom potencial de vendas. Ela estava se preparando para fazer a análise financeira da GMA, ou seja, verificar se aquele produto inicial proporcionaria um retorno do capital investido que fosse maior do que a taxa que receberia aplicando os mesmos recursos financeiros no mercado de capitais e suficiente para remunerá-la de forma justa pelo seu trabalho. "Mais do que o salário na clínica do Dr. Luís", pensou. Caso contrário, não valeria a pena.

Era início de novembro. Em Ponte Nova, após a tempestade, um conformado coração de mãe tentava recompor as coisas. Se nem casamento nem consultório haveria, a família poderia ganhar uma nova empresária, que prometia façanhas e proezas sem fim. Por vezes, dona Maria Helena era flagrada na Sereia Azul vangloriando-se dos dotes empresariais da filha:

– Uma dentista empresária! Industrial!

O nome de Luísa voltava a ser pronunciado em tom respeitoso e admirado nas conversas depois de uma boa temporada no rol dos cochichos e fofocas.

Naquele fim de semana seriam comemorados os 90 anos de Vovó Málía. Grande festança. Luísa convidara o professor Pedro, cuja amizade com Fernanda ganhava corpo, mesmo à distância, muito em razão das goiabadas enviadas por ela, que não deixava o estoque do professor baixar como antes. Ele se pendurava ao telefone para agradecer, e as longas conversas, que quase sempre giravam em torno de Luísa, davam espaço para revelar uma cumplicidade em vários temas, como safáris na África ou óperas em Londres. Sem jamais terem se encontrado pessoalmente, trabalharam juntos contra a "conspiração mineira" e trocavam confidências sobre a vida empresarial de Luísa quando isso ainda era tema proibido na família.

...

Flávio estava hospedando o professor. As festividades do aniversário iriam se iniciar com um almoço na casa de Luísa, onde, nessas ocasiões – a chuva permitindo –, a mesa era posta ao ar livre, no terreiro.

Já passava do meio-dia de sábado. Luísa fora de carro buscar o professor para chegarem juntos ao almoço. Queria presenciar o primeiro encontro dele com Fernanda. Por nada neste mundo perderia aquele momento. Tinha a intenção, no início velada mas agora declarada, de unir os dois solteirões encruados.

À sombra da jabuticabeira, sentadas lado a lado, pés juntinhos e mãos repousando no colo, coluna aprumada, dona Elisena, dona Rita, dona Marta, Vovó Mestra e mais outras senhoras ocupavam, com antecedência, seus lugares privilegiados na "plateia", também ansiosas por testemunhar a chegada de Fernanda e do tal professor, cuja presença alimentava nelas o sonho – frustrado por décadas – do casamento de Fernanda.

Ao chegar, o professor teve a confirmação do cenário por ele imaginado: um imenso quintal de chão batido, com jabuticabeiras à frente de um vasto pomar, que se estendia até o galinheiro; o calor daquela gente amável, de hábitos simples mas de apurado senso crítico, observadora da alma humana.

O professor nem sonhava que os fatos que ali se dariam iriam compor a crônica mais ouvida pela cidade naquele fim de ano. Filho do asfalto, forasteiro em qualquer ambiente em que o ar fosse puro, os velhos e loucos pudessem andar em segurança nas ruas, os animais vagassem soltos e frutos pudessem ser colhidos das próprias árvores, sentia sempre o impacto da grande diferença dos costumes de pessoas que viviam no interior, apesar da proximidade com Belo Horizonte.

Não sabia por quê, talvez o hábito moldando o corpo, via na aparência das pessoas do interior algo peculiar. No falar e na forma de ver o mundo, de vivenciar as pequenas coisas, no jeito de conviver e de vestir... Em tudo, por tudo, gostaria de ser um deles – ter suas origens ali, entre aquela gente.

Também ele estava empolgado e preparado para aquele momento. Tendo chegado antes de Fernanda, depois de demoradas apresentações, entrecortadas por sorrisos amáveis, e fugindo ao papel central que lhe era reservado, buscou abrigo no pretenso anonimato da plateia, acomodando-se em uma cadeira em meio às mulheres. Luísa não se separava do professor. Estava radiante com o sucesso que ele já alcançara. Seu bom humor e sua conversa talhada para aquelas senhoras conquistaram de imediato o coração de Vovó Mestra e das outras. Um "Que rapaz bonitão, hein!" escapara dos sussurros confidenciais e alcançara os ouvidos do professor – lisonja já esquecida aos 53 anos.

O espetáculo estava montado. A plateia, ansiosa, arrebatada, excitava-se como diante da entrada de Carmen no primeiro ato da ópera.

E Fernanda não se fez de rogada. Entrou triunfante no palco, pela porta da cozinha. O chão batido de terra sentiu-se acanhado ao receber a carícia dos sapatos de saltos oito e meio.

Como sempre nessas ocasiões, carregara nas tintas. Estava esplêndida em seu vestido longo carmim, extravagante para a festa no terreiro das jabuticabeiras. Mas sua beleza fulgurante resistia aos exageros no vestir. Entrou oferecendo o sorriso franco, livre. Era alvo do amor e das brincadeiras de todos. Forjada em uma vida solitária e independente, construíra uma imagem de fortaleza afetiva e capacidade de trabalho. Mas mesmo aos 48 anos, romântica e sonhadora como uma adolescente, ainda procurava o ideal do homem perfeito. Poderoso, protetor, apaixonado.

Em seu camarote, tendo aos pés um dos gatos da família, o professor se beliscou para se certificar de que não era tudo fantasia, de que não estava tendo alucinações. Sobre todas as demais, à exceção de Luísa, reinava a beleza de Fernanda. Aturdido, levantou-se, tomou as mãos de Fernanda nas suas e se curvou, com uma mesura, para beijá-las. Temeu estar ouvindo uma salva de palmas. O ímpeto de Luísa e de todas as senhoras era bater palmas. Mas o único barulho que se poderia ouvir naquela fração de segundo era o pulsar cadenciado dos dois corações.

Ao longo do festival de 90 anos de Vovó Mália, Fernanda e o professor foram o centro das atenções. A programação era intensa: no sábado, depois do almoço na casa de dona Maria Helena, missa solene às seis da tarde, seguida de serenata à porta da casa da família e, mais tarde, baile no clube. No domingo, churrasco na casa do primo Flávio.

As chamas de esperança no casamento de Fernanda foram, pela enésima vez, literalmente reacesas ao pé do altar da Matriz, onde as rezadeiras da família depositaram dezenas de velas e, durante a missa, em silenciosa cumplicidade, pediram a intervenção de Vovó Mália.

– Essa alegria Fernanda ficou devendo a mamãe enquanto era viva. Vamos ver se agora põe a cabeça no lugar – disse dona Maria Helena, com um suspiro.

Na realidade, não havia indícios sérios de namoro. Nenhum sinal mais preciso, nem um só beijo, nem mãos dadas. Conversa, sim, animada, sempre entrecortada de gargalhadas. Mas isso era mais do que suficiente para a imaginação das senhoras.

– Quer maior indício do que esse, Geraldo?! – retrucava dona Elisena, com certo amuo, à observação de que elas estavam vendo coisas. – Ninguém acha tanta graça assim no que o outro fala; só pode ter alguma coisa... – completou.

Na segunda-feira, Luísa retornou de Ponte Nova no carro do professor Pedro. Fazia questão de ser madrinha de um possível namoro. Aliás, nenhum dos dois lhe negaria tal direito. Aproveitou o tempo para atualizá-lo sobre a GMA e para saber suas impressões sobre a viagem.

– Eu adorei sua família. Eles são ótimos. E que festança... Há tempos não me divertia tanto – respondeu o professor.

Luísa foi direto ao ponto:

– E Fernanda?

– O que você quer saber? – traiu-se o professor, trazendo até o rosto o calor que temperava sua alma. – Vamos mudar de assunto... A GMA, como anda?

Uma atmosfera de vitória envolveu Luísa. O fato de haver algo no ar, por remoto que fosse, em relação a um possível casamento de Fernanda, já era um acontecimento. Por instinto, conhecendo o caráter fugaz das relações de Fernanda, todos buscavam extrair o máximo daquilo que talvez não viesse a ser nem um simples namoro. Mas, se na sua carreira de cupido, segunda profissão de todas as mulheres da cidade, fosse agraciada com a sorte grande, então Luísa teria um pedestal definitivo na galeria da fama de Ponte Nova. Mal conseguia esperar para ter uma conversa a sós com Fernanda.

O professor Pedro guiava o carro com leveza, um assobio inaudível na ponta dos lábios. O clima da viagem de volta a Belo Horizonte não poderia ser melhor. Já haviam deixado Ouro Preto para trás e estavam chegando à divisa de Itabirito. O professor olhou para a esquerda, buscando algo atrás de um morro, no fundo da paisagem.

– Olhe, Luísa, é o Colégio Dom Bosco. Na minha adolescência, os pais tentavam "corrigir" os filhos problemáticos internando-os aqui. Quando eu não queria estudar ou fazia bagunça, mamãe ameaçava: "Só te mandando para o Dom Bosco." É uma construção realmente sisuda, não é?

Em seguida, torcendo bruscamente o pescoço para a esquerda e para trás, voltando o olhar para a beira da estrada, ele emendou:

– Olhe, acho que tem um homem de batina preta sentado à beira da estrada. Parece um padre! Esquisito.

Luísa sentiu um frio percorrer a espinha. Desde que o carro saíra da curva, seus olhos procuraram automaticamente a beira da estrada. Era já um hábito. Em todas as viagens de carro a Ponte Nova, ida e volta, dia ou noite, sempre olhava a margem da estrada naquele ponto, temendo avistar o Irmão Lucas, pacientemente à sua espera, como todos diziam. Naquele momento, vira pela primeira vez, antes do professor, uma figura toda de preto que bem poderia ser ele. Um turbilhão de imagens, ideias e vozes assaltou sua cabeça. Perturbada, tentou sair daquele transe puxando o assunto que reservara para a viagem: colocar o professor a par de seus trabalhos de criação da GMA.

– Eu estava tão distraída, não vi nada na beira da estrada...

Havia gastado 10 semanas na prospecção de mercado. Os custos foram mínimos: algumas corridas de táxi, papéis, livros e seu tempo, seu precioso tempo. Era pouco para o volume de informações que tinha colhido. Ínfimo, se comparado ao amadurecimento da sua ideia de empresa. E nada em relação ao que tinha vivenciado e amadurecido e à segurança com que agora considerava seu futuro negócio. Estava pronta para começar a análise financeira.

Encontrou inúmeros textos, softwares e exemplos na internet. Preparava-se para uma reunião com seu mentor. Para aproveitar melhor o encontro, queria chegar dominando o assunto e já apresentando um plano de trabalho. Uma coisa que aprendera com Eduardo era que qualquer reunião, para ser bem aproveitada, tinha que ser preparada antes. As pessoas tinham que saber previamente de seu conteúdo. E, por outro lado, já conhecia o mentor: ele gostava de trabalhar em cima de algo concreto. Tal qual o professor, achava que ela deveria conduzir o trabalho; a ele cabia perguntar, verificar a coerência das informações, duvidar, dar sugestões sobre o processo, mas deixando todas as decisões para Luísa, que já se acostumara a não encontrar na área de criação de empresas uma relação professor-aluno e se surpreendia com a eficácia do método. Em seus devaneios, achava que o ensino universitário precisava sofrer grandes mudanças.

Agora ia começar a fazer o estudo de viabilidade financeira. A viabilidade técnica, no caso da goiabada em tablete, era algo certo, por se tratar de um produto secular; sofreria apenas pequenas alterações na sua fórmula. O estudo de viabilidade mercadológica indicava que o produto satisfazia às necessidades da clientela – esta existia em quantidade suficiente e já pagava um preço similar por um produto similar, segundo a pesquisa dos pontos de venda.

Era a segunda semana de novembro. Seu André falou sobre a festa dos 90 anos de Vovó Mália.

– Obrigado pelo convite. Gostaria de ter ido, mas estava recebendo uns gringos aqui. Você sabe, esse negócio de exportação é muito difícil. No Brasil, não temos tradição de exportar. Nossa imagem lá fora ainda se restringe a futebol e bumbum. Temos que mudar isso, a única saída para o país é as pequenas e médias empresas conseguirem exportar. Mas vamos ao que interessa: até onde você chegou?

– Tenho boas-novas – disse ela –, mas antes quero voltar ao assunto das fábulas do consultor. Acho que o camponês simboliza um consultor capaz de diagnosticar um problema. Por abordá-lo sob outro ângulo, ele conseguiu perceber o que o executivo sabia: que o balão tinha caído. Mas também notou algo que o executivo não sabia: que o galho era fraco. Ele não teve interesse em entrar no sistema e não ofereceu meios para a solução. Só vê o problema porque está fora do sistema. Trabalha através do cliente, não assume a responsabilidade de execução.

Satisfeita com sua interpretação, Luísa continuou:

– Quanto ao consultor do relógio, o caso é patético. Ele mostrou o que estava à vista mas o empresário não percebia. E ainda levou para si as evidências e os instrumentos para resolver o problema, criando uma dependência total. Não forneceu a vara de pescar, somente o peixe. Na verdade, até tomou a vara de pescar do seu cliente. Esse consultor interveio no processo, mergulhou na solução do problema e teve o interesse de controlar os instrumentos de ação. Ele não é necessário, mas se aproveita da insegurança do cliente. Assume a responsabilidade. Trabalha no lugar do cliente.

Breve silêncio.

– Mas, quanto ao gato que vivia na boa vida e foi castrado, tive alguma dificuldade de interpretação – prosseguiu ela.

– A riqueza das fábulas é que a interpretação é livre – explicou seu André. – Não adianta buscar uma verdade única. Muitas leituras podem ser feitas. Eu acho que o gato teve enorme capacidade de adaptação. Sua posição lhe permitia transmitir sua experiência sem ameaças, porque estava incapacitado para fazer parte do sistema, apesar de estar dentro dele. Sua situação era privilegiada. Ele tinha a experiência e o distanciamento perfeito, garantido pelo impedimento de se tornar ator do processo, de assumir as funções do cliente. Como você disse, ele trabalhava "através" do cliente. Além disso, conseguia se realizar com o sucesso dos outros.

– Humm… é preciso saber contratar o consultor, não é mesmo? Talvez sejam necessários os serviços de um consultor para se contratar uma consultoria… – brincou Luísa.

– Você está brincando, porém muita gente joga dinheiro fora contratando consultores, e não é sempre por culpa desses últimos… Mas vamos ao nosso Modelo de Negócios.

– Olhe, acho que terminei a análise mercadológica. Agora, posso dizer com mais confiança quais são os meus clientes, onde estão, quanto estão dispostos a pagar pelo meu produto. Conforme combinamos, fiz uma pesquisa junto aos revendedores e aos pontos de venda e depois entrevistei pessoalmente 50 consumidores.

Luísa, com uma ponta de orgulho, passou a pesquisa ao mentor.

– Humm… – murmurava seu André enquanto lia os resultados.

Achava que a metodologia de Modelo de Negócios era um sinal do início de uma grande mudança. Se tivesse feito uma análise assim 35 anos antes, talvez não tivesse quebrado tanto a cabeça. E se houvesse gente especializada em criação de empresas e órgãos de apoio como o Sebrae ou o IEL então…

– E se, por acaso, eu tivesse tido um mentor… – falou para si mesmo.

– O que o senhor disse? – tentou entender Luísa.

Mas não ouviu resposta. Seu André estava absorto, o olhar perdido na janela. E pensava. "É o início de uma revolução… o ensino de empreendedorismo como instrumento para o crescimento econômico e o desenvolvimento social, por meio do estímulo à criatividade e autonomia das pessoas. **Fazer com que em todos os cursos**, da educação infantil, os ensinos fundamental e médio até a graduação e pós-graduação, **exista sempre um conteúdo sobre empreendedorismo**. Mudar a visão dos cursos. O mais importante, daqui para a frente, não é o saber fazer, o know-how, mas encontrar e agarrar oportunidades, fazer algo que possa significar valor positivo para os outros. O conhecimento acadêmico, científico, é indispensável, mas insuficiente. Estudantes de todos os cursos precisam saber empreender, e não se ater somente aos conhecimentos específicos da sua área. A capacidade de criar algo só se aprende na ação e quando se tem um perfil para isso. E esse perfil pode ser adquirido." Comparou o que fazia hoje com as tarefas de quando iniciara sua empresa.

> **FAZER COM QUE EM TODOS OS CURSOS (...) EXISTA SEMPRE UM CONTEÚDO SOBRE EMPREENDEDORISMO**
>
> O autor deste livro dirige um grande programa, chamado Pedagogia Empreendedora, que tem por objetivo promover a educação empreendedora entre crianças e adolescentes de 4 a 17 anos nos estabelecimentos de ensino básico (fundamental e médio).
>
> A Pedagogia Empreendedora foi testada e implementada com sucesso em 148 cidades brasileiras, desde a pequena Santa Rita do Sapucaí (MG), com cerca de 40 mil habitantes, até São José dos Campos (SP), Sorocaba (SP) e Londrina (PR). Já participaram cerca de 2 mil escolas, 10 mil professores e centenas de milhares de alunos.
>
> Essa metodologia foi implementada pela ONU-UNIDO em países africanos e na Argentina, Chile e Peru, país que a incluiu no seu Programa Curricular Nacional. Em 2021, os seus métodos e princípios foram reconhecidos pela ONU-UNIDO como Boa Prática para o atendimento da Agenda 2030 e cumprimento das Metas do Milênio 2021.

Agora não saberia dizer a composição completa de um dos biscoitos que produzia. Mas tinha uma profunda percepção do negócio, ou seja, o que o consumidor queria e como convencê-lo a comprar o seu produto.

"Pior que o desemprego é a 'síndrome do empregado' criada pelas nossas universidades, pela nossa cultura, que significa alguém preparado somente para executar o que outros criaram. Ele sabe como fazer, mas somente isso. Não sabe por que fazer, quando fazer, e não sabe definir o que fazer. Essa figura está em extinção."

Luísa não ousou interromper aquele devaneio. Sabia que seu André estava perdido em pensamentos e ficou curiosa. Quando ele pousou os olhos novamente no papel que tinha nas mãos, ela perguntou:

– O que foi? O senhor parecia longe.

– Dei uma viajada, como vocês dizem. Estava refletindo sobre a **importância da ação empreendedora para o desenvolvimento social**. E quanto estou aprendendo com você. Mas e agora, qual o próximo passo?

– Vou fazer a análise financeira.

– E quais são os objetivos centrais da análise financeira? – perguntou ele.

Luísa tinha o dever de casa pronto. Respondeu sem vacilar:

– Eu preciso saber:

- quais serão os investimentos necessários, ou seja, os gastos para montar a fábrica;
- se as receitas, dada uma estimativa de vendas a um preço definido, serão capazes de cobrir todas as minhas despesas, pagar o investimento e proporcionar um retorno importante, maior do que se eu empregasse os recursos no mercado financeiro;
- quais serão as despesas e os custos para produzir a quantidade desejada, estocá-la e fazê-la chegar até os revendedores;
- o volume de recursos financeiros para manter a empresa funcionando, ou seja, o dinheiro para pagar matéria-prima, pessoal e despesas, como água, luz, telefone, etc., até o dia em que as receitas de vendas da GMA forem suficientes para cobri-las;
- em quanto tempo terei o retorno desses investimentos.

– É isso aí – concordou seu André. – O que nos interessa verdadeiramente? O resultado! Quanto dinheiro sai, quanto entra. E quando. Pois através do lucro concretizamos nossos sonhos de autorrealização. Contabilidade, débito e crédito são para contadores, não para nós. Mas alguns instrumentos de análise que os contadores usam são essenciais. Por exemplo, temos que projetar um fluxo de caixa para cinco anos e fazer uma estimativa de

IMPORTÂNCIA DA AÇÃO EMPREENDEDORA PARA O DESENVOLVIMENTO SOCIAL

Desenvolvimento social é diferente de crescimento econômico?

Enquanto o crescimento econômico (representado pelo PIB, sigla de produto interno bruto) diz respeito ao crescimento da produção de bens e serviços, o desenvolvimento social indica o grau de acesso que todos têm à riqueza gerada, algo difícil de se ver no Brasil. O desenvolvimento social inclui o conceito de sustentabilidade, que é a capacidade de uma comunidade melhorar a vida das pessoas (desenvolvimento humano), de todas as pessoas (desenvolvimento social), das que estão vivas hoje e das que viverão amanhã (desenvolvimento sustentável) (Franco, 2001).

Essa concepção implica, desde logo, o pressuposto da inclusão social – ou acesso das massas marginalizadas à cidadania – e a constatação de que o crescimento econômico (PIB), embora necessário, não é suficiente se não for sustentável e não se orientar por uma distribuição equitativa de seus frutos, que compreendem não só a riqueza produzida, mas também conhecimento e poder (entendido este último como capacidade e possibilidade de influir nas decisões públicas). Assim sendo, tudo indica que o desenvolvimento está relacionado a outros tipos de capital – humano, social, empresarial e natural –, além daquele vinculado a renda, bens e serviços. Vamos defini-los a seguir.

Capital humano

Diz respeito ao desenvolvimento das potencialidades humanas. Significa a capacidade de gerar conhecimento, inovar e transformar conhecimento em riqueza, que são tarefas típicas do empreendedor. Daí o empreendedorismo ser considerado o elemento do capital humano mais importante para o desenvolvimento.

Condições insatisfatórias de saúde, alimentação, educação, pesquisa científica, cultura, lazer, etc. evidenciam que os índices de capital humano no Brasil estão bem abaixo do ideal.

Capital social

Trata-se da capacidade apresentada pelos membros de uma comunidade de se organizar em torno da solução de seus problemas e da construção de sua prosperidade social e econômica. Pressupõe cooperação, para que o bem coletivo esteja acima das divergências pessoais.

O sonho de desenvolvimento da comunidade libera emoções coletivas que fazem transbordar os elementos necessários à inovação inerentes ao empreendedor: a criatividade, a perseverança, a paixão, a identificação de oportunidades comunitárias.

Obviamente, ambientes com alta concentração de poder dificilmente construirão um bom estoque de capital social, porque neles impera a crença de que alguns poucos têm melhores condições de resolver os problemas – e, consequentemente, a maioria é excluída dos foros decisórios.

Capital empreendedor

É a capacidade de organização produtiva para a geração de bens e serviços. Significa o domínio de como se processam os negócios nos vários setores, incluindo know-how gerencial, tecnologias, conhecimento de mercados e estratégias de relacionamento entre empresas, clientes, fornecedores, investidores, governos, etc. Essa capacidade empreendedora, parte integrante do capital humano, exige alto nível de educação.

Capital natural

As condições ambientais e físico-territoriais herdadas constituem o capital natural (sol, mar, clima, rios, terra cultivável, potencial eólico, etc.), cuja utilização eficaz depende do volume disponível de capital humano e social. Muitas localidades, apesar de ricas em capital natural, não têm condições de aproveitá-lo de forma a promover o desenvolvimento humano e social.

Para que a renda produzida se distribua, elevando as condições de vida da população, é preciso investir simultaneamente em todos os tipos de capital, porque o desenvolvimento sustentável só ocorrerá quando surgirem novos e múltiplos laços de realimentação e reforço entre eles. Para exemplificar: quanto maior for o capital humano, maior será a sua capacidade de gerar capital social, que gerará mais capital empresarial, que gerará mais renda, que gerará mais capital humano e assim por diante.

resultados, lucros, também para cinco anos. Vamos calcular o tempo em que a GMA vai pagar o que você colocou nela. E também tentar saber quantas unidades de goiabada temos que vender para cobrir todos os custos. Não vamos nos preocupar agora com balanços e balancetes e outras coisas do tipo. Vamos também classificar nossos gastos em custos, despesas, investimentos. É importante sabermos isso, porque tem impacto no lucro.

E continuou tentando resumir:

– Bom, essa é a visão que um homem prático, sem estudo, tem de controle financeiro. É lógico que existem outras coisas, mas, para o nosso Modelo de Negócios, é suficiente. Ah! Antes que me esqueça, o fluxo de caixa é a coisa...

– ... mais importante na empresa nascente – completou Luísa –, mais importante do que o lucro. É a gasolina do carro, enquanto o lucro é o óleo.

Seu André gargalhou. Não conhecia a metáfora do óleo e da gasolina. Mas se impressionou mais uma vez com a vivacidade de Luísa. Sua admiração pela "afilhada" crescia. Homem acostumado ao trabalho de sol a sol, não acreditava em outra coisa que não a dedicação, a energia colocada em benefício da empresa, do sonho. Sabia que, para alcançar o sucesso, um empreendedor tinha que trabalhar 12, 14 horas por dia. O bom é que, por estar realizando um sonho, pelo fato de a empresa ser uma extensão do seu interior, o trabalho gera prazer. O empreendedor vê o fim de semana, ao contrário do empregado, como um obstáculo ao seu prazer. Como os artistas, jamais pensa em aposentadoria, pois isso significaria o abandono da sua paixão.

Olhou para Luísa e pensou que **a vida pessoal dela talvez estivesse passando por grandes transformações**. Sabia que, por empresa e empreendedor serem entes inseparáveis, a vida pessoal pode se tornar um pouco tumultuada. Perguntou-lhe com naturalidade:

– Você tem namorado?

– Não sei dizer. Até o mês passado, tinha um noivo. Mas terminamos...

– Eu suspeitava que algo assim pudesse acontecer. Vou lhe dizer uma coisa. A maioria dos meus amigos empresários teve a vida afetiva alterada pela empresa. Separações, divórcios, novos casamentos, enfim, ninguém sai ileso. Eu sou uma exceção. Mas, na verdade, comecei tão cedo e tão lá de baixo que a Sinhá cresceu comigo, me compreende, me ajudou. Sabe qual é um dos problemas comuns entre os empresários que têm sócios? É a convivência entre as respectivas esposas. Pareço machista, mas eu não sou o

A VIDA PESSOAL DELA TALVEZ ESTIVESSE PASSANDO POR GRANDES TRANSFORMAÇÕES

Mudanças na vida pessoal

Os relatos de empreendedores revelam que sua vida pessoal costuma passar por grandes alterações quando abrem uma empresa. A família sofre grande impacto. É justo e importante que ela seja consultada e cúmplice do empreendedor. Se não for assim, a probabilidade de conflitos e rupturas é elevada.

As principais mudanças na vida de uma pessoa que abre uma empresa são:
- Deve aprender a trabalhar sob terrível pressão. Prazos são fatais.
- Tem que fazer de tudo – mesmo coisas que detesta ou nunca fez.
- Deve trabalhar por longas e imprevisíveis horas. Não tem mais controle sobre seu tempo.
- Tem maior autonomia sobre a própria vida. Mas tem que saber lidar com essa liberdade.
- Assume maior responsabilidade, já que tudo depende dela. Não há terceiros aos quais atribuir fracassos ou sucessos.
- Assume riscos financeiros, às vezes envolvendo o patrimônio da família.
- Sua remuneração é irregular e tem que conviver com a incerteza quanto ao próprio negócio. Por isso, seu horizonte de segurança é bastante limitado.
- É obrigada a tomar decisões, já que é a última instância e não pode delegar a palavra final para ninguém.
- Tem que liderar e gerenciar pessoas e seus conflitos de relacionamento.
- Tem que saber lidar com pessoas diferentes das quais depende: o cliente, o sócio, o fornecedor, o contador, o funcionário público, etc.
- Precisa, quase sempre, adotar um novo estilo de vida e se adaptar às mudanças nas relações familiares.

Sua vida pessoal é totalmente integrada com a da empresa. Não é mais possível ser uma em casa e outra na empresa, como acontece com empregados, porque o empreendedor é uma só pessoa, em casa e na empresa.

problema, só o estou relatando. Não convivo com muitas empresárias, mas o mesmo talvez se aplique a elas. Ou seja, quando uma esposa vai a um churrasco na casa da esposa do sócio de seu marido e vê que eles compraram um carro importado, fizeram uma reforma na casa, estiveram na Europa, volta para casa e diz ao marido: "Enquanto você fala que não pode viajar, seu sócio vai para a Europa com a mulher; enquanto você me diz que não podemos trocar de carro, ela compra um importado. Você trabalha até as nove, dez da noite, e o seu sócio joga bridge no Automóvel Clube." Sabe por que isso acontece? Porque a sociedade na empresa é igual a um casamento. O sócio sabe que o outro é o melhor vendedor e aceita que ele vá para a Europa fazer contatos. O cônjuge, não. Já que sou seu mentor, dou-lhe um conselho: nunca leve o marido a churrascos com os sócios. Isto é, caso você venha a ter um ou outro.

Depois de um curto silêncio, seu André soltou, com um sorriso que punha em dúvida a seriedade da frase:

– Acho que ambos, a certa altura, são inevitáveis, um mal necessário...

– Ora, o senhor é contra o casamento, não é? Logo o senhor, que é tão bem casado... Fala tanto da dona Sinhá...

– A Sinhá é formidável, uma mulher maravilhosa. Pena que eu me casei com ela.

Seu André riu da própria resposta de uma forma que pedia a Luísa que também achasse graça da pilhéria, já mil vezes repetida. Luísa achou exagerado o machismo do seu André. Uma tênue dúvida assaltou-lhe a mente: será que ele acreditava que uma mulher poderia ser empreendedora? Ele se decepcionou quando Luísa, em vez de sorrir, mudou propositalmente de assunto, com um muxoxo:

– Agora, quanto a sócios, eu pensei que eles fossem importantes...

"Falta senso de humor às mulheres", pensou ele, um pouco frustrado.

– Bom, quanto aos sócios, o que posso lhe dizer? Não deixa de ser parecido com o casamento. A única diferença é que os sócios, às vezes, a gente pode evitar.

Luísa percebeu que seu André estava retornando sempre ao mesmo ponto, talvez em virtude de alguma rusga com dona Sinhá. Já que não conseguia tirá-lo do círculo vicioso, ofereceu sua cumplicidade e, mais do que isso, deu-lhe de presente uma chave para que abrisse o coração:

– Mas o que houve entre o senhor e dona Sinhá?

Pasmo, tomado de surpresa, sentiu a face ruborizar. Concluiu que, na constituição feminina, a astúcia substituíra o senso de humor, com certeza em razão de seu forte parentesco com o capeta. Como aquela menina sabia que havia dois dias não dividia o leito com Sinhá, que implicara, mais uma vez, com o seu jeito de cortar melancia? Havia 35 anos que ele não sabia o que era a liberdade de cortar a melancia horizontalmente, servindo-se somente do miolo vermelho e desprezando a parte que pendia para o branco. A ofensa com que Sinhá o ferira ainda ecoava nos seus tímpanos: "Você não tem educação, André." Mas, diante de Luísa, submeteu-se, resignado.

– **A sociedade é um assunto extremamente delicado** – voltou a falar, sério. – Às vezes, é inevitável e importante. No começo de uma empresa, é muito comum a busca de sócios, tanto pelo capital que podem agregar como por serem a mão de obra mais barata naquele momento; e até para mitigar a insegurança, pois, escudando-se na força do grupo, todos se sentem mais qualificados para enfrentar o desconhecido.

A SOCIEDADE É UM ASSUNTO EXTREMAMENTE DELICADO

A escolha dos sócios

Cinquenta por cento dos empreendedores trabalham em sociedade. Ficam mais tempo com o sócio do que com o cônjuge.

Na escolha dos sócios, todo cuidado é pouco. Pode ser um fator de sucesso e também de fracasso. As sociedades se desfazem com muita frequência. Mesmo nas empresas familiares (talvez principalmente), os problemas costumam ser sérios. Aqui vão algumas reflexões – muitas delas cruciais – sobre a escolha de sócios.

Confiança
A falta de confiança entre os sócios é sinônimo de alto risco e custos pessoais.

Necessidades semelhantes
Os sócios devem ter padrão de vida e ambições de renda e consumo semelhantes.

Aceitação mútua
É importante aceitar os defeitos e as virtudes dos outros (estas, fontes de ciúme e inveja, são mais difíceis de tolerar).

Sonhos partilhados
Sonhos conflitantes geram problemas graves em caso de sucessão familiar (quando uma empresa passa de pai para filho).

Valores partilhados
Os sócios devem ter em comum (na vida pessoal e na gestão da empresa) o respeito à ética, à democracia, à comunidade, aos empregados, aos clientes e à natureza.

Complementaridade
As habilidades e os perfis devem ser complementares, de forma a atender às diferentes necessidades da empresa.

Bom contrato social
É fundamental prever como o negócio será desfeito, as condições de saída de um sócio, como calcular o valor da empresa e a parte de cada um. Não é só em caso de fracasso que alguém pode querer sair da empresa. Muitas vezes, aliás, a saída é motivada pelo sucesso. Não raro encontramos pessoas que, tendo que deixar a sociedade, perdem quase tudo que construíram, por não conseguirem atender às condições do contrato inicial feito entre os sócios. Há também sociedades que dão errado mas cujos sócios, por não haver uma regra clara para a saída, permanecem trabalhando juntos, presos uns aos outros, o que quase sempre prejudica a empresa e a felicidade pessoal.

Muita comunicação
Os sócios devem conversar muito, trocar informações, abordar principalmente os temas mais conflitantes. Seu André está certo a respeito da convivência dos cônjuges. A literatura indica que os maiores problemas de relacionamento entre os sócios surgem de questões que envolvem familiares.

– Tudo isso é verdade, mas, se não houver bastante critério na escolha dos sócios, será como conviver com uma bomba de efeito retardado. Tenho amigos que perderam tudo, voltaram ao zero, por causa de sócios. Há histórias inacreditáveis. Quem não conhece uma?

– Mas como escolher os sócios? É uma loteria? – angustiou-se Luísa.

– Existem alguns ensinamentos fornecidos pela prática. Cinquenta por cento dos empreendedores têm sócios e passam mais tempo com eles do que com o cônjuge. Os sócios devem ter perfis complementares, em função da natureza da empresa. Se um gosta de vendas, é desejável que o outro se interesse pela produção, jamais estando todos na mesma função. Devem ter necessidades e ambições semelhantes. Imagine uma pessoa que se satisfaça com uma retirada de mil reais por mês ser sócia de outra que tenha um padrão de vida que exija 10 mil, em uma empresa que proporcione um pró-labore de 5 mil. Teríamos uma no paraíso e outra no inferno. Os sócios têm que partilhar valores, ou seja, formas semelhantes de tratar os empregados, os clientes, o meio ambiente, os lucros. Mais do que tudo, confiança e aceitação precisam ser mútuas. É essencial que os sócios partilhem da mesma visão, que sejam embalados pelo mesmo sonho. Esse é um dos problemas normalmente acarretados pela sucessão, quando a empresa passa de pai para filho. Pode ser que tenham visões diferentes.

– Não é muito fácil conseguir isso, hein?

– É verdade. Mas é preciso tentar aprender com os erros cometidos pelos outros. Uma coisa fundamental na convivência dos sócios é a comunicação. Deve haver muita conversa sobre todos os assuntos. Uma leve reclamação represada pode se transformar em problema gigantesco com o passar do tempo. Quando eu lhe disse sobre o envolvimento dos cônjuges, estava falando sério. É um problema que tenho visto frequentemente. Uma última coisa: se você tem sócios, preocupe-se com o contrato de constituição da sociedade. No momento da criação da empresa, tudo são sonhos, não há motivos para desavenças. Mas há duas ocasiões em que elas são comuns: quando há muito prejuízo ou muito lucro. Sociedades se desfazem também quando a empresa vai bem. No contrato social, você tem que prever as cláusulas de saída da sociedade, ou seja, como será calculado o valor da empresa; quanto tempo os sócios terão para se manifestar sobre a compra das outras partes. Enfim, é importante planejar a criação da empresa, mas também é essencial prever a saída da empresa, ou até seu fechamento. Empresas fechadas e sociedades desfeitas não indicam necessariamente insucesso. Dali, talvez, surgirá nova empresa, mais saudável, sem as fraquezas de uma sociedade conflitante. Além do mais, a empresa pode ser vendida, se aparecer um bom preço. Por que não? Os americanos chamam isso de "colheita".

– Mas não entendo nada de contrato social, das burocracias necessárias para abrir uma empresa. Certamente vou precisar de um advogado.

– Não se preocupe, o Sebrae pode ajudar você nisso. É muito eficiente. Ele torna o processo de abrir uma empresa algo muito simples. Mas um bom contador é indispensável, você vai ter que contratar um. Posso ajudar nisso. Vou colocar meu pessoal jurídico à sua disposição.

– Obrigada, seu André.

– De nada. Mas chega de conversa e vamos fazer o nosso plano de trabalho.

Em seguida, como sempre, elaboraram um cronograma detalhado para a realização da análise financeira. Seria um trabalho interno. Luísa iria recorrer à pesquisa de campo apenas para uma ou outra informação. Seu André se colocou à disposição para qualquer problema. Também seu diretor financeiro poderia ser acionado, caso ela precisasse. Antes de sair, Luísa libertou uma pergunta havia muito aprisionada entre a língua e os dentes:

– Seu André, **o senhor acredita que as mulheres podem ter sucesso como empreendedoras, não é mesmo?**

Ele percebeu quanto aquela moça era teimosa. Não chegava ao atrevimento, mas ultrapassava a ousadia, embora conseguisse fazer as perguntas de forma doce, com charme.

– Você mudou minha opinião a respeito de mulheres empresárias – disse ele. – Exceções de praxe à parte, eu não acreditava nas mulheres até que a conheci melhor.

– Ora, muito obrigada, seu André – despediu-se Luísa, com um sorriso que disfarçava uma pequena ironia.

Ao chegar em casa, Luísa teve uma surpresa. A irmã, Tina, lhe apresentou um novo namorado, Rodrigo.

Luísa a puxou pelo braço até um canto.

– O que está havendo? E o Eriberto, seu namorado? Não estou entendendo. E mais: vocês dois aqui em casa, sozinhos?!

> **O SENHOR ACREDITA QUE AS MULHERES PODEM TER SUCESSO COMO EMPREENDEDORAS, NÃO É MESMO?**
>
> **Empreendedorismo feminino**
>
> Apesar de serem indispensáveis no empreendedorismo, por seu poder de gerar renda, as mulheres sofrem discriminação. É o caso de Luísa, personagem deste livro (é por esse motivo que o autor escolheu uma mulher como protagonista). Uma pergunta recorrente é se homens e mulheres empreendem de formas diferentes. Faz sentido que sim, porque empreendedorismo não é um conhecimento descolado da pessoa. É uma forma de ser. É vida. Em Bangladesh, o Nobel da Paz de 2006, o bengali Muhammad Yunus, apoiou-se nas mulheres para criar a revolução do microcrédito. Ele percebeu que elas se preocupam com a família e estabelecem relações positivas com as amigas. Acertou. Empréstimos são oferecidos a grupos de cinco mulheres, sob uma forma de aval diferente: se uma delas não pagar, as outras quatro perdem o crédito. Em outras palavras, a relação entre elas passou a ter valor financeiro, uma espécie de capital social. As taxas de inadimplência são mínimas. O empreendedorismo feminino, por ser indispensável ao crescimento da economia, recebe apoio de organizações como a Fundação Dom Cabral, que coloca a sua expertise à disposição de pequenas empreendedoras. Ou melhor, de grandes empreendedoras que estão à frente de pequenas empresas. Elas recebem um acompanhamento de classe mundial sem ter que dar contrapartida financeira. Mas elas pagam com uma moeda que vale ouro: estão turbinando as suas empresas e gerando empregos e riqueza.

– Ih, Luísa. Você está parecendo a mamãe. Que prensa, hein? Eu o trouxe aqui justamente para conhecer você. Ele estuda Administração e trabalha na empresa júnior da UFMG. Quando falei que minha irmã estava planejando abrir uma fábrica de goiabada, ele quis conversar com você. Agora, quanto ao Eriberto, já era, dançou. Acho que é muito careta. Você também não está dispensando o Delcídio? Isso sem falar no Irmão Lucas e no Paulo dos Martines. Todo mundo sabe por que você some durante a semana...

– O quê!? – indignou-se Luísa.

Tina se surpreendeu tocando pela primeira vez no assunto proibido. E de forma inadvertida. Arrependeu-se ao perceber a reação da irmã, que permanecia perplexa diante dela, boquiaberta no início, triste em seguida. Duas lágrimas correram-lhe pelas faces após alguns segundos.

– Você não sabe o que está falando – disse Luísa. – Mas vamos voltar para a sala, que o Rodrigo está lá sozinho. Esta conversa eu quero ter com você depois, a sós.

Luísa se sentia um pouco responsável por Tina, por isso reagira daquela maneira.

– O que é empresa júnior? – perguntou Luísa ao rapaz.

– É uma empresa criada por alunos da graduação, com o apoio da universidade. Na UFMG existem várias, em diferentes cursos, tais como Administração, Psicologia, Engenharia Mecânica. Ela pode existir em qualquer curso, depende da vontade dos alunos. Sei que o curso de Ciência da Computação também criou uma. O objetivo é permitir que os alunos obtenham experiência em gestão e prestação de serviços. Nós damos consultorias para outras empresas, a baixo custo e com a supervisão de professores.

– Olhe, por coincidência, estou precisando de alguém que possa me ajudar em um trabalho de análise financeira de uma empresa que pretendo criar.

– Não foi coincidência. A Tina me falou sobre a fábrica de goiabada, então me interessei. A coincidência é que estou me concentrando na área financeira e talvez eu mesmo possa contribuir com algo. Em que estágio você está?

– Na verdade, estou querendo ter uma visão geral, conhecer os conceitos, saber lidar com eles. Você sabe, eu estudo odontologia.

– Estou à sua disposição, Luísa. Se precisar do pessoal da Empresa Júnior, é só me falar – ofereceu Rodrigo.

– Será que tem uma Empresa Júnior na Faculdade de Direito? Estou precisando também de consultoria nessa área.

– Não sei – respondeu Rodrigo. – Uma coisa interessante para você seria uma visita à incubadora de empresas da UFMG. Não pense que uma empresa de software é totalmente diferente de uma fábrica de goiabada. Os problemas, as condições de sucesso e de fracasso são muito semelhantes.

– Incubadora? O professor Pedro já me havia falado sobre incubadoras. É um local que abriga empresas recém-criadas até elas conseguirem se firmar, não é? – indagou Luísa.

– Isso mesmo, é uma forma de dar apoio a empresas nascentes. Ali, cada "incubada" conta com instalações a preços menores que os de mercado e dispõe de vários serviços, que são comuns a todas, como secretária, office boy, acesso à internet, etc. Além disso, as empresas recebem consultoria de especialistas permanentemente e fazem cursos em diversas áreas. O mais importante, na minha opinião, é que elas estão sempre trocando valiosas informações entre si, sobre como resolveram determinado assunto: qual é um bom contador, qual é uma boa empresa de publicidade e assim por diante, o que vale uma consultoria.

– Os problemas se agravam depois que a gente abre a empresa – pensou Luísa em voz alta, e se lembrou do professor Pedro.

– Mas não devemos esquecer que a fonte de expertise do empreendedor é a rede de relações, que deve ser constantemente atualizada, enriquecida. Ela é para a empresa como o sangue que corre nas veias do empreendedor. Já ouvi alguém dizer que "o empreendedor isolado está em péssima companhia".

– O problema é que o microempreendedor no Brasil não tem tempo para cuidar das suas redes. Em outros países eles criam Clubes de Empreendedores. Quando abrir a GMA, mesmo envolvida até o pescoço com a trabalheira, vou ter que conseguir tempo para alimentar as minhas redes.

– É o que se diz. Mas existe uma outra coisa sobre a qual você deveria se informar: **os empreendedores anjos**. Você sabe, um empresário tem muito a ensinar para outro. E as dicas que dão são concretas: sabem indicar um contador, um especialista, uma fonte de matéria-prima, como resolver determinado problema tributário, etc. Isso é diferente de ter um consultor teórico. O empresário dá o caminho das pedras.

Tina estava feliz porque, de alguma forma, estava ajudando a irmã.

– Aprovei esse namoro, Tina! – brincou Luísa, com bom humor.

Tina deu um largo sorriso e beijou Rodrigo.

– Ele não é uma gracinha?

– Que tal a gente sair para tomar um chopinho? – convidou Rodrigo.

– Obrigada, mas tenho que esperar o Eduardo. Ele está com um cliente e chega aqui mais tarde.

Quando os dois saíram do apartamento, Luísa, ao segui-los com o olhar, sentiu uma aura positiva envolvendo o casal. Por simples intuição, achou que Tina havia encontrado seu parceiro para a vida.

OS EMPREENDEDORES ANJOS

Também os "anjos" são importantes

Como conseguir dinheiro para abrir uma empresa? A primeira fonte de dinheiro é o *love money*: dinheiro da família, da noiva, dos amigos. Uma alternativa é o *crowdfunding*, uma espécie de vaquinha via internet. A empresa também pode, mesmo antes de iniciar as vendas, buscar o capital semente em fundos privados ou de órgãos governamentais e junto aos "anjos" – grupos de investidores geralmente integrados por ex-empreendedores e executivos, pessoas experientes na área empresarial, que desejam investir em empresas nascentes com bom potencial de crescimento. Os "anjos" são uma boa opção porque, além de aportarem dinheiro, oferecem aos empreendedores a sua elevada expertise.

Para uma fase posterior, em que a empresa já conseguiu tração, ou seja, sobrevive com as próprias vendas, há a possibilidade de se obter investimento de risco.

Qualquer que seja o tipo, mesmo o *love money* (principalmente esse tipo), o dinheiro só dá as caras quando o investidor acredita haver elevada probabilidade de sucesso.

Ainda no banho, ouviu a campainha tocar. Vestiu rapidamente um short e uma camiseta que terminava logo abaixo dos seios. Era a única roupa que poderia oferecer algum conforto no verão escaldante. Ao abrir a porta, descalça, deparou com Eduardo carregando um vaso tendo uma orquídea da qual desabrochava uma pérola azul.

Encantada, Luísa agradeceu com um beijo apaixonado, abraçando-o e atraindo-o para dentro do apartamento. Ao enlaçar com os braços o corpo de Luísa e, agarrado a ela, precipitar-se no chão da sala, Eduardo viu o vaso se projetar no assoalho de tábua corrida, permanecendo intacto por milagre. Ele sentiu o corpo estremecer, a paixão arrebatando-o. Jamais experimentara um abandono tão profundo. Nas suas experiências, sempre havia um domínio da razão até o momento do prazer final. Ali não, ele era puro sentimento, volúpia, amor. E êxtase, ao ver e sentir pela primeira vez o corpo nu de Luísa, maravilhoso, cujas formas jamais seriam igualadas por um escultor mortal.

Abraçados um ao outro, entregavam-se ao deleite de corpos saciados, da paixão partilhada. Demorou um bom tempo para perceberem que a porta do apartamento permanecera entreaberta e ambos tiveram a perfeita sensação de que, por ali, a sua felicidade se espalharia pelo mundo.

No dia seguinte à conversa com Rodrigo, a curiosidade insaciável de Luísa levou-a a visitar a Incubadora de Empresas Inova UFMG, onde logo fez amizades com os empreendedores cujas empresas estavam em fase de incubação. Identificou-se de imediato com eles, pois, apesar de estarem na área de informática, eram em sua maioria jovens ex-alunos da universidade e conheciam o professor Pedro. A partir daí, Luísa começou a participar dos eventos realizados na UFMG e não raro se reunia com o pessoal para um chope no fim da tarde.

...

As provas finais na faculdade de Odontologia absorviam boa parte do tempo de Luísa. Na última hora, cedera aos apelos de dona Maria Helena e resolvera participar do baile de formatura. Metade de Ponte Nova estaria presente. Mandara fazer o vestido para a missa e a beca para a entrega do diploma. Isso tudo lhe tomava mais tempo ainda. Como se não bastasse, na sua ausência, elegeram-na oradora da turma, resultado das articulações de Leninha, sem que nada soubesse.

– Leninha, como você me faz uma coisa dessas?! Não sei como vai ficar a sua cara quando eu disser para a comissão de formatura que não aceito porque não sabia de nada, foi tudo aprontação sua! – disse Luísa ao telefone.

– Não sei o que dona Maria Helena vai sentir quando souber que você desistiu de ser oradora. Todo mundo em Ponte Nova já sabe.

– Sua bandida! Você ainda foi contar para mamãe! E sabendo que não dou a mínima importância para o curso, que estou em outra... Nem tempo para fazer o discurso eu tenho.

– Eu fiz isso porque acho que você, da nossa turma, é que tem uma percepção mais abrangente do mundo, da vida, do futuro. Está nas melhores mãos.

O revide com luvas de pelica emudecera Luísa. "Nada a fazer", pensou. Eduardo reforçou a aversão de Luísa pelas festividades de formatura:

– Sabe, Luísa, não existe coisa mais chata que formatura. Só os pais deveriam ir. Quem manda convite de formatura é inimigo. – E emendou: – Posso te ajudar a preparar um "improviso" – brincou. – Porque você não vai ler um discurso, né?

Eduardo, intelectualmente pretensioso, achava que o momento seria perfeito para mostrar um alto grau de refinamento e capacidade. O "improviso" seria marcante, pessoal, de qualidade indiscutível.

– Era só o que me faltava – devolveu Luísa, que não era dada a nenhum tipo de sofisticação. – Estou lá preocupada com essas coisas?

Eduardo sentiu a estocada. Sua experiência e seu maior preparo não eram suficientes para se impor diante da altivez dela. Percebendo que, mesmo sem querer, havia sido rude, Luísa deu-lhe um beijo bem estalado na face.

– Vamos escrever este improviso: "... promover a saúde de uma forma integral, para o bem da nossa categoria profissional, da comunidade e do Brasil!"

Foram as últimas palavras do discurso, seguidas de muitas palmas, mais ruidosas à direita do auditório, nas primeiras filas, onde se concentrava a claque de Ponte Nova, em meio à qual Eduardo mostrava para Luísa os dois polegares apontados para o teto em sinal de aprovação. As festas de formatura foram uma ótima oportunidade para a família, já resignada em não haver casamento, conhecer Eduardo.

A única sequela aparente do noivado desfeito era uma dor de cabeça forte e renitente que acometia dona Maria Helena. Fizera a via-crúcis de neurologistas a curandeiros, mas nada abrandava a enxaqueca.

– A gente aproveita o enxoval – consolava-se dona Maria Helena –, o apartamento fica esperando. Graças a Deus, as passagens para o Caribe ainda não tinham sido pagas.

Fernanda não concordava com aquela atitude.

– Olhe, para vocês, o noivo não passa do bonequinho que vai enfeitando o bolo de casamento. Um enxoval deve também atender ao gosto e às preferências do noivo, ter sua marca. Não basta bordar o novo nome no lugar do antigo. Você larga de ser munheca de samambaia e doe esse enxoval para quem precisa, Maria Helena. Se Luísa vier a se casar, ela que compre outro.

Apesar de ser apenas um namoro, seu Geraldo já pedira a seus amigos de Belo Horizonte que colhessem "referências" sobre Eduardo. "Colher referências" significava vasculhar a vida pregressa de uma pessoa. Era praxe, "porque na cidade grande tem de tudo". As referências indicaram certa "acomodação e ingenuidade" em relação a dinheiro, fama de "mulherengo" em relação a hábitos e, em relação ao resto, "de boa família". As referências eram legítimas, mas insuficientes. Eduardo não era extravagante ou preguiçoso, mas nele as recompensas ao intelecto tinham precedência sobre as demais. Um dos informantes de Geraldo, um grande amigo que morava em Belo Horizonte, arrematou o assunto dizendo "Se fosse minha filha, eu entregaria de olhos fechados. É um grande partido".

– Não sei se o futuro de Luísa vai estar seguro. Não há casamento que resista à falta de dinheiro. O espírito e o intelecto são muito importantes, mas não põem mesa – temia dona Maria Helena.

Fernanda tentava chamar todos à realidade:

– Gente... quem falou em casamento? Não tem nem dois meses esse namoro. Vocês estão urubuzando os dois, hein? Isso dá azar.

Em Ponte Nova, as comparações entre Delcídio e Eduardo eram inevitáveis, embora inócuas. Eram o passatempo, o esporte de temporada daquelas senhoras. Junto com outros mexericos e bisbilhotices, elas montavam a novela mundana da cidade, alterando-a, com a imaginação viva e o tempero adequado, ao sabor da plateia, dosando a emoção, o suspense, a intriga, onde mais pudessem despertar o riso ou a aflição, a suspeita ou a surpresa, a inveja ou a consternação. Não raro, elas se desligavam a contragosto desse enredo, sobre o qual tinham controle, para sintonizar na televisão as outras novelas, de nível inferior, na sua opinião, porque não eram, como a delas, dirigidas a um nicho específico, mas ao público em geral, e, como tal, tinham que satisfazer a gostos duvidosos.

No íntimo, elas achavam que o principal motivo da inferioridade era porque nenhum autor jamais tivera a seu lado uma equipe de dramatização tão competente como aquela de Ponte Nova.

A terceira semana de dezembro já ia pela metade quando Luísa conseguiu retomar seu trabalho, após as folias da formatura. E logo depois viria o Natal...

Iria entrar agora em uma fase de trabalho "de gabinete", ou seja, ficar internada para fazer o estudo de viabilidade financeira, calculando todos os gastos que seriam necessários para instalação e início das operações da

GMA. Sabia que era um trabalho isolado. O que ainda não sabia era que, na sua vida de empreendedora, iria se sentir solitária em muitas ocasiões, principalmente nos momentos de tomada de decisões, quando todo o peso recairia sobre seus ombros.

Livre da universidade, advertiu Eduardo de que ia passar por um período de hibernação. Imaginava dedicar todo o mês de janeiro à análise financeira. Normalmente estaria na praia de Meaípe, no Espírito Santo, com dona Maria Helena, seu Geraldo, Tina e Delcídio. Lembrava-se do ex-noivo com carinho. As notícias que chegavam de Ponte Nova davam conta de que ele estava inconsolável. Ela teve que se conter para não telefonar; era amizade pura, vontade de aliviar o sofrimento dele.

Tinha feito o estudo de mercado e já podia estimar o volume de vendas e o preço unitário. Todo o trabalho de Luísa era de planejamento, já que estava criando uma empresa. Tratava de coisas que ainda iriam acontecer. Como de hábito, formulou as perguntas que deveriam ser respondidas pela análise de viabilidade financeira da GMA. Havia aprendido com Eduardo que, na área financeira, a capacidade de fazer perguntas pertinentes era ainda mais fundamental do que em outras áreas. Isso porque a análise financeira é um medidor e indicador de desempenho da empresa. É um termômetro, pois somente os números gerados pelos relatórios financeiros podem nos dizer a quantas anda ou andará o negócio. Assim, é fundamental que o empreendedor saiba para que serve a ferramenta de análise financeira e como proceder à sua leitura.

...

Eduardo já se acostumara aos períodos de isolamento de Luísa. Havia alguns dias em que ela nunca estava disponível. No começo eram as segundas-feiras, depois os sábados. Ela nunca explicara a razão, deixando algo indefinido no ar. Até que numa segunda-feira, por acaso, Eduardo a avistou de carro, no bairro Floresta, quando deveria estar em casa estudando. Tentou segui-la, por simples reflexo, mas a perdeu quando se encaminhava ao Horto. Jamais tocou no assunto, por respeito à liberdade dela, mas não conseguia impedir que uma leve dúvida lhe assaltasse o espírito de forma recorrente. E essa dúvida instalada em seu peito transmutava-se em crescente ciúme.

Durante a "hibernação" de Luísa, surpreendera-o uma pesada solidão. Era janeiro, mês em que as férias normalmente desfalcam as cidades de seus habitantes. Amigos ausentes, o coração escravo de Luísa, Eduardo experimentava uma sensação de inquietude, de alma extraviada.

Mais do que isso, sentia-se desconfortável ao ser dominado por atribulações que considerava de segunda ordem e inspiravam sentimentos pouco nobres, já que criavam um clima de desconfiança em relação a Luísa.

Acostumado a ter e oferecer liberdade em seus relacionamentos afetivos, renegava dentro de si o impulso de investigar, procurar, decifrar, ao mesmo tempo que acolhia, cada vez mais, o sentimento de que Luísa tinha um envolvimento com outra pessoa. Mas era de opinião que as coisas deveriam fluir entre eles de forma espontânea. Sabia que Luísa era independente, insubmissa, e era isso o que mais o atraía. Mais ainda, respeitava, pelo menos em teoria, o direito de cada um ter a vida que bem quisesse e sabia que Luísa dele fazia uso.

Mas uma força maior o impulsionava na tentativa de descobrir algo que era guardado a sete chaves, protegido a qualquer custo: o segredo de Luísa.

As mãos trêmulas, o peito arfando pelo descompasso do coração, Eduardo seguia o carro de Luísa sem ser percebido. Era uma tarde de sábado e ele abominava a si mesmo, sentindo-se abjeto. Luísa tomara a direção do bairro Floresta, seguira a avenida Silviano Brandão e desembocara no Horto. Para ele, era quase impossível dirigir naquelas condições. Conseguiu perceber o próprio descontrole quando a viu estacionar defronte a uma casa antiga: as mãos suavam, mal conseguia dominar o seu automóvel. Sentiu-se profanando o mundo interior de sua amada. Pensou em ir embora, desistir, mas foi retido pelo impulso irrefreável de obter, mesmo à custa de um grande sacrifício, a chave daquele segredo. Viu Luísa descer do carro e subir as escadas que levavam à porta principal do casarão. Permaneceu no veículo, sem ser visto, à espera de Luísa, que, três horas depois, saía em seu carro.

Ao subir as escadas, ele pôde ler, em placa colocada na varanda do segundo andar, os dizeres "Caminho da Criança". Entrou no velho casarão e foi logo atendido por uma senhora:

– Aqui nós recebemos crianças abandonadas, miseráveis, e lhes damos um lar. Escolhemos as mais desamparadas, as que têm deficiências mentais irrecuperáveis e por isso difíceis de serem aceitas em outras instituições. Damos toda a assistência médica, graças a profissionais voluntários. Ainda há pouco saiu daqui a Luísa, que desde que entrou na faculdade de Odontologia vem nos ajudar. Ela atende no horário que a gente quer, não importa o dia. É uma graça de pessoa, e como ela temos muitas, que nos possibilitam sobreviver. O senhor quer conhecer a nossa casa?

Atordoado pela descoberta, Eduardo percorreu todas as instalações e sentiu um aperto no peito por tudo que via e sentia. Mas, mesmo sensibilizado pelas crianças indefesas, não conseguia deixar de pensar em si mesmo, em suas fraquezas. Não lograva afastar a sensação de estar violando o que existia de mais íntimo no coração de Luísa e, dessa forma, de estar se jogando em um abismo de aviltamento.

Naquela noite, naqueles dias, naquelas semanas, Eduardo tentou recompor seu ser. Jamais fora traído com tanta intensidade por si mesmo. Tomara a decisão de se confessar com Luísa. Seria a única forma de se sentir bem novamente. Mesmo que o relato da sua desconfiança representasse o fim de um sonho de amor.

Luísa ouviu calmamente tudo que Eduardo tinha a lhe relatar. Ao final, sem desviar seus olhos dos dele, reagiu:

– Eu achava que você fosse diferente dos outros. Pensava que, por suas ideias, por sua cultura e vivência, teria condições de me aceitar sem desconfianças. Eu já me relacionei com uma pessoa que sofria por desconfiar de mim e não me importei ao ver se dissipar o amor que sentia por ela. Sei que em Ponte Nova circulam histórias a meu respeito. Não me importo, porque é o preço que pago. Mas jamais podia imaginar que você...

Luísa não represou as lágrimas que se precipitavam pelo rosto, mas manteve os olhos fixos nos dele. Eduardo se intimidou com a beleza dela, sentindo ao mesmo tempo que a estava perdendo.

– Há alguns anos trabalho no Caminho da Criança. É o que eu posso fazer, por enquanto, para **ajudar aquelas crianças** e retribuir o que recebo das pessoas, da terra, da vida. Não sei por quê, talvez por capricho, ou por qualquer outro motivo, sei lá, eu decidi que jamais contaria a alguém sobre esse trabalho. Seria meu segredo, um artifício para proteger e alimentar um sonho, um modo de buscar energias para continuar. É algo que está dentro de mim, que me faz agir e que talvez seja uma fantasia infantil, mas que me ajuda sempre a lembrar que eu devo me realizar como pessoa pelo que eu penso de mim mesma, e não por intermédio da imagem que inspiro.

> **AJUDAR AQUELAS CRIANÇAS**
>
> **O compromisso social do empreendedor**
> O empreendedor deve ter alto comprometimento com o ambiente, em todos os seus aspectos: cidadania, ética, economia, justiça social, ecologia. Fortalecendo e preservando o meio ambiente, contribuindo para a economia, ele estará criando melhores condições para seu próprio desenvolvimento como cidadão e como empreendedor.

Após uma pausa, ela continuou:

– Tanto quanto possível, não quero me submeter a padrões de sucesso externos, mas seguir meus próprios valores. Para isso, transformo os respingos das histórias que criam a meu respeito em estímulo para seguir meu caminho. É como se fosse um exercício para o espírito... Você não pode imaginar a força que essas crianças me dão.

Luísa se levantou do sofá, chegou bem perto de Eduardo e disse:

– Não estou triste por você ter descoberto o que eu escondia, mas por não ter confiado em mim.

Ela se encaminhou para o quarto, deixando-o sozinho, enterrado na poltrona, notando que jamais vira Eduardo com uma expressão tão devastada.

Como abordar o planejamento financeiro

– Temos que ficar atentos ao dinheiro que entra e ao que sai. Tudo depende desses movimentos. As finanças são um instrumento de controle e avaliação dos resultados da empresa – dizia o professor Pedro. – É uma área com amplo material na internet, com ferramentas e softwares gratuitos.

– O senhor quer dizer que eu tenho que aprender sozinha – concluiu Luísa.

– Sim, estamos numa era em que a informação é abundante. O que é importante é saber distinguir entre o essencial e o supérfluo. Esse é o papel de um bom professor ou de um bom livro.

– Acabei levando um sermão, mas concordo. Não podemos querer tudo na mão.

– Sim, na área de finanças é bom deixar os cálculos para os softwares e prestar atenção nos resultados. Garanto que Bill Gates, criador da Microsoft, jamais teve a paciência de calcular uma TIR, taxa interna de retorno. No lugar de dar respostas, que ficam por conta do especialista, o empreendedor deve desenvolver a capacidade de fazer as perguntas adequadas.

– Gostei dessa parte, adoro fazer perguntas.

– Criei uma estratégia para o empreendedor navegar com proficiência nas áreas de finanças e marketing, geralmente cheias de palavras abstrusas, códigos, siglas e truques de significado. As respostas estão disponíveis e praticamente de graça, porque o oráculo deste século as envia pelo wi-fi. Devemos aprender a garimpá-las. As perguntas sempre foram mais importantes que as respostas. Nas empresas, a operação repetitiva tem que ser simples. O que é complicado é ter um sonho, autoconhecer-se, articular recursos, definir o setor de atuação, identificar problemas. Por essa razão, na área financeira vamos nos dedicar somente às perguntas essenciais. Os detalhes você encontra na internet. Veja exemplos de perguntas que podem ser feitas por você. Elas cobrem a maior parte da área de finanças.

Luísa tomou uma folha de papel para anotar:

- Quanto dinheiro será necessário para montar a empresa e iniciar as atividades, incluindo o capital de giro? (Investimentos iniciais.)
- Em quanto tempo vou recuperar o investimento inicial feito na GMA? (Payback.)
- Quanto vou ganhar por mês? Qual será o lucro líquido a ser distribuído, ou seja, qual valor estará disponível depois de pagos todos os compromissos?
- Terei de buscar empréstimos? Qual será o saldo de caixa projetado, ou seja, os recursos financeiros disponíveis, mês a mês, depois que todas as receitas e despesas foram efetivadas? (Fluxo de caixa.)
- Qual a quantidade mínima de vendas que permitirá cobrir os custos? (Ponto de equilíbrio.)

- A taxa de retorno prevista para a GMA é maior do que a oferecida pelo mercado? Ela é mais atrativa que os fundos de investimento, por exemplo? (TIR e valor presente líquido, ou VPL.)
- Quais são os custos fixos (que não se alteram ou pouco se alteram com a variação da quantidade produzida)?
- Quais são os custos variáveis (que se alteram em função da quantidade produzida)?

Pela projeção dos lucros, feita com o auxílio de um programa que encontrou na internet, Luísa observou que sua ideia poderia se transformar em um bom negócio, uma vez que a partir do começo do segundo ano de atividade o investimento inicial já teria sido totalmente pago. Haveria resultado positivo desde o primeiro período de produção, tendo ela somente que recuperar o dinheiro investido. Observou, porém, que seu lucro líquido inicial seria pequeno e que qualquer desvio no planejamento poderia significar prejuízos. Necessitaria, pois, de um acurado acompanhamento do caixa para gerenciar os recebimentos e os pagamentos previstos.

5
A busca de recursos

Pôr em marcha

A alegria de Luísa era dupla: terminara a análise financeira e as perguntas tinham sido respondidas positivamente. Tudo estaria perfeito, não fosse um dos números que levantara: não tinha o dinheiro para os investimentos iniciais!

Não era a ordem de grandeza para a qual estava preparada. Imaginara bem menos. Naquele dia, ficou até tarde revendo os cálculos, as alternativas de investimento, o fluxo de produção, a montagem da área administrativa, buscando possibilidades de redução e cortes. Não encontrou. Passava das onze da noite quando ligou para Eduardo. Era a primeira vez que conversava com ele desde que a seguira até o Caminho da Criança.

– Eu esperava algo equivalente ao valor do meu carro. Já refiz todas as análises, não há como reduzir os investimentos sem comprometer a qualidade. Não tenho condições de arrumar essa grana. Estou frustrada, parece que fui enganada por mim mesma.

A manhã do dia seguinte seria o prenúncio do que se tornaria quase uma rotina em sua futura vida de empreendedora: um grande problema surgido na véspera, o início de um dia sem saber exatamente o que fazer para solucioná-lo. Depois do susto, sentiu-se tomada por um influxo de novas energias, provenientes não sabia de onde. Se na véspera o problema era maior do que ela, naquele momento sua nova estatura emocional permitia enfrentá-lo de igual para igual.

Decidiu sair em busca de uma solução para suas necessidades de investimento. E a primeira porta em que bateu foi a do banco de que era cliente, por meio do qual seu pai remetia o dinheiro para suas despesas em Belo Horizonte. O gerente recebeu-a bem. Segundo ele, o banco poderia conceder um empréstimo sem problemas.

– O importante é você apresentar uma garantia real – disse ele.

– Mas o que é garantia real?

– Você tem que oferecer um bem patrimonial, um imóvel, por exemplo, como garantia da dívida. E os juros são os melhores da praça.

Como não tinha imóveis nem condições de pagar a elevada taxa de juros, Luísa sentiu essa porta se fechar. Recorreu ao mentor. Seu André apresentou-lhe algumas alternativas:

– Olhe, Luísa, você pode tentar conseguir atrair investidores. Existem fontes de capital semente, usado em empresas nascentes. Também os investidores anjos podem financiar. O capital de risco é mais voltado para startups de base tecnológica. Outra possibilidade seria buscar parcerias de empresas, caso você esteja disposta a abrir mão de uma parte da GMA. Posso sondar alguns amigos que têm empresas na mesma área.

A ideia de dividir a GMA com um desconhecido foi visceralmente rejeitada por Luísa.

– Não se divide um sonho assim, sem mais nem menos, não é, seu André!?

– Eu vejo a coisa de outra forma: é bem-vindo alguém que lhe permita realizar seus sonhos!

A objetividade do mentor a fez perceber que, além de ser assunto do coração, esse era um tema também para a razão.

– Ainda bem que você já terminou o Modelo de Negócios. Em todas as hipóteses de conseguir capital que lhe apresentei – retomou André –, você vai precisar dele para demonstrar aos interessados o potencial da GMA.

Luísa enviou várias cópias do Modelo de Negócios da GMA ao mentor e aguardou duas semanas por uma nova reunião. O ideal seria fazer apresentações pessoalmente, mas seria difícil conseguir disponibilidade desses empreendedores. Nesse intervalo, percebeu que talvez a parceria fosse uma das últimas alternativas que lhe sobravam, pois, ao bater nas outras portas, notara que em nenhuma delas encontraria a resposta procurada: o capital de risco ainda era muito incipiente no Brasil, as linhas de financiamento não atendiam às suas condições. Seu André mostrava-se esperançoso diante de uma Luísa agora disposta a dividir a propriedade da GMA, talvez como única alternativa.

– Mandei o Modelo de Negócios da GMA para alguns amigos. Três me acenaram com possibilidades de negócio. Eles estão aguardando um contato seu.

– Mas quais são as propostas deles?

– Não vou adiantar nada por enquanto. Não quero influenciá-la antes de você fazer uma análise de cada proposta. Depois conversaremos. Mas vá até eles, ouça, reflita.

Dos três, ela procurou primeiro o Dr. Celso, grande empresário de vários setores, cujo carro-chefe era a área de laticínios, e ouviu dele o seguinte:

– Gostei muito do seu Modelo de Negócios. Confesso que é a primeira vez que vejo um e que me impressionou pela clareza e pela riqueza da análise e dos detalhes. É possível você fazer uma apresentação agora?

– É claro, preciso de poucos minutos – prontificou-se Luísa.

Ao final, ele lhe disse:

– Você está de parabéns. O negócio que tenho a lhe propor é o seguinte: posso lhe pagar pela ideia da empresa e pelo seu Modelo de Negócios. Sinto que não seria o caso de uma parceria, porque você está muito verde, ainda não tem experiência.

Luísa saiu sem argumentar. Não quis saber qual quantia ele ofereceria. Indignara-se a ponto de ficar ofendida. Conteve o ímpeto causado pelo sangue que lhe subia à cabeça e respondeu apenas:

– Obrigada, Dr. Celso. Vou analisar e depois lhe darei um retorno.

Luísa olhava o cartão de visita que seu André lhe dera: era o segundo empresário que procurava. No cartão estava escrito: "IASAL, Indústria de Alimentos Santa Luzia. Acácio Dalsecco – Presidente".

IASAL
Indústria de Alimentos Santa Luzia

Acácio Dalsecco
Presidente

Estava na fábrica, em Santa Luzia, na Grande BH, na sala de espera do presidente, aguardando ser chamada. Quando reparou no mostruário de produtos que ficava junto à mesa da secretária, Luísa se surpreendeu ao ver uma embalagem parecida com a que idealizara para a GMA: doce de banana-passa em forma de tablete. Só então percebeu que tinha diante de si um concorrente.

Seu Acácio era simpático e afável. Foi direto ao assunto:

– Vejo que você quer ser minha concorrente, não é mesmo?

Luísa não sabia como reagir. A situação era nova para ela. Pensou em dizer que seria concorrente mas não adversária, porém não teve tempo.

– Ótimo. O mercado é assim, a concorrência é natural. Mas devo lhe dizer algo, sem querer ser rude: do jeito como vejo as coisas, você tem duas opções. A primeira é ser minha concorrente, caso em que vou fazer tudo para superá-la, para vê-la em situação inferior à IASAL. E ainda faço a seguinte advertência: não é fácil concorrer comigo!

Luísa se desconcertou. O tom de voz normal, até afável, que usara para dizer aquelas palavras não se harmonizava com o conteúdo, para ela agressivo.

– A segunda opção – continuou ele – é constituirmos uma sociedade. Seu Modelo de Negócios me surpreendeu. Jamais vi um documento desses tão bem articulado. Você não tem experiência, mas, por outro lado, foi recomendada pelo André, velho amigo que admiro. Assim, gostaria muito que considerasse a proposta que lhe apresento. Faremos uma sociedade, em que você terá 30% da propriedade da GMA e será a dirigente, a gerente. Se quiser, sua parte de capital poderá ser aportada mediante abatimentos em sua retirada mensal. Não pretendo participar da administração da GMA, por falta de tempo. Mas é lógico que acompanharei cada um dos seus passos e iremos nos reunir para analisar os resultados. Colocarei à sua disposição todo o know-how da IASAL, mas você terá que se virar sozinha.

– O senhor discutiria a possibilidade de minha participação ser maior do que 30%?

– Sim, claro. Tudo é discutível. Mas, veja, você não tem muito cacife para discutir agora. Só tem uma ideia e um plano, mas que não passa de papel. Por outro lado, eu vou arriscar uma boa grana. Se pensar bem, a proposta não é ruim para você.

No desabafo com Eduardo, Luísa expunha suas mágoas:

– Que belo mentor arrumei. Me indicou dois empresários, um deles concorrente, e ambos me fizeram propostas ridículas. Na verdade, um deles me disse com outras palavras que quer ver a minha caveira. E ainda nem comecei! Eu me senti tão diminuída!

– Luísa, você precisa entender a linguagem. O que o Acácio disse é a pura verdade. Ele não foi agressivo nem desleal, a concorrência é assim mesmo. Ele só antecipou o que, de fato, irá ocorrer quando a GMA começar a vender. Eu acho que você deveria considerar a proposta dele.

– Jamais! Eu não quero ter só 30% do meu sonho!

"Talvez seja melhor do que nada", pensou Eduardo, sem coragem de lhe dizer isso. Estava difícil entrar em contato com o terceiro nome, Romeu Neto, que André lhe indicara. Ora estava viajando, ora em reunião. Deixava recados, mas sem receber retorno.

O tempo corria, as águas de março fizeram o rio Piranga transbordar e causar grandes estragos no centro de Ponte Nova. Dona Maria Helena ainda alimentava a esperança de ver Luísa instalando-se na clínica odontológica. A proposta de Acácio martelava a cabeça de Luísa, que não queria aceitá-la, mas reconhecia como sua tábua de salvação.

Mesmo não querendo, e como último recurso, recorreu à família, solicitando um empréstimo. Todos viram naquele pedido um sinal de que as chances de Luísa ser dentista renasciam. A não ser Fernanda, ninguém na família pensava em ajudar Luísa, apesar de todas as demonstrações em contrário. No seu canto, Fernanda vivia um dilema: se atendesse à afilhada, afrontaria a irmã e a família. Preferiu omitir-se, mesmo sofrendo.

Luísa estava prestes a aceitar a proposta do empresário Acácio. Não podia começar abril sem solução para sua vida. Seu André, pragmático, estimulava a sociedade com Acácio, já que até aquele momento era a única alternativa concreta de que ela dispunha. Na verdade, o mentor fizera grande esforço para se conter e não amparar a afilhada com uma proposta de sociedade entre os dois, mas achava que ela deveria trilhar os próprios caminhos, como parte do seu processo de aprendizagem.

O advogado de seu André ajudou a aprontar a versão final do contrato social da GMA, no qual a IASAL teria 70%. Luísa preparava-se para uma pequena cerimônia de assinatura na IASAL, na semana seguinte, e fora para Ponte Nova comunicar a decisão à família.

Na casa dos pais, a aparência festiva camuflava certo desaponto com o desfecho da GMA. Luísa tentava mostrar-se satisfeita com sua empresa. Afinal, se não era toda sua, a GMA passava do imaginário para o concreto e representava uma chance de trabalho e potencial de lucros. Ela ia sair de uma situação indefinida e assumir a posição de empreendedora. Não exatamente como sonhara, mas, ainda assim, empreendedora. Durante o almoço de sábado, último dia de março, dona Maria Helena atendeu a um telefonema.

– É para você, Luísa. Um tal de Romeu Neto.

Ela foi atender.

– Sinto não ter podido falar com você antes, mas estive fora – começou ele. – Me desculpe por ligar para sua casa, mas só tenho hoje e amanhã. Segunda-feira vou para São Paulo. Vi o seu Modelo de Negócios e tenho uma proposta que talvez lhe interesse – disse Romeu Neto.

– É uma pena – respondeu Luísa. – Segunda-feira vou assinar contrato com um novo sócio. Acho que o senhor chegou um pouco atrasado. Mas estou curiosa, qual seria a proposta?

– Eu tenho uma indústria de compotas, a Doceminas, e atualmente estou com capacidade ociosa na minha fábrica, que fica em Contagem. A ideia é você utilizar minhas instalações para produzir a goiabada. Em contrapartida, você me pagaria um valor unitário pela industrialização. Posso lhe dar carência de três meses para você formar capital de giro. Uma outra hipótese, já que acredito no seu negócio, é a gente fazer um contrato de risco, em que eu terei 10% do seu faturamento bruto. Mas temos que conversar pessoalmente, se for o caso.

À mesa, silenciosos, acompanhando a conversa de Luísa ao telefone, todos perceberam claramente quando o brilho da alegria voltou àqueles olhos.

– O que era, minha filha? – indagou dona Maria Helena.

– Estou indo agora mesmo para Belo Horizonte!

Luísa sorriu, sentindo renascer a esperança de ser dona do seu sonho.

Foi ainda no sábado visitar a fábrica em Contagem. À noite, debruçou-se sobre os números, analisando o valor unitário que poderia pagar como aluguel das instalações. Não foi difícil, com a ajuda das planilhas financeiras, que eram facilmente modificadas. Sua margem de lucro permitia que oferecesse um bom valor por unidade produzida. Era essa a sua contraproposta.

No domingo, com a presença de seu André e do advogado, Luísa e Romeu Neto assinaram um contrato provisório, segundo o qual a GMA utilizaria as instalações fabris da Doceminas. Luísa conseguira manter a propriedade total da empresa. Sentia-se vitoriosa. Faltava dizer a Acácio que não haveria contrato. Luísa olhou para seu André, suplicante.

– Nessa fria você não me põe não, viu? – disse ele, lendo as intenções de Luísa. – Faz parte do seu aprendizado ir lá e ouvir uma bronca.

E deu uma sonora gargalhada.

6
A consolidação

Haviam se passado seis anos desde que Luísa começara a pensar em fabricar goiabada. Ela estava na cidade alemã de Colônia, na Anuga, Feira Internacional de Comércio de Alimentos e Bebidas, a maior do mundo na área, onde seus produtos estavam sendo expostos no estande de seu parceiro local. A GMA tinha agora uma linha de produtos, todos derivados da goiabada: balas, biscoitos, pote para merenda escolar e, o mais recente, um chocolate com pedaços de goiaba, concebido especialmente para exportação, que estava sendo lançado naquela feira.

Chegara a Colônia proveniente da Flórida, onde fizera uma visita de rotina ao seu representante na Costa Leste dos Estados Unidos. As atividades de exportação da GMA exigiam acompanhamento minucioso.

É verdade que, após quatro anos de trabalho, a situação era outra. No começo, às dificuldades normais de quem se inicia na exportação foram acrescidas outras, decorrentes da pouca tradição de exportação do Brasil. Além disso, por se tratar de produto alimentício, os controles e exigências externos eram bastante rigorosos.

As viagens internacionais se tornaram rotina na vida de Luísa depois que Fernanda, cinco anos antes, a convidara para ir a Miami e Orlando para 10 dias de compras e passeios, nessa ordem. Naquela época, a GMA tinha somente um ano de vida e enfrentava grandes dificuldades para sobreviver. Luísa vivia um sobressalto a cada dia. Seu horizonte de receitas era curto e incerto, enquanto as dívidas eram inadiáveis e a cobrança, implacável. As dificuldades por que passava eram maiores do que jamais imaginara e afetavam-lhe o humor e as emoções. Precisara de toda a persistência do mundo e de um otimismo inquebrantável. Naqueles tempos, sua perspectiva de vida oscilava entre duas alternativas: problemas e dívidas, caso a GMA sobrevivesse – porque no horizonte ainda não se viam sinais promissores –, e vazio profissional, caso a GMA não desse certo, pois tinha abandonado a Odontologia.

Não raro, o abismo era a manhã seguinte, quando vencia uma duplicata e o caixa não era suficiente. Ou quando perdia um dia inteiro de produção, com data de entrega marcada. Ou quando a ausência de um funcionário, por alguns dos inúmeros motivos possíveis, causava descontroles na produção, no faturamento ou nas vendas. Ela lidava com dois sistemas cujo funcionamento era imprevisível: o ambiente externo à GMA – a realidade que a circundava, composta de fornecedores, conjuntura econômica, distribuidores, clientes e outros atores – e a realidade interna da empresa, ainda muito incipiente para amortecer e solucionar as oscilações e indefinições provenientes do mundo exterior.

O que surpreendia Luísa era que os problemas faziam surgir nela uma energia maior para enfrentá-los, proporcional ao tamanho e à urgência deles. Não sabia de onde provinha a força interior para enfrentar as dificuldades constantes, mas, ao superá-las, fortalecia-se a ponto de se familiarizar com situações problemáticas e vincular seu crescimento pessoal e o da GMA à atitude que assumia diante delas.

Com a experiência, Luísa aprendera a lidar com problemas. Na verdade, eram a matéria-prima do seu sucesso. Com eles aprendia e, do esforço no seu enfrentamento, surgia a percepção de novas oportunidades, tanto no contexto da empresa como no mundo lá fora, onde, da incerteza, do caos, da inconsistência do mercado, apareciam situações propícias para novos negócios ou para o desenvolvimento dos existentes. Era como tinha dito o professor Pedro: essa habilidade é a razão da existência do empreendedor.

Luísa, no seu amadurecimento, começava a saber distinguir contextos nos quais a oportunidade estava presente em virtude de rápidas mudanças, daqueles em que a estabilidade do mercado, a completa satisfação dos clientes e a necessidade de altos investimentos significavam fortes barreiras para o surgimento de novos negócios.

Dona Maria Helena preocupava-se com a filha, sua vida de trabalho intenso, sem dinheiro nem tempo para diversão. "Uma juventude jogada fora", dizia ela.

Fernanda, portanto, sentira-se na obrigação de tirar Luísa, nem que fosse por alguns dias, da correria que nem ela mesma conhecera nos tempos difíceis de seus negócios, antes que a Sereia Azul se firmasse. A brisa marítima de Miami e as compras prometiam descanso e relaxamento. Mas a bagagem de Luísa prenunciava que outros ventos soprariam naquela viagem.

Se aos olhos dos outros os percalços por que passava suscitavam inquietação, em Luísa provocavam grande excitação, representando oportunidades de aprendizado. Gostava daquela vida, que lhe fortalecia o ânimo e o ego. A comparação com a vida de ex-colegas da Odontologia lhe dizia que, se ainda estava para trás no aspecto financeiro, crescera mais como pessoa, seus horizontes e perspectivas eram mais amplos. Isso confirmava o acerto da sua escolha: não trocaria sua vida pela deles. Quanto à família, era preciso ter forças para suportar as reações contrárias à sua vida de empresária. A qualquer contratempo, havia sempre alguém para lembrar: "Está vendo? Se estivesse trabalhando como dentista..."

Viu naquela viagem aos Estados Unidos uma oportunidade de fazer ao vivo o que vinha desenvolvendo on-line, ou seja, sondar o mercado americano. Sem que Fernanda suspeitasse, colocou na mala algumas caixas do tablete de goiabada e preparou, às pressas, um portfólio da GMA, resumido em poucas páginas e em bom inglês. Era o que lhe haviam indicado os seus contatos, via internet, e o que exigia o pragmatismo comercial americano, que eliminava perdas de tempo e conversas supérfluas.

Já no primeiro dia em Miami, Fernanda percebera que não teria uma companheira para as compras. Não que o inglês de Luísa lhe fizesse falta, mas era hábito seu ter alguém sempre ao lado, como que a testemunhar um dos seus maiores momentos de prazer na vida: comprar ornamentos para sua casa, que serviam de pretextos para falar sobre suas inúmeras viagens.

Luísa a deixara só e fora visitar supermercados, representantes e distribuidores de produtos alimentícios. Deixava amostras, cópia do portfólio, assuntava sobre o funcionamento do mercado americano. Conseguiu alguns contatos com importadores e distribuidores, além do calendário das feiras e eventos mais importantes.

À noite, devorava folhetos, revistas especializadas, análises de mercado.

Passava boa parte do tempo usando o computador do hotel para esquadrinhar a internet em busca de informações e tentando marcar novas reuniões.

Fernanda fora obrigada a fazer o giro pelas lojas em Miami praticamente sozinha. Perdera a companheira também no rápido giro por Orlando, já que, na última hora, a afilhada resolveu ir para Nova York, onde conseguira um bom contato.

Luísa voltou ao Brasil com a cabeça cheia de ideias, um calendário de feiras e eventos e preciosos contatos na agenda. Tinha motivos para esperar que alguns deles dessem resposta. Percebera que havia lugar para seu produto naquele país. Mas também ganhara um problema com a madrinha, que se queixou com dona Maria Helena:

– Não dá mais para viajar com a Luísa; é como se eu estivesse sozinha. Ela não foi companheira, trabalhou o tempo todo. Estávamos enganadas quanto ao seu cansaço.

Mas, para Luísa, aquela viagem paga pela madrinha não tinha sido em vão. Ver com os próprios olhos, ouvir as pessoas, sentir de perto como as coisas funcionavam constituíra uma experiência importante para ela. Com a viagem, o tema exportação trouxera-lhe um estado febril permanente.

Em Colônia, no táxi que a levava de volta ao hotel, já noite avançada, assaltavam-na reflexões sobre aquela viagem a Miami cinco anos antes. Gostava sempre de medir sua evolução, comparar-se no tempo. Deixava a vaidade aflorar quando sentia que realizara mais do que o esperado: de Miami a Colônia, de 200 mil reais de vendas locais a 8 milhões de dólares de exportação. Sentia-se uma cidadã do mundo. Tinha parceiros e representantes em três países – Estados Unidos, Argentina e Espanha – e estava tentando entrar no mercado alemão. Pensou que, além do inglês, que aprendera desde os 7 anos e dominava muito bem, e do espanhol desenvolvido recentemente, talvez devesse aprender um pouco de alemão, pelo menos para quebrar o gelo inicial em futuras negociações.

No seu quarto de hotel, enquanto se despia para o banho, Luísa checou o celular, que estava no silencioso, e logo viu, abaixo das notificações de ligações perdidas, uma mensagem de sua mãe dizendo que Vovó Mestra estava no CTI por causa de um derrame cerebral.

Transtornada, deixou cair no chão o celular. Lágrimas escorrendo pela face, pegou-o rapidamente e tentou ligar para os pais. Sem resposta. Tentou tio Toniquinho, tia Elisena, Fernanda. Ninguém atendia. Um sentimento de solidão arrebatou-lhe o peito. Mesmo calejada em viagens solitárias, jamais experimentara aquela sensação. Nenhum amigo por perto, a língua estranha. Sentou-se na cama, cabeça apoiada nas mãos. As perguntas assaltavam-na: qual seria a gravidade do caso, se haveria sequelas, como acontecera, quem estaria com Vovó Mestra, estaria ela sofrendo?

Olhar perdido voltado para o chão, após algum tempo Luísa retomou o celular e descobriu, ao ler o restante das mensagens, que Vovó Mestra morrera em Belo Horizonte e que o enterro seria em Ponte Nova no dia seguinte, às quatro da tarde.

Não dormiu um segundo à noite, que passou pendurada ao telefone. O desespero foi mitigado quando conseguiu falar com a família. Inutilmente tentou uma conexão aérea para o Brasil que lhe permitisse chegar a tempo.

Deixou Colônia sem voltar à feira. Sozinha no voo, insone, triste, presa de si mesma, sentiu-se culpada, amaldiçoando sua vida de empresária, que a afastava da família tanto pelo trabalho intenso, no Brasil, quanto pelas viagens constantes. Não se perdoava por não ter podido estar ao lado de Vovó Mestra no seu leito de morte. Tentava reconstruir os últimos encontros, raros desde que começara a GMA, os últimos diálogos entre elas. Às vezes, uma turbulência mais forte tirava-a de um estado de torpor em que o sonho e a vigília frágil se misturavam, o inconsciente pregando-lhe peças. Em uma delas, no momento em que alguém a salvava pelo braço das chamas de um grande incêndio que destruía a GMA, provocado por ela, acordou sobressaltada com a comissária de bordo sacudindo-lhe o ombro.

Chegou a Ponte Nova na manhã seguinte ao enterro. No caminho, pedira ao motorista que parasse no Colégio Dom Bosco. Na capela vazia, ajoelhou-se diante do altar e, tomada pelo misticismo do ambiente, sentiu-se muito próxima de Vovó Mestra. Projetaram-se aos seus olhos as imagens da tia feliz, protetora, amada, os momentos que viveram juntas. Ali, naquele universo mágico, sentiu que a separação de corpos em nada afetava a proximidade de almas que se amam e experimentou um estado de exultação inesperado naquelas circunstâncias.

Permanecia assim, enlevada pelo sentimento de profundo afeto que emanava de Vovó Mestra, quando se deu conta de que não estava sozinha. Ao fundo do altar, viu surgir um vulto de batina, cuja imagem, imersa na penumbra, fazia contraponto com o Cristo na cruz, iluminado por um raio de luz. À medida que o vulto se aproximava dela, os raios de luz deslocavam-se do Cristo para ele, mas, em vez de desvendar a figura, ofuscavam-na, tal a sua claridade. Durante toda a vida, Luísa temera aquele momento, mas, naquela hora, na presença de Vovó Mestra, sentia-se preparada. No seu movimento, o vulto fugia vagarosamente da ação dos raios, expondo-se à claridade normal. Agora bastante nítida, Luísa tinha a um metro de si o Irmão Lucas, que, com um sorriso, irradiava imensa paz. Ela tomou-lhe as mãos e lhe deu um beijo, abandonando seu corpo ao dele, sentindo-se em harmonia com o mundo.

Foi preciso que, horas depois, o motorista acordasse Luísa, que havia adormecido ao pé do altar, a roupa amarrotada, cabelos desfeitos, abraçada ao seu capote de pele europeu.

Joãozinho, de 2 anos, a esperava no passeio, reivindicando seu presente. Era um hábito sagrado trazer, de qualquer viagem que fizesse, um presente para o afilhado, filho de sua irmã, Tina, e Rodrigo. A alegria daquela criança afugentava todas as tristezas do mundo. Abraçou-o fortemente, elevando-o no ar; adorava sentir seu pequeno corpo junto ao peito.

Tina trouxera para dona Maria Helena e seu Geraldo a alegria de ver a filha casada e de ter um neto, coisas que Luísa lhes negara até agora.

Seu relacionamento com Eduardo era instável e sofrera um abalo com o episódio do Caminho da Criança. Sem se perdoar por ter invadido a intimidade de Luísa, ele, na verdade, sentia dificuldade em lidar com a liberdade dela. Torturava-o um conflito interno, provocado pelo descompasso entre a vontade intelectual de aceitá-la livre e o sentimento ancestral de ter o parceiro sob controle. Para Luísa, preservar sua independência era pré-requisito para a concretização do amor entre eles, que de fato existia. Condicionava um eventual casamento à manutenção do seu estilo de vida, em que o seu ser e a GMA formavam um só conjunto, inseparável. E aprendera a administrar sua liberdade. Mas não sem grande persistência e muitos dissabores. Em suas negociações de trabalho, era comum os interlocutores, homens em sua quase totalidade, forjarem um clima para insinuar propostas amorosas. Ferida, ela tinha que recusar, sem ofender e sem se mostrar ofendida. Mesmo tendo desenvolvido grande habilidade para lidar com tais situações, não conseguia evitar as frustrações nos casos em que a intenção de negócio era mero disfarce para uma tentativa de sedução.

No trabalho, vestia-se com liberdade, sem a preocupação de esconder a inegável beleza, mesmo consciente do poder que exercia sobre os homens. Pelo contrário, sabia extrair da moda o tempero ideal para seu charme, preservando a discrição. Com o tempo, passou a se deleitar em exteriorizar sua feminilidade nos mesmos passos e intensidade em que percebia a discriminação contra as mulheres no mundo dos negócios. Sentindo-se mais segura, não reprimia o prazer de tripudiar sobre os sedutores vulgares, expondo-os, não raro, ao ridículo.

No coração de dona Maria Helena, o sucesso da filha era motivo de orgulho, mas não compensava o pesar de não vê-la casada. Ela tinha dúvidas se a independência era um bom predicado para as mulheres. O exemplo era Fernanda, bela, rica, independente... mas solteira. Aliás, Fernanda, nos últimos tempos, protagonizava uma situação inédita em sua vida. Ela, que jamais demonstrara extremos de felicidade ou tristeza em seus relacionamentos afetivos, não escondera no início a paixão provocada pelo seu relacionamento com o professor Pedro nem disfarçara a dor pelo rompimento recente. A turma da Sereia Azul, que jamais vira a tristeza marcar aquele rosto perfeito, desfazia-se em graças, distrações e molecagens para tornar mais branda a aflição dela.

Por sua vez, o professor Pedro mentia ao próprio coração, tentando dissimular seus sentimentos por Fernanda. A liberdade de solteiro, para ele, não era mais do que um traste inútil depois que conhecera Fernanda. Resistia bravamente, mas apenas por fidelidade ao rótulo de macho livre e feliz.

O enterro de Vovó Mestra era o primeiro na vida de Luísa, e o primeiro de muitos a que faltaria. Junto aos parentes vindos de fora estavam seu André e dona Sinhá, e também Eduardo e o professor Pedro. Naquela semana, ela se surpreendeu como, mesmo em meio à consternação geral, aqui e ali a alegria do reencontro das pessoas substituía os vincos nos rostos machucados pela dor. Não que o sofrimento não estivesse presente naqueles corações, mas a vida impunha e celebrava o que tinha de mais precioso, ou seja, a constatação da própria existência. Justamente diante da morte, pensou Luísa, o instinto da vida sentia a necessidade de mostrar seu poder e determinar suas regras. Sem isso, talvez ela sucumbisse.

Na semana seguinte seria realizada, na FIEMG, a entrega do Prêmio Empreendedor Global. Luísa se surpreendera com a indicação da GMA. A pré-seleção, em que 10 empresas foram indicadas, apoiara-se em informações objetivas, principalmente faturamento, rentabilidade e, claro, volume de exportações. Mas o vencedor só seria apontado após análise criteriosa do perfil individual de cada empreendedor, do papel que desempenhara na própria empresa, de sua contribuição para o sucesso. Por isso, nos últimos dois meses a comissão de avaliação esquadrinhara a vida de Luísa.

A proximidade da premiação serviu a todos como pretexto para sair da letargia causada pela morte de Vovó Mestra. Na Sereia Azul, havia semanas não se falava em outra coisa. Mas o regozijo pela indicação de Luísa entre os melhores empreendedores do estado não aplacava o lamento pela sua ausência definitiva no outro lado do balcão.

A presença de um emissário da FIEMG, com a função de montar a biografia de Luísa, fizera o tema fervilhar na Sereia Azul. Todos tinham algo especial a dizer sobre ela, uma passagem de sua vida, um dado da personalidade, uma premonição. Eram unânimes: tinham previsto seu sucesso quando ainda era adolescente; alguns, logo depois que nascera.

A cidade se enfeitava. Homenagens no Rotary, na Associação Comercial, bailes no Clube Primeiro de Maio e na AABB, a Associação Atlética Banco do Brasil, exigiram que Luísa voltasse amiúde à terra.

O momento mais tocante para ela tinha sido a homenagem da turma da Sereia Azul, com discursos emocionados do prefeito e do sapateiro Saint-Clair, quase um agregado da família Vianna Pinheiro.

A homenagem fora surpresa. Em um fim de tarde em Ponte Nova, por alguns momentos e para matar a saudade, Luísa retomou sua posição atrás do balcão.

O alvoroço que assaltou a Sereia Azul, em dia de sua maior lotação, só foi dominado quando alguém teve a ideia de formar uma fila indiana para que ela pudesse atender a todos.

Fernanda colocou o garrafão de pinga no balcão e distribuiu todo o estoque de copos. Junto com a cachaça, Luísa agradecia com um beijo na face de cada um. Naquele dia, a Sereia Azul não fechou às seis da tarde.

...

O governador do estado, após breve discurso, anunciou:

– Tenho a honra de comunicar a todos que o Empreendedor Global do Ano é a Dra. Luísa Vianna Pinheiro, proprietária da GMA, Goiabadas Maria Amália, cujo volume de exportações atingiu, no ano passado, o valor de 8 milhões de dólares.

Luísa, sentada na plateia, belíssima nos seus 26 anos, apertou a mão de tia Elisena antes de se levantar sob palmas. Ao iniciar sua caminhada em direção ao palco, a mente turvou-se; queria olhar para cima, manter-se altiva, mas os pés, trôpegos, exigiam que os olhos os guiassem. Sentia que a distância aumentava à medida que avançava. A claque de Ponte Nova, liderada por Serafim, Rita, Toniquinho, Lourdes, Elisena e Marta, não se conteve e começou a aplaudir de pé. O resto do auditório, incluindo seu André e dona Sinhá, acompanhou. Como previra seu Geraldo, o lenço amarrotado de dona Maria Helena foi insuficiente, mas o barulho das palmas abafava o som dos seus soluços.

No palco, Luísa recebeu os cumprimentos do governador e se dirigiu à tribuna. Tentara não olhar para dona Maria Helena, para evitar o contágio das lágrimas. Fora de si, boca seca, respiração ofegante, não sabia o que dizer. Arrependia-se por não ter levado um discurso escrito. Quando procurou socorro nos olhos de Eduardo, viu ao fundo dois vultos entrando no auditório, atrasados. Aos poucos, as figuras do professor Pedro e de Fernanda, de mãos dadas, tomaram forma em sua retina. Seguiu-os com os olhos, encantada por vê-los juntos, como um casal, até que encontrassem assento.

Seu corpo e sua mente foram, então, transportados para outra dimensão: ela, sentada ao pé da jabuticabeira, a ária de *Carmen* incensando o ar, o professor e Fernanda dançando no terreiro, Vovó Mália ao seu lado, no palanque, mãos juntas sobre o colo, um brilho de felicidade nos olhos. Uma luz na alma reconduziu seu coração ao ritmo normal e precedeu uma inspiração repentina.

Ao ouvir as próprias palavras ecoarem no auditório silencioso, sentiu que, como já acontecera outras vezes, o entusiasmo e a paixão tomavam todo o seu ser. Já havia iniciado o discurso, com o olhar no professor Pedro:

Empreendedores são mais efetivos do que governos no combate à pobreza. Nas últimas décadas, em várias partes do planeta, centenas de milhões de pessoas deixaram a miséria em virtude da ação empreendedora. Empreendedores sonham e têm a coragem de transformar seu sonho em realidade. A empresa é a projeção da nossa imagem interior, do nosso íntimo, do nosso ser. O estudo do comportamento do empreendedor é fonte de novas formas de compreensão do ser humano em seu processo de criação de riquezas e de realização pessoal. Sob esse prisma, o empreendedorismo é visto também como um campo intensamente relacionado com o processo de entendimento e construção da liberdade humana...

ANEXO 1
O Modelo de Negócios da GMA

8 Parceiros-chave Empresa Doceminas, que fornece galpão e instalações. Fornecedores de goiabas e outros insumos. Empresas de logística.	**7 Atividades-chave** Compras, produção, distribuição, apoio às vendas.	**2 Produto "Sem ganhar peso"** Tabletes de goiabada de 50 gramas. Fórmulas variadas, atendendo as pessoas que buscam baixa caloria e vitaminas.	**4 Relações com clientes** Perfil on-line. SAC. Facilidade de acesso, alto nível de atendimento, assistência pós-venda.	**1 Clientes** Nicho: • estudantes de todas as idades; • pessoas em dieta.
	6 Recursos-chave Galpão.	**2.1 Concorrentes** • Mercado competitivo. • Barreiras à entrada.	**3 Canais de distribuição** Internet, cantinas, supermercados, mercearias, lanchonetes, baleiros, etc.	

9 Custos
Logística. Publicidade. Vendas. Custos fixos baixos.
Produção: custos variáveis são os maiores.

5 Receitas
Fonte: venda do produto.
Formas de pagamento: boleto, débito direto, cartão de crédito, à vista, dependendo do tipo de cliente.

Observações:

- Os blocos brancos dizem respeito aos clientes. Indicam a desejabilidade do produto: "O **cliente** o **deseja**"?, "**Para quem** vamos vender?".
- Os blocos cinza representam a **factibilidade**: "Nós conseguimos construir a empresa?", "**Como**?". É a parte operacional. Eles acontecem dentro da empresa e representam as operações.
- Subtraindo o bloco 9 (Custos) do 5 (Receitas) obtemos o lucro.
- No bloco 2 (Produto), "**O quê?**", acontece a inovação.

Além de poder ser utilizado na criação de uma empresa, o Modelo de Negócios Canvas será de grande ajuda em outras situações. Por exemplo:

- Quando o entendimento sobre a lógica de funcionamento da empresa já em atividade não está bem claro.
- Quando novos sócios, investidores ou colaboradores precisam conhecer a empresa.
- Quando a empresa precisa reavaliar as suas estratégias para o futuro.

Segundo os seus criadores, o Canvas explica "a lógica sobre como uma organização cria, entrega e captura valor".*

O Modelo de Negócios Canvas pode ser feito individualmente, mas tem a vantagem de facilitar a participação de várias pessoas em sua construção. Afixe na parede uma tela (*canvas*) de 90 x 60 centímetros e comece, junto com a sua equipe, a preencher os nove quadros. Escreva direto na tela ou cole post-its.

---

* Conheça o site do Canvas: businessmodelgeneration.com.

ANEXO 2
Pitch

O que é o Pitch?

Você investiu muita energia na projeção do seu negócio e está plenamente convencido de que:

- o problema (necessidade, desejo) é real, bem definido e aflige uma quantidade de clientes que viabiliza seu negócio;
- você tem a solução (produto) que atrai os clientes e os motiva a pagar por ela;
- você e sua equipe estão bem preparados para criar o negócio.

Em síntese, você acredita que a probabilidade de a sua empresa dar certo é elevada. Você vendeu a sua ideia para si mesmo e está entusiasmado. O que falta para começar?

É hora de apresentar a sua empresa a todas as pessoas em condições de ajudá-lo a torná-la realidade, como sócios, investidores, colaboradores, clientes, parceiros, fornecedores.

A liderança do empreendedor diz respeito ao futuro: ele deve ser capaz de convencer e seduzir pessoas a apoiá-lo na realização do seu sonho.

Essa apresentação oral é chamada de Pitch (veja a seguir a origem do nome) e deve durar menos de sete minutos. Se você possuir os recursos financeiros para começar o negócio, ótimo. Mesmo assim, é recomendável que você entre em contato com ofertantes de "capital semente"* e com "anjos",** os quais, além de injetar recursos financeiros na sua empresa, oferecem mentoria, já que estão comprometidos com o sucesso do negócio. Além disso, e ainda mais importante, os anjos podem inseri-lo em suas redes de relações. Para vender a sua proposta, é essencial preparar uma apresentação de alto poder de persuasão. A sua voz deve fazer diferença entre a infinidade de ofertas que batem à porta das pessoas que poderão ajudá-lo.

A apresentação se apoiará no Canvas e deve abordar:

- o problema;
- a solução que o produto representa e seu diferencial;
- a quantidade de consumidores potenciais dispostos a pagar pela solução;
- o perfil da sua equipe e por que ela está preparada para levar a empresa ao sucesso;
- a projeção de custos, receitas e lucros;
- para investidores: onde e como será aplicado o investimento.

Não use jargões, linguagens cifradas, hermetismos. Seja sintético: o investidor pode não ser da mesma área em que sua empresa atuará e se entediar; ele não quer espetáculo, quer ver o seu dinheiro se multiplicar.

Curiosidade: como surgiu a ideia do Pitch

A expressão *elevator pitch* surgiu nos Estados Unidos para descrever uma hipotética situação em que o empreendedor iniciante encontra no elevador o investidor com quem há muito desejava falar. O tempo que o empreendedor tem é o mesmo que o elevador leva para chegar até o escritório do investidor no 12º andar, ou seja, 60 segundos, que devem ser usados da seguinte forma: 15 segundos para convencer o investidor a ouvi-lo nos

---

* Tipo de investimento em empresas nascentes.
** "Anjos" são pessoas físicas que investem em empresas.

45 segundos restantes. Nesse tempo, ele deve ser capaz de demonstrar que sabe transformar ideias em riqueza e fazer o investidor acreditar que, ao apoiá-lo, ele está tendo a chance da sua vida. O objetivo do empreendedor no *elevator pitch* é convencer o investidor a recebê-lo para uma reunião. Na internet há diversos textos e vídeos interessantes sobre o Pitch.

Bibliografia

Livros do autor
(por ano de publicação)

A vez do sonho: Com a palavra os empreendedores, Cultura, 2000.
Boa ideia! E agora? Plano de Negócios, o caminho mais seguro para criar e gerenciar sua empresa, Cultura, 2000. Com Filion, L. J.
Empreendedorismo: A viagem do empreendedor, AED, 2002.
Empreendedorismo: Uma forma de ser, AED, 2002.
Pedagogia empreendedora, Cultura, 2003.
Taller del Emprendedor, HomoSapiens, UNR, Rosário, Argentina, 2005.
El secreto de Luísa, HomoSapiens, UNR, Rosário, Argentina, 2006.
"The Making of a Revolution in Brazil: The Introduction of Entrepreneurial Pedagogy in the Early Stages of Education", maio 2006, com Filion, L.J. Em Fayolle, A. (Org.), *Handbook of Research in Entrepreneurship Education*, Edward Elgar, 2007.
Empreendedorismo de base tecnológica, Campus-Elsevier, 2008. Com Cozzi, A. (Org.); Judice, V.; Filion, L. J.
O segredo de Luísa, Sextante, 2008. (Best-seller brasileiro da área.)
Oficina do empreendedor, Sextante, 2008.
A ponte mágica, Sextante, 2008.
Quero construir a minha história, Sextante, 2009.
Sonhos e riscos bem calculados, Saraiva, 2010.
Pedagogia Emprendedora, UNR, Rosário, Argentina, 2012.
Empreendedorismo na base da pirâmide, Alta Books, 2014. Com Gorini, Marco.

Empreendedorismo sem fronteiras: Um excelente caminho para pessoas com deficiência, Alta Books, 2015. Com Torquato, C.
Por dentro do universo empreendedor, Saraiva, 2015.
El Ponte Mágico, Editorial Malabares, Peru, 2016.

Softwares do autor

MakeMoney, Software de Plano de Negócios. Criação e projeto de Fernando Dolabela; desenvolvimento do software: Doctor Sys Ltda.
Minha Empresa, Software de Plano de Negócios para o grande público, de fácil uso. Criação e projeto de Fernando Dolabela; desenvolvimento do software: Doctor Sys Ltda.

Referências do texto

BACHRACH, A. J. *Introdução à pesquisa psicológica*. São Paulo: Herder, 1969.
BEVERIDGE, W. I. B. *Sementes da descoberta científica*. São Paulo: Edusp, 1981.
DEGEN, R. J. *O empreendedor, fundamentos da iniciativa empresarial*. São Paulo: McGraw-Hill, 1989.
DRUCKER, P. F. *O gerente eficaz*. Rio de Janeiro: Zahar, 1968.
ELISEU, M. *Contabilidade de custos*. São Paulo: Atlas, 1996.
FILION, L. J. "O planejamento do seu sistema de aprendizagem empresarial: Identifique uma visão e avalie o seu sistema de relações". *Revista de Administração de Empresas*, FGV, São Paulo, jul/set. 1991, pp. 31(3): 63-71, 1991.
FILION, L. J. *Visions et relations: Clefs du succès de l'entrepreneur*. Montreal: Les Éditions de l'Entrepreneur, 1991.
FILION, L. J. "Entrepreneur, organisation et apprentissage". *Revue Organization*, vol. 3, 1994.
FILION, L. J. "Différences dans les systèmes de gestion des propriétaires-dirigeants, entrepreneurs et opérateurs de PME". *Revue Canadienne des Sciences de l'Administration / Canadian Journal of Administrative Sciences*, vol. 13, nº 4, pp. 306-320, dez. 1996.
FORTIN, P. *Devenez entrepreneur*. Québec: Les Éditions Transcontinental Inc., Fondation de l'Entrepreneurship, Les Presses de L'Université Laval, 1992.

FRITZEN, S. J. *Janela de Johari*. Petrópolis: Vozes, 1978.

GIBB, A. A. "The Small Business Challenge to Management Education". Programa de Creación de Nuevas Empresas, São Paulo, Esade, 1996.

GIBB, A. A. "Training the Trainers for Small Business". Programa de Creación de Nuevas Empresas, São Paulo, Esade, 1996.

GITMAN, L. J. *Princípios de administração financeira*. São Paulo: Harbra, 7ª edição, 1997.

HISRICH, R. D., KORAINEN, M. & KYRSKY, K. "A Comparison of Men and Women Entrepreneurs: A Cross-National Exploratory Study" *in* "Frontiers of Entrepreneurship Research", 1996. www.babson.edu/entrep/fer/papers96/summ96/hisrich.html.

HORNADAY, J. A. "Research About Living Entrepreneurs", *in* KENT, C A; SEXTON, D. L. & VESPER, K. H. (Orgs.). *Encyclopedia of Entrepreneurship*, Englewood Cliffs, NJ: Prentice Hall, pp. 20-34, 1982.

JUNQUEIRA, L. C. *Negociação*. Rio de Janeiro: Cop Editora, 1993.

KANTER, R. M. *World Class*. Nova York: Simon & Schuster, 1995.

RICHERS, R. *O que é marketing*. São Paulo: Brasiliense, Coleção Primeiros Passos, 1983.

SANÁBIO, Stela M. S. "Atribuição de causalidade ao sucesso ou fracasso dos negócios por empreendedores e não empreendedores: Um estudo exploratório". Dissertação de mestrado, Universidade Gama Filho, Rio de Janeiro, 2001.

SCHUMPETER, J. A. *The Theory of Economic Development*. Cambrige, MA: Harvard University Press, 1934.

SIMON, H. A. *What we Know About the Creative Process*. Pittsburgh, PA: Carnegie Mellon University Press, 1984.

TIMMONS, J. A. *New Venture Creation: Entrepreneurship for the 21st Century*. Chicago, IL: Irwin, 4ª edição, 1994.

WESTWOOD, J. *O plano de marketing. Guia prático*. São Paulo: Makron Books, 2ª edição, 1989.

YUNUS, Muhammad. *O banqueiro dos pobres*. São Paulo: Ática, 1997.

Bibliografia de apoio

FILION, L. J. *Les Entrepreneurs parlent*. Montreal: Les Éditions de l'Entrepreneur, 1990.

FILION, L. J. *Réaliser son projet d'entreprise*. Montreal: Les Éditions Transcontinental Inc., Fondation de L'Entrepreneurship, 1997. [Traduzido para o português e adaptado: DOLABELA, F. & FILION, L. J. *Boa ideia! E agora? Plano de Negócios, o caminho mais seguro para criar e gerenciar sua empresa*. São Paulo: Cultura, 2000.]

GASSE, Y. *Gérer la croissance de sa PME*. Montreal: Les Éditions de l'Entrepreneur, 1992.

LAFERTÉ, S. *Comment trouver son idée d'entreprise*. Montreal: Les Éditions Transcontinental Inc., Fondation de l'Entrepreneurship, 1993.

PAVANI, C. *O plano de negócios. Planejando o sucesso de seu empreendimento*. Rio de Janeiro: Lexikon, 1998.

PEREIRA, H. J. & SANTOS, S. A. *Criando seu próprio negócio*. Brasília: Sebrae, 1995.

RICH, Stanley & GUMPERT, David. *Business Plan that Win $$$*. Nova York: Harper Dan Row, 1985.

PINSON, L. & JINNET, J. *Anatomy of a Business Plan*. Chicago: Upstart, 1996.

SIEGEL, E. L. *Guia da Ernst & Young para desenvolver o seu plano de negócios*. Rio de Janeiro: Record, 1991.

Bibliografia geral

DELANEY, W. A. *Why Small Business Fail*. Englewood Cliffs: Prentice-Hall, 1984.

DRUCKER, P. F. *Administrando para o futuro: Os anos 90 e a virada do século*. São Paulo: Pioneira, 2ª ed., 1992.

DRUCKER, P. F. *Inovação e espírito empreendedor*. São Paulo: Pioneira, 2ª ed., 1987.

GERBER, M. E. *O mito do empreendedor*. São Paulo: Saraiva, 3ª ed., 1992.

LINNEMAN, R. E. & STANTON, J. L. *Marketing de nichos*. São Paulo: Makron, 1993.

MILLS, H. A. *Negociação: A arte de vencer*. São Paulo: Makron, 1993.

NAISBITT, J. *Megatrends 2000*. São Paulo: Amana-Key, 5ª ed., 1990.

OECH, R. *Um "toc" na cuca*. São Paulo: Cultura, 1988.

OECH, R. *Um chute na rotina*. São Paulo: Cultura, 1994.

PINCHOT, G. *Intrapreneuring*. São Paulo: Harbra, 1989.

POPCORN, F. & MARIGOLD, L. *Click*. Rio de Janeiro: Campus, 1997.

PORTER, M. E. *Vantagem competitiva*. Rio de Janeiro: Campus, 1989.

RECK, R. R. *A negociação ganha-ganha*. São Paulo: Saraiva, 1991.
RESNIK, P. *A bíblia da pequena empresa*. São Paulo: Makron, 1990.
RIFKIN, J. *O fim dos empregos*. São Paulo: Makron, 1995.
SALOMAR, S. *A grande importância da pequena empresa*. Rio de Janeiro: Nórdica, 1989.
SCHUMACHER, E. F. *O negócio é ser pequeno*. Rio de Janeiro: Zahar, 4ª ed., 1983.
SEMLER, R. *Virando a própria mesa*. São Paulo: BestSeller, 1988.

Agradecimentos

Luísa, ao comemorar com esta edição 24 anos, feliz por ter contado a sua história a centenas de milhares de leitores, agradece às pessoas e instituições que a apoiaram. Alguns agradecimentos serão repetidos tantas quantas forem as edições deste livro, tal a sua força e importância.

Instituições:
Departamento de Ciência da Computação da UFMG; IEL Nacional; Programa Softex, do CNPq; Finep; Sebrae-MG e Sebrae Nacional.

Amigos que me inspiraram: Ivan Moura Campos, Afonso Cozzi, Roberto Bigonha.

Ponte Nova, cidade que realizou a alquimia de transformar uma lei em emoção ao me conceder o título de Cidadão Honorário, justamente pelas repercussões deste livro.

Sobre o autor

Fernando Dolabela
dolabela@dolabela.com.br

Criador dos maiores programas de ensino de empreendedorismo do Brasil. Na área universitária, a sua metodologia **Oficina do Empreendedor** é adotada em cerca de 400 instituições de ensino. Mais de 5 mil professores universitários participaram dos seminários Training the Trainers. Na educação básica (jovens de 4 a 17 anos), a metodologia **Pedagogia Empreendedora** está presente em redes públicas de ensino em 148 municípios brasileiros. Cerca de 10 mil professores foram capacitados, atingindo aproximadamente 400 mil alunos. Essa metodologia está implementada também na Argentina, no Chile e no Peru. A ONU utiliza a metodologia em países da África.

Consultor do Ministério de Educação do Peru para a introdução do conteúdo de empreendedorismo no Marco Curricular Nacional.

Palestrante em cerca de 800 eventos no Brasil e em mais de 50 eventos internacionais, inclusive na ONU-UNIDO em Viena e ONU-UNCTAD em Genebra. Publicou outros 14 livros. Estudo indicou que é o autor brasileiro mais referenciado nos trabalhos acadêmicos no Brasil. Colunista da rádio BandNews–MG desde abril de 2011, com mais de mil colunas publicadas. Membro fundador do World Entrepreneurship Forum, criado na França, convidado como uma das 80 personalidades mundiais na área de empreendedorismo. Membro fundador da Red EmprendeSur, Emprendedorismo y Innovación en America Latina. Recebeu a homenagem Visita Distinguida da Universidade de Concepción, no Chile. Membro do Comitê de Especialistas e Instituições – ESPICER-Sebrae. Membro do corpo editorial da Emprendipédia, Dicionário de Educação para o Empreendedorismo, criado pela Universidade de Lisboa. Premiado com a Distinção Especial da Red EmprendeSur de pesquisadores da América Latina, como reconhecimento pela sua contribuição pioneira no campo da educação empreendedora. Os princípios da Pedagogia Empreendedora são utilizados pela ONU-UNIDO em vários países e foram reconhecidos em 2021 pela ONU como Boa Prática para o atendimento da Agenda 2030 e cumprimento das Metas do Milênio.

CONHEÇA ALGUNS DESTAQUES DE NOSSO CATÁLOGO

- **Brené Brown:** *A coragem de ser imperfeito – Como aceitar a própria vulnerabilidade, vencer a vergonha e ousar ser quem você é* (600 mil livros vendidos) e *Mais forte do que nunca*

- **T. Harv Eker:** *Os segredos da mente milionária* (2 milhões de livros vendidos)

- **Dale Carnegie:** *Como fazer amigos e influenciar pessoas* (16 milhões de livros vendidos) e *Como evitar preocupações e começar a viver* (6 milhões de livros vendidos)

- **Greg McKeown:** *Essencialismo – A disciplinada busca por menos* (400 mil livros vendidos) e *Sem esforço – Torne mais fácil o que é mais importante*

- **Haemin Sunim:** *As coisas que você só vê quando desacelera* (450 mil livros vendidos) e *Amor pelas coisas imperfeitas*

- **Ana Claudia Quintana Arantes:** *A morte é um dia que vale a pena viver* (400 mil livros vendidos) e *Pra vida toda valer a pena viver*

- **Ichiro Kishimi e Fumitake Koga:** *A coragem de não agradar – Como a filosofia pode ajudar você a se libertar da opinião dos outros, superar suas limitações e se tornar a pessoa que deseja* (200 mil livros vendidos)

- **Simon Sinek:** *Comece pelo porquê* (200 mil livros vendidos) e *O jogo infinito*

- **Robert B. Cialdini:** *As armas da persuasão* (350 mil livros vendidos) e *Pré-suasão – A influência começa antes mesmo da primeira palavra*

- **Eckhart Tolle:** *O poder do agora* (1,2 milhão de livros vendidos) e *Um novo mundo* (240 mil livros vendidos)

- **Edith Eva Eger:** *A bailarina de Auschwitz* (600 mil livros vendidos)

- **Cristina Núñez Pereira e Rafael R. Valcárcel:** *Emocionário – Um guia prático e lúdico para lidar com as emoções* (de 4 a 11 anos) (800 mil livros vendidos)

sextante.com.br